dtv

Dieses Buch lädt zu einer Weihnachtsreise rund um die Welt ein. Von Europa nach Amerika, von dort übers Meer nach Fernost und über Afrika wieder zurück in heimatliche Gefilde. Geschichten, Legenden, Märchen und Bräuche zeigen eindrucksvoll, daß die Weihnachtsfestzeit weltweit auf unterschiedlichste Art gefeiert wird. Während im Norden klirrende Kälte herrscht und der Tannenbaum geschmückt wird, spielt in Bahia bei hochsommerlicher Hitze ein Hahn den Stern von Bethlehem, der Esel wird zum Dromedar, der Ochse entpuppt sich als Zebu. Ob im Polareis oder unter dem Zypressenbaum auf Sri Lanka – es weihnachtet überall, aber eben überall anders.

Gudrun Bull, in München lebende Germanistin, hat bereits einige Sammlungen bei dtv herausgegeben, darunter die sehr erfolgreichen Anthologien ›Sagenhafte Weihnacht‹ und ›Nicht nur zur Osterzeit. Ein Frühlings-Lesebuch‹.

Weihnachten rund um die Welt

Mit 50 Bildern

Herausgegeben
von
Gudrun Bull

Deutscher Taschenbuch Verlag

Für Rainer

Originalausgabe
Oktober 1999
Deutscher Taschenbuch Verlag GmbH & Co. KG, München

Umschlagkonzept: Balk & Brumshagen
Umschlagbild: Jindra Čapek
Satz: OREOS GmbH, Waakirchen
Gesetzt aus der Bembo-Antiqua (Textline 2.10)
Druck und Bindung: C. H. Beck'sche Buchdruckerei, Nördlingen
Gedruckt auf säurefreiem, chlorfrei gebleichtem Papier
Printed in Germany · ISBN 3-423-12701-5

Inhalt

Weihnachtslied aus Lateinamerika

Laßt uns laufen, laßt uns laufen,
die Musik ertönt,
um dem Kinde zu singen
in der heiligen Nacht.
Kommt, kommt, ihr Hirten,
kommt und betet an
den König der Himmel,
der heute geboren ist.

Es ist sehr kalt, das Kindlein friert,
und da ist keiner,
der ihm eine Decke gibt.
Kommt, kommt, ihr Hirten,

kommt und betet an
den König der Himmel,
der heute geboren ist.

Apfelsinen und Limetten,
Limonen und Zitronen,
die Jungfrau ist schöner
als alle Blumen.
Kommt, kommt, ihr Hirten,
kommt und betet an
den König der Himmel,
der heute geboren ist.

Joseph Roth

Weihnachten in Cochinchina

Es geschah an einem der wunderbaren Tage, die dem Anbruch der Weihnachtsferien mit angehaltenem Atem vorangingen und die ich damals den schulfreien Zeiten ebenso vorzog, wie ich heute den Tag meiner Abfahrt einer langen Reise vorziehe, daß der Herr Lehrer sagte:

»Jungens, wer fünf Pfennige hat, kommt heute nachmittag hierher in die Klasse, wir gehen ins Weltpanorama!«

Ich streckte zwei Finger in die Höhe und sagte: »Ich habe keine fünf Pfennige!«

Einen Augenblick lang herrschte Schweigen,. wie wenn der Herr Direktor inspizieren gekommen wäre. Der Lehrer hatte sich umgewandt, den Rücken kehrte er der Klasse zu, das Angesicht zur Tafel, als glaubte er, daß von ihr ein Gedanke komme, daß auf ihrer matten, schwarzen Fläche ein unsichtbarer Engel mit weißer

Kreide einen guten Rat hinschreiben könnte. Wahrscheinlich geschah etwas Ähnliches. Denn nach ungefähr einer Minute wandte der Lehrer sein Gesicht wieder der Klasse zu und sagte zu mir, der ich immer noch stand:

»Setz dich vorderhand!«

In der Pause kam der Schuldiener in den Hof und holte mich zum Herrn Direktor in die Kanzlei.

»Zeig deine schmutzigen Finger her!« schrie der Herr Direktor.

Ich hielt beide Hände in die Luft, waagrecht vor mich hin.

Der Herr Direktor beugte sich ein wenig hinab, um sie zu betrachten. Er hatte aber nicht den goldgeränderten Zwicker angelegt, wie er es sonst zu tun pflegte, wenn er etwas ernstlich zu untersuchen entschlossen war. Ich wußte bereits, daß es sich um etwas ganz anderes handelte als um meine schmutzigen Finger.

»Du gehst heute mit ins Weltpanorama, ohne zu zahlen!« sagte der Herr Direktor. Vielleicht hätte er mir noch etwas mitzuteilen gehabt. Aber es läutete schon. Deshalb murmelte er nur: »Geh in die Klasse!«

Ich kratzte mit meinem Fuß die Diele und ging.

Am Nachmittag um drei Uhr, die Dämmerung lauerte schon an den Fenstern, brachen wir auf zum Weltpanorama.

Es lag in einer stillen, kleinen Gasse und sah von außen einem gewöhnlichen Laden ähnlich. Über der Glastür hing eine rotweiße Fahne. Öffnete man die Tür, so erklang eine Glocke wie ein Gruß. Am Eingang saß eine Dame wie eine grauhaarige Königin und verkaufte Eintrittskarten. Drinnen war es dunkel, warm und sehr still. Sobald sich die Augen an die Dunkelheit gewöhnt hatten, erblickten sie einen Kasten, rund wie ein Karussell, hoch wie der halbe Raum, mit Gucklöchern in Manneshöhe die ganze Rundung entlang, in Abständen von etwa je zwanzig Zentimetern. Die Gucklöcher an dem Kasten leuchteten wie Katzenaugen in der Finsternis. Man ahnte, daß der Kasten innen hohl und beleuchtet war. Unten stahl sich aus seinem Innern ein schwacher, geheimnisvoller Schimmer und verschwamm auf dem Fußboden. Vor jedem Guckloch-Paar stand ein runder Klaviersessel.

»Setzen!« sagte der Herr Lehrer, es klang wie in der Klasse, aber in der Finsternis war es kein Befehl, sondern nur eine Art milder Einladung.

Wir rückten mit den Stühlen, ich saß, weil ich zu klein war, nicht ganz, sondern hatte den runden Sessel gleichsam halb gelüftet und preßte meine Nase gegen die Wand des Kastens, meine Augen gegen die Gucklöcher, die von Metall umrahmt waren.

Drinnen erschienen Bilder aus Chochinchina. Der Himmel war blau, unendlich, strahlend. Es war jene Art von sommerlichem Blau, das so aussieht, als hätte es in sich eine Menge Sonnengold verschluckt, verwischt, zerrieben und in noch mehr Blau verwandelt. Man hatte die Empfindung, daß dieser blaue Himmel strahlen müßte, auch wenn er keine Sonne zu tragen hätte. Aber zum Überfluß schien auch noch die Sonne. Nach dem zweiten Bild wußte ich nicht mehr, daß draußen Dezember war und Regen in gasförmigem Aggregatzustand in der Luft.

Die Sonne rann aus dem Kasten durch die Augen ins Herz und gleichzeitig in die Welt. Unbeweglich wie eine Art Naturtürme ragten riesenhohe Palmen und warfen einen kurzen, mittäglichen Schatten, der sich scharf und schwarz auf dem gelben Boden abzeichnete. Weiße Männer in Tropenhelmen standen da wie eingeklebt, mitten im Gehen aufgehalten, ein Fuß schwebte immer noch in der Luft – und man glaubte, er werde die Erde berühren, sobald das nächste Bild erschienen wäre. Man sah halbnackte Eingeborenenfrauen mit erregenden Brüsten, wie schöne, bronzene Kegel, die allzuschnell verschwanden, und mit blauen Lendenschurzen, die gewiß abgefallen wären, wenn man die Bilder hätte halten können. Man sah eine Schule im Freien. Eine vollkommen zugeknöpfte Lehrerin aus Europa unterrichtete völlig nackte Kinder. Alle hielten Schiefertafeln im Schoß und saßen auf ihren eigenen Füßen. Nur die Lehrerin saß erhöht auf einem umgelegten Baum, einem Elementarkatheder. Man sah Fischer und Badende, einen Radfahrer mit einem Girardihut und eine Dame mit einem wehenden Reiseschleier, der hinter ihr weiß und waagrecht durch die Luft schwamm, wie Rauch hinter dem Schornstein eines Dampfers. Sooft ein neues Bild erschien, räusperte sich etwas im Kasten, wie in alten Uhren, ehe sie schlagen. Dann erklang ein leiser, heller, lieblicher Gongschlag. Dann erfolgte eine leise Erschütterung, es bebte das Gefüge des runden Apparates, als ächzte er unter der Mühe, so viele fremde, ferne Welten heranzuholen. Immer tiefer wurde das Blau, strahlender das Weiß, goldener die Sonne, azuren wurde das Grün, aufregender die regungslosen Frauenleiber, anmutiger die nackten Kinder.

Nach einer halben Stunde wiederholte sich das erste Bild.

Da ertönte die Stimme des Lehrers wie Dezember: »Aufstehn!«

Ich trottete betäubt nach Hause. Es war, als wäre der Dezember ein Traum, der bald vorbei sein, und Cochinchina die Wirklichkeit, in die ich bald erwachen müßte. So blieb es eigentlich viele Jahre lang. In mir lag Cochinchina, wie in jenem Kasten.

Vor einem Jahr, um die Weihnachtszeit, kam ich in eine kleine Stadt. In einer schmalen, engen Gasse erblickte ich ein Schild: »Weltpanorama« stand darauf. »Cochinchina!« jubelte meine Erinnerung. Ich ging hinein – nicht mehr umsonst, es kostete fünfzig Pfennige für Erwachsene, zu denen ich merkwürdigerweise gezählt wurde. Es war fast leer. Der Kasten räusperte sich, der Gong schlug an, genau wie damals. Aber auf den Bildern war nicht mehr Cochinchina zu sehen. Man zeigte vielmehr die Schweiz. – Leider. – Mitten im Winter. – Schneegipfel.- Ein Hotel mit modernem Komfort, mit einer Lesehalle. –

Ich lehnte mich zurück. Zwei Stühle von mir entfernt saß ein Herr. Er sah, wie mir schien, leidenschaftlich interessiert durch die Gucklöcher. Welch ein langweiliger Kerl! dachte ich voller Gehässigkeit, mitten in der Weihnachtszeit.

Als ich aber wieder draußen stand, wurde ich sanft und gerecht. Vielleicht – so dachte ich – hat er in seiner Knabenzeit gerade die Schweiz sehen dürfen. – Umsonst. – Vor Weihnachten. – Und: schließlich hat jeder sein Cochinchina.

RUDOLF GEORG BINDING

Das Peitschchen

Als das Jesuskind durch Flandern zog – und es kannte wohl die ganze Welt – , kam es mitsamt seiner Mutter in der großen Stadt Gent am Morgen eines Weihnachtstages an. Die ganze Stadt war für das Fest gerüstet. Auf den Straßen drängten sich die Menschen, um auf den Märkten und in den Läden die neuesten und letzten Herrlichkeiten zu erwischen, mit denen sie ihren Angehörigen und ihrem Gesinde am Abend eine Freude machen könnten. Vor der großen Kirche St. Baafs, die wie ein gewaltiger grauer Magnetberg über die Stadt und die Menschen emporragte, die Häuser um sich versammelt hielt und die Menschenströme in sich hineinzog, war ein Weihnachtsmarkt errichtet, und die Pfefferkuchenstände, die Buden mit bunten Likören, mit Christbaumschmuck und Kerzen, mit Zinnsoldaten und Zinnlöffeln, mit Pfeifen, Trompeten und allerhand Kinderspielzeug standen hübsch in Reihen geordnet und einträchtig nebeneinander. Da es noch früh am dämmerigen Morgen war, die Leute vom Lande jedoch, um nichts zu versäumen und einen möglichst langen Tag des Betrachtens und Auswählens vor sich zu haben, schon in die Stadt hineinwogten, brannten in allen Ständen über den Auslagen die Lampen und die Verkäufer brachten die erste Ordnung in ihre Sachen, die der vorangegangene Tag etwas in Unordnung gebracht hatte. Gerade am Zugang zum Hauptportal der Kirche behauptete ein großer Spielwarenstand seinen Platz. Da waren Trommeln und Trompeten, Reifen und Kreisel, bunte Glasklicker, Puppen und Kegel, kleine Männchen, die in Glasröhren in rosa Flüssigkeit auf – und niederstiegen, wenn man die

Röhre in die Hand nahm, Mundharmonikas und winzige Drehorgeln, die das »Ehre sei Gott in der Höh« in kleinen Tönen von sich gaben, wenn man leise die Kurbel drehte. Und gerade hing eine Magd ein buntes Gedränge von blauen, roten und grünen Luftballons, alle eben neu mit Gas gefüllt und prall, daß sie knirschten, wenn sie aneinanderstießen, an der Ecke der Bude auf, und darunter hing sie ein ganzes Bündel kleiner Peitschen mit geflochtenen Schnüren aus weißem zartem Leder, gelben Schmitzchen und bunten Stielen. Jeder Stiel endete in ein rotes Pfeifchen aus Kirschenholz. Im Hintergrund der Bude aber hinter den langen Brettern und Tischen, auf denen alle die schönen Sachen ausgelegt waren, standen drei Kinder, so blond und auch wohl so alt wie ihr, denen diese Geschichte erzählt wird. Ihre Mutter war die Eigentümerin des Spielwarenstandes. Da sie zu so früher Stunde nicht auf Käufer hoffen konnte, war sie noch nicht zur Stelle, sondern hatte es der Magd überlassen, die Auslage zu besorgen; und diese hatte die Kinder mitgenommen. Da standen sie nun, und während sie teilnahmsvoll und neugierig guckten, wie die Magd immer neue Reichtümer und Herrlichkeiten auspackte und zum Verkauf ordnete, begannen in ihren Herzen Wünsche hin und herzujagen, begehrliche und vergleichende Gedanken hin und her zu wogen und süße Qualen auf und ab zu ziehen, welcher Gegenstand von allen ihnen wohl am besten gefiele, damit sie ihn sich von ihrer Mutter selbst als Weihnachtsgabe ausbitten könnten. Denn das wußten sie vom letzten Jahr und gedachten es auch diesmal dahin zu bringen, daß ihre Mutter jedem von ihnen erlaubte, sich aus der Fülle der Dinge etwas herauszuwünschen. »Wenn es am Abend nicht verkauft ist«, pflegte dann die Mutter zu sagen; denn der geringste Erlös aus dem Spielzeug ließ es nicht zu, daß sie die Dinge

von vornherein für sie beiseite stellte. Und dann zitterten die Kinder den ganzen Tag um den gewünschten Gegenstand, und jedesmal, wenn ein Käufer herantrat, stieg ihnen das Blut zu Kopf und sie fühlten ihr Herz schlagen. Ging er dann weg, ohne, wie sie meinten, ihren Gegenstand entdeckt zu haben, waren sie glücklich. Aber beim nächsten wiederholte sich die Pein.

»Das vorige Jahr hatte ich mir eine Puppe gewünscht«, sagte das eine Mädchen, »aber nach wenigen Tagen zerbrach sie. Ich wünsche mir etwas anderes diesmal.« Dann trat wieder Schweigen und Überlegen ein. Keines wollte sich verraten. »Eigentlich wäre ein Kreisel sehr schön«, sagte das ältere Mädchen, »er zerbricht nicht. Ich sehe Dinge gern, die tanzen und sich drehen.« Alle drei guckten nach einem Haufen buntbemalter harter Kreisel, die eben aus einem Sack hüpften, den die Magd auf den Tisch stülpte. – »Ich wünsche mir einen Kreisel und ein

Peitschchen dazu«, sagte die Älteste, die mit sich im reinen war.

Die andern fanden die Idee auf einmal herrlich. »Ich wünsche mir auch einen Kreisel und ein Peitschchen«, sagte das zweite Mädchen, als ob sie nicht gesonnen wäre, zurückzustehen. »Ich auch«, sagte der Junge, dem es genug war, daß die älteren Schwestern entschieden hatten. Und alle drei guckten eifrig und prüfend nach dem Haufen Kreisel auf dem Tisch und nach dem Bündel Peitschchen, das von der Ecke der Bude herabhing.

»Während der Kreisel Schwung hat und sich dreht, kann man pfeifen«, bemerkte der Junge und fand dies sehr beachtlich. Das Pfeifchen am Peitschenstiel mußte doch seinen Sinn haben. »Und dann versetzt man dem Kreisel wieder einen. Und dann pfeift man wieder.«

»Wer am besten kreiseln kann, kann am besten pfeifen«, sagte die Älteste.

»Wenn wir alle drei zugleich pfeifen –!« Dies sagte die Jüngere, sah mit großen Augen in die Ferne und hatte offenbar eine wundervolle Erscheinung.

Während sie so schwatzten, kam inmitten der Menge des Volkes, das der Kirche zuströmte, das Jesuskind daher. Es war damals schon größer und saß rittlings auf dem treuen Esel, der von den vielen Fahrten – nach Ägypten und in aller Welt umher – nicht mehr ganz frisch war und mit kleinen andächtigen Schritten in der Menge trippelte. Dem Jesusknaben ging das zu langsam. Vergebens zauste er das Eseltier mit seinen kleinen Händen im zottigen Fell, stieß es mit den Beinchen in die Seiten oder suchte es durch kleine Zurufe zu ermuntern. Der Esel blieb in seinem Gang, und die Jungfrau Maria, die lächelnd hinter ihrem Kinde schritt, trieb ihn nicht an.

Wie sie nun in diesem Aufzuge, oftmals gehemmt durch ein sanftes Stehenbleiben des Tieres, vor dem

Spielwarenstande anlangten, gewahrte Jesus an der Ecke das Bündel Peitschchen, ergriff, indem er seinen Esel darunter hinwegtrieb, als rechter Herr der Welt, eines am Stiel und zog es, ohne viel zu fragen, aus der Schlinge, in der es mit seinen Kameraden aufgehangen war. Dann schwang er es lustig über seinem Reittier.

»Halt! Nicht!« rief die Magd, und auch die Kinder wollten Halt! Nicht! rufen und krausten die Gesichter. Aber sie brachten keinen Ton aus den Kehlen. Das Jesuskind blickte sie nur aus seinen unergründlichen Augen einmal freundlich und sieghaft an. Da war es, als ob es um sie geschehen wäre. Der Atem stockte ihnen, alle drei griffen nacheinander, als müßten sie sich an etwas festhalten, und in einer süßen Bangigkeit des Herzens folgten sie mit den Augen dem wundersamen Knaben, der sie mit einem einzigen Blick in seinen Bann getan hatte, wie sie wohl selbst ein paar Wasserkäfer in ein Glas steckten.

»Wer ist denn das?« fragten sie einander leise, ohne sich anzusehen. Und als nun gar noch eine überirdisch hohe Frau an ihnen vorüberzog und sie mit einem seltsam fremden Gruß zu streifen schien, und es ihnen so ganz weihnachtlich zumute wurde, da sagte die Älteste vorsichtig:

»Es könnte beinahe das Christkind gewesen sein.«

»Was du nur immer hast!« sagte die Jüngere und war dabei froh, daß ihr die Schwester eine plausible Erklärung für den Zustand ihrer Sinne unter den Fuß gegeben hatte; »natürlich war es das Christkind! Einem andern Kind hätten wir das Peitschchen doch gar nicht gelassen.«

»Welches war das Christkind?« fragte der Junge, der sich selbst noch nicht begriff. »Wenn ihr es gesehen habt, will ich es auch gesehen haben.«

»Das auf dem Esel«, sagten die beiden anderen nun sehr bestimmt, da sie ja ihren Vorsprung fühlten. »Das auf dem Esel? Ja!« sagte der Knabe. Wenn es nicht das Christkind gewesen wäre, hätte es ja auch das Peitschchen gar nicht nehmen dürfen.«

»Besonders hätten wir aber doch einem andern Kind das Peitschchen gar nicht gelassen«, sagte das zweite Mädchen wieder. »Und wir mußten es ihm doch lassen.«

In diesen Worten fanden die Kinder eine vollkommene Sicherheit, und alle drei waren so gewiß, das Christkind von Angesicht zu Angesicht gesehen zu haben, wie es gewiß war, daß sie die Kinder ihrer Mutter waren. Und dann kam ihnen immer wieder der wundersame Blick des schönen Knaben, der Gruß der hochgewachsenen Frau wie in einem verklärten Schein zurück und erfüllten sie mit einer geheimnisvollen Erregung. Die Morgenglocken von St. Baafs erklangen feierlich über ihnen und der Weihnachtstag mit seinen Wundern zog herauf. Die Kinder hatten den Christusknaben gesehen, und wer es ihnen bestritten hätte, den hätten sie mitleidig ausgelacht.

Da kam die Mutter. »Mutter, wir haben das Christkind gesehen«, riefen sie alle drei. Aber es war ihnen gar nicht lieb, als ihre Mitteilung nicht recht verfing, die Mutter vielmehr nur belustigt schien und sagte: »So? Da habt ihr was Rechtes gesehn! Und was wünscht sich nun jedes zu Weihnachten?«

Daß das Christkind das Peitschchen genommen hat, sagen wir jetzt besser nicht, dachten die drei und antworteten lieber auf die Frage der Mutter. »Ich wünsche mir einen Kreisel und ein Peitschchen«, sagte die Älteste. »Und ich auch«, sagte die Jüngere. »Und ich auch«, der Junge.

»Wenn es am Abend nicht verkauft ist«, erwiderte die Mutter und betrat den Stand. Die Käufer drängten sich, der kurze Tag brach an, die Lampen wurden gelöscht, und auch für die Kinder verschwanden die Ereignisse des Morgens im Grau des Tageslichts und im Gesumme des geschäftigen Treibens auf dem großen Markt. Zudem begann die Qual der Erwartung sie zu bewegen und zu erfüllen, ob denn für jedes am Abend ein Kreisel und ein Peitschchen übrig sein werde. Und dies alles beschäftigte sie zu sehr, als daß sie an anderes hätten denken mögen. Jedesmal, wenn ein Käufer herantrat und einen Kreisel oder ein Peitschchen verlangte, gab es in den drei kleinen Herzen drei kleine Stiche, und wenn einer einen Kreisel mitsamt einem Peitschchen kaufte, waren die drei Stiche in den drei Herzen noch deutlicher fühlbar.

Aber ihre Qualen wurden immer größer und ihre Gesichter immer länger. Der hochgetürmte Haufen von Kreiseln nahm reißend ab und das dicke Bündel Peitschen wurde schmächtig und schmächtiger. Noch einmal schüttete die Magd einen Sack Kreisel auf den Tisch, und noch ein Bündel Peitschen wurde an der Ecke der Bude aufgehangen. Dann war der Vorrat erschöpft. Die Kinder merkten gar nicht, daß auch die Puppen weniger wurden und die Trommeln und die Glasröhrchen mit den steigenden Männchen und die Spieldosen und die Bälle. Als der Tag vorüber war und die Stände überall geschlossen wurden, war in dem ihren alles ausverkauft. Nur drei Kreisel, die ganz allein aus der Fülle der Dinge übriggeblieben waren, lagen verlassen an der Stelle, wo der Haufen gewesen war. Aber kein Peitschchen mehr war da, sie anzutreiben, und so schienen sie völlig nutzlos und überflüssig.

Die Mutter überblickte ihren Stand, freute sich des flotten Geschäfts und guten Erlöses, den ihr der Tag gebracht, und hatte die Kinder ganz vergessen. Jetzt bemerkte sie sie wieder, wie sie traurig dasaßen und ihnen das Weinen nahe war.

»Nun? – Was ist?« fragte sie. Aber das war schon wie ein Stoß. Die Kinder brachen in helle Tränen aus und schnelle Perlchen rollten unaufhaltsam über ihre Kittel.

»Nun haben wir kein einziges Peitschchen«, jammerten sie durcheinander; »was sollen uns jetzt die Kreisel!« Die Mutter rückte zwischen sie, wußte aber doch keinen Trost.

»Und das letzte Peitschchen hat uns das Christkind auch noch weggenommen«, klagte der Junge.

»Das Christkind–?« fragte die Mutter.

In diesem Augenblick öffneten sich, langsam und weit, die Flügeltüren am Hauptportal von St. Baafs, was sonst nur bei den feierlichsten Gelegenheiten geschah; denn die Menschen gingen seitlich durch zwei kleine Pforten ein und aus. Die Flügeltüren öffneten sich, und heraus trat die überirdische Frau, die in der Frühe die Kinder so seltsam gegrüßt hatte.

»Das ist sie, die mit dem Christkind war!« flüsterten die Kinder und krochen eng an die Mutter heran. Und während alle vier kein Auge von der Gestalt abwenden konnten, schritt diese ruhig auf den leeren Verkaufsstand zu, und der Weihnachtsschauer ging vor ihr her. Wieder wie am Morgen stockte den Kindern der Atem, wieder griffen sie nacheinander, als müßten sie sich an etwas festhalten, und in einer süßen Bedrängnis der Herzen ergaben sie sich, daß ihnen etwas widerführe, was ihnen nie wieder in ihrem Leben widerfahren würde. Die Frau aber trug das Peitschchen in der Hand, das Jesus in der Frühe aus dem Bündel an der Ecke der Bude herausgezogen hatte, reichte es mit einer unnachahmlichen Bewegung der Mutter hin und sprach:

»Dieses Peitschchen gehört wohl in diesen Stand.« Darauf streifte sie Mutter und Kinder mit ihrem Gruß, wendete sich und trat, wie sie gekommen, in die große

Kirchentür zurück, deren Flügel sich hinter ihr schlossen.

Den Kindern war es eng und heiß und doch auch wieder weit und frei, und obzwar sie anfänglich etwas enttäuscht schienen wie über ein halbes Glück, ging ihnen doch bald der Sinn auf: daß sie nämlich nun gar kein Peitschchen hätten, weil es längst mit den andern verkauft worden wäre, wenn das Christkind ihnen nicht am Morgen dieses Tages eines weggenommen hätte. Da wurden ihre Augen hell und sie sahen einander an.

Die Mutter küßte ihre Kinder. Wie auf Verabredung ergriff jedes einen der drei Kreisel, alle drei faßten das Peitschchen an, als ob es ein langer Spieß gewesen wäre, und so trugen sie ihre Geschenke in einem glücklichen kleinen Triumphzug nach Hause.

Mit dem Peitschchen hatte es aber eine besondere Bewandtnis. Denn obgleich ein Peitschchen für drei Kreisel und drei Kinder reichlich wenig schien, so entstand doch nie ein Streit darum. Es wurde den Kindern wie zu einem Wahrzeichen, daß Menschen alles miteinander teilen können.

Seit jener Zeit geht in Flandern eine Redeweise. Wenn mehrere so recht miteinander einig sind, sagt man wohl von ihnen: Ach, die! die haben ein Peitschchen miteinander.

Die Geschichte von der Babuschka

In einer eiskalten Winternacht saß die Babuschka in ihrer Hütte und schürte ein mächtiges Feuer aus Tannenholz, damit sich der Reif nicht gar zu dick an den Holzbalken festsetzte. Draußen fror es Stein und Bein, und der Atem legte sich jedem, der durch die Nacht ging, wie ein Eispelz um die Lippen. Die alte Babuschka war froh, daß sie vor ihrem Feuer sitzen und sich wärmen konnte, und es paßte ihr gar nicht, als es auf einmal klopfte und sie aufstehen und öffnen mußte. Vor der Tür standen drei Männer, wohlhabende Männer, das sah Babuschka mit einem Blick, und sie war sofort bereit, die drei aufzunehmen und zu bewirten. Das aber wollten die Männer nicht. Vielmehr erzählten sie der Babuschka, sie würden schon seit Wochen von einem Stern geführt und wären unterwegs zu einem Ort, der Bethlehem hieße. Schließlich baten sie die Babuschka mitzukommen. Denn der König, zu dem sie wollten, sollte noch ein neugeborenes Kindlein sein, und sie selbst wüßten zwar die Sterne zu deuten, aber in solchen Dingen hätten sie keinerlei Erfahrung. Die Babuschka winkte ab. Nein, nein, für solche Wege seien ihre Beine zu alt, und der Winter wäre zu kalt und überhaupt – nein, nein. Darauf zogen die drei Männer weiter, ratlos, wie es schien.

Kaum waren sie fort, ließ es der Babuschka auf einmal keine Ruhe mehr. Die ganze Nacht dachte sie darüber nach. Am nächsten Morgen aber packte sie einen Korb mit Windeln, Zuckersachen und Spielzeug, denn die drei Männer hatten ja von einem Kindlein geredet. Dann machte sich die alte Babuschka auf den Weg.

Wie es nun so geht, in der Nacht war Neuschnee gefallen, und sie konnte nirgends eine Spur von den Davongezogenen finden. Die Babuschka aber gab nicht auf. Sie ging von Haus zu Haus und fragte nach den drei Männern. Sie ging von Dorf zu Dorf, und überall, wo sie anklopfte und aufgenommen wurde, ließ sie ein Geschenk zurück. Am nächsten Morgen aber war ihr Korb wieder bis zum Rand gefüllt, und an jedem neuen Tag, wenn sie sich auf den Weg machte, war es ihr, als ob jemand hinter ihr flüsterte: »Geh weiter Babuschka, geh weiter.«

Seitdem ist sie Jahr für Jahr zu Weihnachten unterwegs und teilt Geschenke aus.

ZOFIA KOSSAK

In Erwartung der Gody

Erwartung macht das Wesen des Dezember aus. Das Warten auf die hohen Festtage, auf die Gody. Gody, das ist ein besonderes, nicht alltägliches Wort. Es bedeutet mehr als Gastmahl und Festlichkeit. Es ist ein Glückszustand. Der Herr Christus spricht da, wo er die Apostel mit Dienern vergleicht, die darauf warten, daß ihr Herr von der Hochzeit zurückkehre, von sich selbst. Er, der Erlöser, ist es, der auf der ewigen Hochzeit weilt, von der es ihm beliebt, auf die Erde herabzusteigen. Die klugen Jungfrauen gehen mit dem Bräutigam-Christus hinein zur Hochzeitsfeier, und hinter ihnen schließen sich die Türen. Den ungebetenen Gast fragt der Herr: Freund, wie bist du hereingekommen, da du doch kein Feiergewand trägst?

In Erwartung der Gody also deckt sich die Erde mit Schnee; weiße Flaumfedern wirbeln in der Luft. Die Menschen, fern von der Reinheit des Schnees, eilen bei Tagesanbruch zur Rorate, der ersten Frühmesse im Advent. Spiralenförmig gedrehte Wachsstöcke erfüllen mit ihrem Schimmer das dunkle Kirchenschiff. An der Spitze der Schar, die durch Gebet und Buße das Feiergewand erlangen will, schreitet das traurige Missetäterpaar Adam und Eva. Niemand verlangt so heiß und innig danach, daß wiedergewonnen würde, was durch ihre Schwachheit verlorenging, wie sie. – Gott, der du so wunderbar die Würde der menschlichen Natur geschaffen und noch wunderbarer wiederhergestellt hast ...

Es wartet die Welt. Es wartet jegliches Geschöpf. Adventus. Er kommt. Rorate coeli, desuper, et nubes pluant Justum ...

Möge sich die Erde auftun und den Heiland gebären. Möge herabschweben das sternengekrönte Weib, das den Fehler Evas wiedergutmacht. Jene war hochmütig. Diese wird demütig sein. Jene verfluchen, die nach ihr kommen. Diese werden gesegnet heißen alle Völker. Möge sie doch herabkommen, still und weiß wie der Schnee ... Und das Wort ward Fleisch ... Einen besonderen Zauber umgibt die Gestalt der Dezemberpatronin – der heiligen Barbara. Nicht vom polnischen Stamm war jenes Mädchen, das sein heidnischer Vater in den Kerker warf und das aus dem Kerker in den Tod geführt wurde. Aber wie sollte man sie übergehen können, wo doch jedes dritte junge Mädchen in Polen Barbara heißt und die Bergleute in der »Baburka« die ihnen herzlich zugetane Beschützerin verehren? Die heilige Barbara gehört zu der Reihe der vierzehn Nothelfer, die ununterbrochen Rettungsdienst haben über der Welt; dabei ist sie die Patronin eines guten Todes, und wer sich an sie wendet, stirbt nicht ohne die Sakramente. Und stürzte er gleich in den Abgrund der Erde oder sänke er in des Meeres Tiefe – sie bringt ihm die Sterbesakramente, wie sie sie dem heiligen Stanislaw Kostka gebracht hat, als er auf den Tod krank lag. Darum lieben also die Bergleute die heilige Barbara. Denn da es schon in der offenen, grünen und kornblumenblauen Welt dem Menschen bisweilen schrecklich angst und bange zumute ist, wieviel mehr erst unter der Erde, in ständiger Gefahr? Zwar haben die Bergwerke ihren Herrn und guten Geist, den sie Skarbnik nennen in Olkusz und Pustecki in Slask. Er geht in den Stollen um in Gestalt eines alten Steigers, läßt wie jeder Bergmann seine Grubenlampe leuchten, nur daß ihr Licht rot ist. Obwohl er als Beschützer gilt, vor Unfall warnt, hat doch Pustecki gegenüber niemand Mut. Anders mit der Baburka! Der Mensch, tritt ihm der Todesschweiß auf die Stirn, ruft er sie wie seine Mutter, Schwester oder sein allerliebstes Töchterchen, und immer eilt sie rettend herbei. Wenn es nun einmal der göttliche Wille ist, daß es sterben heißt, tröstet und besänftigt sie, bleibt sie bis zum Ende bei dem Scheidenden und erbittet für ihn die Vergebung der Sünden. Daher ist der 4. Dezember ein großer Feiertag. Mit Federbüschen auf ihren Bergmannskappen paradieren die Bergleute, um der Patronin ihre Verehrung zu bezeugen.

Während der Okkupation war die heilige Barbara auch die Schutzpatronin der polnischen Widerstandsbewegung, und viele, die zuvor keine Gebete kannten, durften sich davon überzeugen, was für eine bereitwillige, starke Mittlerin Barbara ist.

Es ging ein Gebot aus von dem Kaiser Augustus, daß alle Welt sich schätzen ließe ... Die Zeiten haben sich erfüllt. Ein Kind ist uns geboren, ein Sohn ist uns geschenkt. Die Macht der Herrschaft liegt auf seiner Schulter, und man heißt ihn Friedefürst, Ewig-Vater, Engel des Großen Rates. Ein Schauer überlief die Erde, ein Schauer, der bisher nicht schwächer geworden ist. Von dem Augenblick an, da der Chor der Engel über dem Stall ertönte, hat sich alles verändert, und niemals mehr kehrt die Menschheit in den düsteren Zustand zurück, in dem sie vor der Erlösung verharrt hat ...

Polen durchlebt tief die Freude der Nacht von Bethlehem, auf seine Art alte Glaubensvorstellungen mit den neuen verbindend. Vigilia – ein Abendmahl von sakralem Charakter, hat sich auf eine Weise unserem Gefühl verbunden, daß es in den Augen vieler Polen das eigentliche Fest überlagert, ja zu dessen Inhalt wird, wo es doch nur Vorbereitung, Einleitung sein soll. Die Speisen, die bei dem feierlichen Abendmahl verzehrt werden, die Art ihrer Zubereitung, die Reihenfolge sind traditionell festgelegt, symbolisch, unveränderlich.

Aus uralten Zeiten stammt die »kutia«, in der Handmühle zermahlener Weizen – er bedeutet Sattheit –, der gekocht und mit Mohn und Honig vermischt gereicht wird. Mohn – das ist ein ruhiger Schlaf, Honig – Süße. Die polnischen Westgebiete haben statt der »kutia« neuzeitliche knusprige Kuchen mit geriebenem Mohn eingeführt, aber alle Zutaten der Speise sind dieselben geblieben. Den Höhepunkt des Abendmahls stellt das Teilen der Oblate dar: Es bringt die Getrennten einander nahe, verbindet die Toten mit den Lebenden. Die ausgestreckte Hand mit einem Bröckchen dieses Brotes reicht über die Wirklichkeit hinaus.

Das auf dem Tisch ausgebreitete Heu läßt an den Stall zu Bethlehem denken. Nach dem Abendmahl wird das Heu an die Tiere verteilt; in früheren Zeiten diente es zum Weissagen eines kurzen oder langen Lebens, je nach der Länge der unter dem Tischtuch hervorgezogenen Halme.

Ein Platz bei Tisch bleibt frei und wird von keinem der Hausbewohner eingenommen; die Tradition hat ihn für die »Herren von Zagorze« reserviert. Wer immer zum Fest am Heiligen Abend ein polnisches Haus betritt, bekommt diesen Platz und wird aufgenommen wie ein Bruder. Einmal im Jahr, für die Dauer einiger weniger Stunden, vergegenwärtigen sich die Menschen durch diesen Brauch, welch ein Paradies die Welt wäre, wenn sie unablässig von den Gesetzen des Heiligen Abends regiert würde.

Während der Vigilia sollte sich niemand vom Tisch erheben. Es ist nicht gut, wenn einer der Festteilnehmer seinen eigenen Schatten an der Wand sieht. Das prophezeit den Tod im Laufe eines Jahres. Die Zahl der Anwesenden muß paarig, Lichter dürfen nicht drei sein (das betrifft besonders die Kerzen). Alles, was während dieses Heiligen Abends geschieht, ist bedeutungsträchtig, ist folgenschwer. Um Mitternacht verstehen die Tiere die menschliche Rede und antworten auf Fragen mit menschlicher Stimme. Ein Landwirt wollte das einmal nachprüfen, und so versteckte er sich unter der Futterkrippe und wartete. Da hörte er, wie ein Ochse zum anderen sagte: »Schade, daß wir unseren Herrn auf den Friedhof bringen. War ein gerechter Mann.« Der Bauer nahm sich das Gehörte dermaßen zu Herzen, daß er am darauffolgenden Tag starb. Und so bewahrheitete sich, was die Ochsen gesagt hatten.

In der Heiligen Nacht geht der Bauer mit der Axt in den Obstgarten, nachdem er zuvor dem Sohn befohlen hat, hinter dem Zaun zu warten. Er legt die Axt an den Stamm eines jeden Baumes und fragt streng: »Wirst du Frucht tragen?« – »Werd ich, werd ich!« schreit der Junge, und beruhigt stellt der Bauer dem nächsten Apfelbaum die nächste Frage.

Dann geht er zu den Bienen. Er legt die Axt weg, denn die Biene, ein stolzes, verwegenes Geschöpf, könnte sich beleidigt fühlen, und verkündet einem Bienenstock nach dem anderen die Botschaft, daß der Herr Christus geboren ist.

Die Mädchen stehen nach dem Festmahl mit einem Holzlöffel am Zaun und lauschen, aus welcher Richtung ein Hund bellt. Von dorther werden die Brautwerber kommen. Eine Mädchenschar stellt den jeweils rechten vom Fuß genommenen Schuh vom Ofen zum Ausgang hin auf. Das Mädchen, dessen Schuh als erster die Türschwelle erreicht, bekommt am ehesten einen Mann.

Den Abend des heiligen Stephan nennt man den »freigebigen Abend«. An diesem Tag überbrachten früher das Gesinde und die Familien dem Hausherrn ihre Wünsche, das heißt sie gebärdeten sich »freigebig«. (In neuerer Zeit wurde dieser Brauch auf Neujahr übertragen.) Nach einer üppigen Bewirtung bestrich man die Stubendecke mit Honig, und der Hausherr warf Getreidekörner in die Höhe. Blieben sie an dem Gebälk haften, bedeutete dies eine reiche Ernte. Fielen sie herunter, erwartete man vergeblich ein gutes Jahr!

Der »Weihnachtsbaum«, lieblicher Schmuck des Weihnachtsfestes, kann sich einer ebenso alten Tradition rühmen wie die »kutia«. Er stammt von dem arianischen »Baum des Lebens« her, dessen Spuren wir in Kunst oder Brauchtum überall dort finden, wo die Arianer einst hingelangt sind. Dieselbe Genealogie besitzt der »Maibaum«, den man im Mai herumträgt, und gleichfalls der »Strohwisch«, den die Zimmerleute auf den fertigen Dachstuhl stecken und an dem Späne und Papierbänder flattern. Einst hängte man in den polnischen Hütten während der Weihnachtszeit die Spitze einer Tanne oder Fichte an die Decke der Gaststube, das Obere nach unten, traditionsgemäß geschmückt mit ausgeblasenen Eiern (dem Symbol des Lebens), Pfefferkuchenfiguren (eine Erinnerung an die stellvertretenden Menschen- und Tieropfer) sowie Äpfeln, die Gesundheit bedeuteten, und »Welten« aus Oblaten. Im 19. Jahrhundert ließ sich die polnische Bourgeoisie von dem deutschen Tannenbaum bezaubern. Das neue Bäumchen stammte zwar aus derselben altehrwürdigen Quelle, aber es stand jetzt aufrecht, statt an der Decke zu schaukeln, auf seinen Zweigen brannten Kerzen und funkelten bunte Glaskugeln. Verhältnismäßig schnell ging der Weihnachtsbaum aus den Salons in die Katen über, wo er seinen ärmlichen Verwandten vertrieb. Mehr und mehr werden heutzutage die Kerzen, denen der Weihnachtsbaum seine ganze Stimmung und den Duft erwärmten Harzes verdankt, durch elektrische Beleuchtung ersetzt.

Das modernisierte oder auch altertümliche Bäumchen

bleibt üblicherweise bis zum Heiligen Dreikönigstag in der Wohnung und bildet den Hintergrund für weitere Zeremonien, die sich, gleichsam als Echo des großen Tages, durch die erste Dekade des Januars hinziehen.

Wenn es am Barbaratag geregnet hat, gibt es zur Hirtenmesse Frost; gibt es zum Barbaratag Frost, so regnet's zur Hirtenmesse. Schnee knirscht unter den Füßen. Die Fensterchen der Hütten leuchten, denn die Heilige Nacht ist die einzige Nacht im Jahr, wo das Dorf wacht und wo lange, lange Licht brennt. Die mit Menschen überfüllte Kirche hüllt ein Lichtschein ein und Brodem, der von den beschneiten Körpern ausgeht. Die Glocken läuten, die Stimmen vereinen sich zum Weihnachtsgesang.

Ob alt, ob jung, gläubig oder der Religion gegenüber gleichgültig – wo gibt es einen Polen, für den die Melodien von »Bog sie rodzi« (»Gott wird geboren«), »Wsrod nocnej ciszy« (»Inmitten nächtlicher Stille«), »W zlobie lezy« (»Im Kripplein liegt er«) nicht ein Teil der eigenen Seele bilden würden? Sie sind mit dem Polentum untrennbar verbunden, dessen Blüte sie sind und dessen Stolz sie mit Recht genannt werden dürfen.

Die Christen aller Völker besitzen ihr eigenes Weihnachtsliedgut. Nirgends jedoch ist es in einer solchen Fülle entstanden wie in Polen, nirgends sind die Lieder so unmittelbar und rührend wie hier. Artur Gorski nannte die Slawen in einem seiner Werke die »geborenen Hörer der acht Segenssprüche.« Fügen wir hinzu, daß sie gleichfalls die geborenen Verehrer der Krippe waren. Von den göttlichen Geheimnissen wurde ihnen das der Christgeburt das nächste und geliebteste. Ein Volk, nicht sehr reich und an strenge Winter gewöhnt, empfindet Mitgefühl mit der jungen Mutter, »die arm war, den Schleierflor vom Kopf nahm«, um das Kind auf dem Heu zuzudecken. Jede Zunft, jeder Beruf hatte sein eigenes

Weihnachtslied. Selbst die Falschspieler und die Allerärmsten, die nichts außer ihrer Seele ihr eigen nennen, singen: »Kienholz spalten wir, Wasser tragen wir ... Hej, koleda, koleda!«

Der Herr voll schrecklicher Majestät, der Schöpfer aller Dinge, der heilige, mächtige, ewige Herr, den die Engel fürchten, obschon sie sein Angesicht schauen, wird in einem Weihnachtslied aus den Beskiden »geliebtes Väterchen« genannt – mit einer Vertrauensseligkeit, die den Himmel entwaffnet.

Mit diesem Vertrauen, die Hand des Vaters haltend, endet Polen das alte Jahr und trägt in das neue die unauslöschliche Freude der Weihnachtszeit hinein.

Vom Brotlaib, der nie kleiner wurde

Eine Legende aus Rumänien

Es war einmal ein reicher Gutsherr. Der fand eines Tages, nicht weit von seinem Hof entfernt, mitten auf dem Felde einen kleinen Jungen. Weit und breit war niemand zu sehen. Und so nahm der Gutsherr an, daß jemand den Kleinen einfach ausgesetzt hatte. Weil er aber ein guter Mensch war und das Kind ihm von Herzen leid tat, nahm er es auf seinen Hof.

Der kleine Junge hatte es gut dort. Er bekam reichlich zu essen, und man hatte ihn lieb wie ein eigenes Kind.

In der Nähe des Gutshofs stand die alte Dorfkirche. Neben ihrer Eingangstür war ein Kreuz angebracht, bemalt mit der Muttergottes, die das Jesuskind auf den Armen hält.

Als der Junge dieses Kreuz mit Maria und Jesus zum erstenmal sah, dachte er, der Jesusknabe sei lebendig und

ein Kind wie er selbst. Jeden Tag ging er nun an der Kirche vorbei, und jedesmal brachte er dem Jesuskind etwas zu essen mit. »Nimm nur«, sagte er zu ihm, »du wirst auch hungrig sein.« Und jedesmal geschah das Wunder: Der Jesusknabe streckte sein Händchen aus und nahm die Gabe entgegen.

Viele Wochen ging das so. In der Woche vor Weihnachten, als die Arbeit dem Gutsherrn mehr Zeit ließ und er sich mehr um den Jungen kümmern konnte, bemerkte er, daß sein Schützling immer öfter mit Eßwaren ins Dorf lief und mit leeren Händen wiederkam. Er beobachtete ihn einige Tage und dann fragte er ihn, mit wem er sein Essen teile.

»Oh ich gebe es dem kleinen Jungen an der Kirchentür«, bekam er zur Antwort.

Da wurde der Gutsherr böse wie noch nie zuvor. Er dachte, irgendein Dorfjunge wolle sich auf seine Kosten durchfüttern lassen. Zornig rief er: »Dann geh nur zu deinem Freund. Von heute an soll er für dein Essen sorgen!«

Weinend lief der Junge zur Kirche. Und weinend gestand er dem kleinen Jesus: »Ich habe heute nichts für dich und werde auch nie mehr was bekommen. Kann ich nicht von dir einmal was zu essen haben? Ich bin nämlich sehr hungrig.«

Kaum hatte er das gesagt, da verwandelte sich die Mutter Maria in eine lebendige Frau. In der Hand hielt sie einen Brotlaib, so groß wie ein Wagenrad. Sie reichte ihn dem Jungen und sagte: »Nimm dieses Brot. Du hast bisher alles mit meinem Kind geteilt. Ich will dir dafür alle Zeiten zu essen geben.« Und dann begann der Brotlaib wie von selbst zu rollen. Der Junge rannte hinter ihm her, hob ihn auf und nahm ihn mit auf den Gutshof.

Der Gutsherr freute sich, den Jungen wiederzusehen, denn er bereute seine harten Worte längst. Voller Verwunderung betrachtete er den Brotlaib. Er reichte für ihn und die Seinen ein Leben lang. So oft er auch eine Scheibe abschnitt – das Brot wurde nicht kleiner.

Das Orakelwesen der Sorben

Der Glaube an geheimnisvolle und übernatürliche Kräfte häuft sich gerade um die Weihnachtszeit, die an der Schwelle des neuen Jahres liegt und früher über Jahrhunderte Jahresbeginn war. Es ist die Zeit der Zwölfnächte. In diesen sogenannten Rauhnächten – die wichtigsten sind die zum 25. und 29. Dezember sowie zum 1. und 6. Januar – erreichen die Dämonen ihre höchste Macht. Nach altem Glauben ist in dieser Zeit die Geisterwelt entfesselt, ebenso wie in der Walpurgis- oder der Johannisnacht. Der ursprüngliche Sinn der meisten magischen Handlungen ist allerdings der Bevölkerung nicht mehr geläufig. Durch verschiedene Betätigungen und Unterlassungen wollte man sich Glück, Gesundheit und Fruchtbarkeit in Haus und Hof, in Garten und Feld sichern. Das eigentliche Zauber- und Orakelwesen ist aber heute weitgehend aufgegeben und in Vergessenheit geraten. Dennoch gibt es noch zahlreiche Beispiele dafür, daß bestimmte Regeln – bewußt oder unbewußt – beachtet werden. So wird zum Beispiel zwischen Weihnachten und Neujahr keine Wäsche gewaschen und nichts verborgt, am Tag vor Heiligabend werden die Obstbäume »zum Mittagessen eingeladen«. Will man wissen, ob man im nächsten Jahr in demselben Hause bleiben werde, so nimmt man am Silvesterabend einen Schuh, stellt sich mitten in die Stube und wirft ihn über die linke Schulter nach der Tür. Fliegt er hinaus, so steht einem eine Veränderung der Wohnung bevor. Beim Legen von Zwiebelschalen kann man ebenfalls die Zukunft befragen. So sind noch viele Praktiken in Erinnerung, mit deren Hilfe versucht wurde, etwas über die eigene Zukunft zu erfahren, sich vor Krankheiten zu schützen oder für die Wirtschaft und das Vieh gutes Gedeihen zu erwirken.

Nikolaj Leskov

Der Springrubel

Es gibt so einen Glauben, man könne sich durch Zaubermittel einen Springrubel verschaffen, das heißt einen Rubel, der, sooft man ihn auch ausgibt, dennoch stets wieder als ganzer heimlich in die eigene Tasche zurückspringt. Doch um solch einen Rubel zu erlangen, hat man große Schrecknisse durchzustehen. Aller kann ich mich nicht entsinnen, doch weiß ich, daß man unter anderem eine fleckenlos schwarze Katze nehmen und diese in der Weihnachtsnacht auf einem Kreuzweg verkaufen muß, wobei noch der eine von den vier Wegen unbedingt auf einen Friedhof zu führen hat.

Dort muß man stehenbleiben, die Katze ziemlich stark drücken, so daß sie zu miauen anfängt, und dabei

selber die Augen schließen. Das alles muß ein paar Minuten vor Mitternacht geschehen, denn genau um Mitternacht kommt jemand und beginnt um die Katze zu handeln. Der Käufer wird für das Tierchen eine Unmenge Geld bieten, aber der Verkäufer muß unbedingt bloß einen Rubel fordern, – nicht mehr und nicht weniger als einen silbernen Rubel. Der Käufer wird mehr aufdrängen, doch man muß hartnäckig einen einzigen Rubel verlangen, und wenn dieser endlich gegeben ist, muß man ihn in die Tasche stecken, mit der Hand festhalten und selber möglichst schnell und ohne Umblicken fortgehen. Dieser Rubel eben ist auch der Spring- oder Ganzrubel, – sooft du ihn zur Bezahlung für irgend etwas ausgibst, stets ist er gleich darauf wieder in deiner Tasche. Hast du zum Beispiel hundert Rubel zu zahlen, so mußt du bloß hundertmal die Hand in die Tasche senken und von dort jedesmal einen Rubel hervorholen.

Das ist natürlich ein Aberglaube und trifft nicht zu;

dennoch gibt es einfache Leute, die zu glauben geneigt sind, man könne sich solche Springrubel wirklich verschaffen. Als ich ein kleiner Junge war, glaubte auch ich daran.

Einst, in meiner Jugend, als die Kinderfrau mich einmal in der Weihnachtsnacht schlafen legte, da erzählte sie mir, daß eben jetzt in unserem Dorfe viele nicht schliefen, sondern die Zukunft deuteten, sich verkleideten, zauberten und sich auch, unter anderem, »Springrubel« zu verschaffen suchten. Sie ließ sich besonders darüber aus, daß gerade jenen, die hinter dem Springrubel her sind, jetzt eben am schrecklichsten zumute sei, weil sie auf fernem Kreuzweg sich Aug' in Auge mit dem Teufel treffen und mit ihm um die schwarze Katze handeln müßten; dafür aber harrten ihrer auch die größten Freuden ... Wieviel herrliche Sachen kann man für einen nichtschmelzenden Rubel kaufen! Was würde ich alles tun, wenn auch mir solch ein Rubel in den Wurf käme! Ich war damals bloß acht Jahr alt, doch war ich bereits in Orel und Krómy gewesen und kannte verschiedene famose Erzeugnisse russischer Kunst, welche die Kaufleute auf den Weihnachtsmarkt vor unserer Pfarrkirche brachten.

Ich wußte, daß es auf der Welt gelbe Lebkuchen, mit Honig, und weiße, mit Pfeffeminzguß, gab; ebenfalls Sirupzapfen und Zuckerstengel; sodann eine Leckerei, welche »Kandisfetzen« oder auch einfach »Bruch« hieß; endlich, daß es gewöhnliche Nüsse und geröstete Nüsse gab; während den gespickten Beutel sogar Rosinen und Datteln erwarteten. Überdies hatte ich Bilder mit Generalen und eine Menge anderer Sachen gesehen, die ich alle nicht kaufen konnte, weil man mir für meine Ausgaben einen gewöhnlichen Silberrubel, und keinen Springrubel gegeben hatte. Allein die Kinderfrau beugte sich über mich und flüsterte, daß es diesmal anders käme, weil meine Großmutter einen Springrubel besitze, und sie habe sich entschlossen, ihn mir zu schenken, – nur müsse ich schrecklich aufpassen, um diese Zaubermünze nicht einzubüßen, deshalb, weil sie eine wunderbare, sehr launische Eigenschaft an sich habe.

– Was für eine? – fragte ich.

– Das wird dir die Großmama sagen. Schlaf nur, und morgen, wenn du aufwachst, bringt dir die Großmama den Springrubel und sagt dir, wie du mit ihm umgehen mußt.

Verlockt von diesem Versprechen, bemühte ich mich, noch diese Minute einzuschlafen, damit das Warten auf den Springrubel nicht gar zu peinigend sei.

LEONID ANDREJEW

In finsterer Weite

Traurig und freudlos kam die Weihnachtszeit heran. Die Anwesenheit eines Menschen, der in nichts die Gefühle und Gedanken seiner Umgebung teilte, hing als düstere Wolke über allen und nahm dem erwarteten Feste nicht nur dessen freudigen Charakter, sondern dessen Idee. Es schien, als ob Nikolaij selbst gemerkt hätte, wie niederdrückend er auf die anderen wirkte, und er kam beinahe nicht aus seinem Zimmer heraus – aber wenn sie ihn nicht sahen, erschien er allen noch unheimlicher.

Kurz vor Weihnachten waren bei den Barsukows einige Gäste. Nikolaij ließ sich nicht sehen; angekleidet lag er auf seinem Bett und hörte den Klängen der Musik zu, die, durch die dicken Wände gedämpft, zart und melodisch zu ihm herüberklang wie der ferne Gesang sündenfreier Stimmen. So sanft erklangen die Töne an sein Ohr, daß es ihm schien, als ob die Luft selbst singe. Er lauschte und mußte an die Zeit denken, als er klein war und seine Mutter noch lebte. Wie heute, kamen auch damals Gäste zu ihnen, und er lauschte ebenso der Musik und träumte; es waren keine Bilder, die er sich ausmalte, er träumte von etwas anderem, Unfaßlichem, in dem Bilder und Klänge zu einem Leuchtenden, Schmerzend-Schönen verschmolzen, das wie ein farbiges, singendes Band flatterte. Zwar verstand er damals, was dieses Leuchtende sei, aber er vermochte es niemandem zu erklären, nicht einmal sich selbst; er gab sich nur Mühe, solange als möglich wach zu bleiben, schlief aber ein. Einmal war er so, ohne von jemandem bemerkt zu werden, auf den Pelzen der Gäste im Vorzimmer eingeschlafen, und er stellte sich jetzt den Geruch des weichen, kitzelnden Pelzes vor. Und wieder zitterte ein unerklärlicher Schrecken mit kalten Nadeln durch seinen Körper, aber auch etwas anderes, Mildes und Warmes, bestrahlte sein Gesicht und glättete wie eine liebevolle, streichelnde Hand die zusammengezogenen Brauen. Bewegungslos aber ruhig wurde sein Gesicht, sanft und mild wie das eines Toten. Man hätte bestimmt nicht sagen können, ob er wache oder schlafe, ob er lebe oder tot sei, man hätte nur das eine sagen können: dieser Mensch ruht...

Der Weihnachtsabend war gekommen, und in der Dämmerung kam Finogen zu Nikolaij ins Zimmer. Er war fast nüchtern und blickte finster nach der Seite; in seinen Augen schimmerte es, wie von Tränen.

»Die Großmutter läßt Sie bitten«, sagte er, in der Tür stehend.

»Was soll's?« fragte erstaunend Nikolaij.

Finogen seufzte und wiederholte:

»Die Großmutter läßt Sie bitten!«

Nikolaij ging hinauf, aber kaum hatte er die Schwelle betreten, als zwei schlanke Mädchenarme seinen Hals umschlangen, seinem Gesicht näherte sich ein zartes Gesichtchen mit weitgeöffneten feuchten Augen, und eine zärtliche Stimme, die vor Schluchzen zitterte, flüsterte: »Kolja, Bruder, wie quälst und marterst du uns! Liebes, liebes Brüderchen, versöhne dich mit dem Vater und mit mir und bleibe bei uns!«

Der kleine, schmächtige Körper wand sich in seinen Armen, und das kleine Herzchen wurde so groß, daß die ganze, unendliche, leidende Welt sich in ihm hätte einschließen können. Finster, die Brauen düster zusammengezogen, warf Nikolaij einen raschen Blick um sich herum. Aus dem Bette streckten sich ihm die Hände der Großmutter entgegen, schrecklich in ihrer blutlosen Magerkeit, und eine Stimme, in der schon Töne der anderen Welt klangen, bat mit heiserem, schluchzendem Stöhnen: »Nikolaij! Kolja, Kind! ...«

Auf der Schwelle stand Finogen. Seine ganze Wichtigkeit hatte er eingebüßt und zog die Luft mit Geräusch durch die Nüstern und bewegte Mund und Brauen. Die Tränen flossen ihm in solchen Strömen die Backen hinunter, als kämen sie nicht aus den Augen, wie bei anderen Menschen, sondern aus allen Poren.

»Mein Freund! Nikolenka!« flüsterte er andächtig und streckte ihm die Hände entgegen, die das rote Taschentuch wie eine feste Masse umklammerten.

Nikolaij lächelte hilflos und wußte nicht, daß aus seinen jetzt trüben Adleraugen seltene Tröpfchen rannen ... Und dann kam aus der dunklen Ecke an das Licht der greise, bebende Kopf eines Mannes, der sein Vater war, und dessen ganzes Leben er haßte und nicht verstand.

Aber in diesem Augenblick verstand er es plötzlich.

Mit der gleichen Leidenschaft, die seinen Haß durchglühte, erwachte plötzlich seine Liebe, und er stürzte, Nina mit sich fortreißend, auf den Vater zu. Und alle drei waren mit einem Male zu einem einzigen, lebenden, weinenden Haufen zusammengepreßt, mit entblößten Herzen, erschüttert, für einige Augenblicke zu einem einzigen Wesen und einem Herzen verschmolzen.

»Kolja bleibt!« schrie die Alte mit heiserer, beglückter Stimme. »Er bleibt!« »Mein Freund Nikolenka!« flüsterte Finogen voll Andacht.

»Ja, ja«, sagte Nikolaij, ohne daß er wußte, wem und wozu er das sagte. »Ja, ja!« wiederholte er, die alte, bebende Hand küssend, die seinen Kopf und sein Gesicht mit stummer Zärtlichkeit streichelte.

»Ja, ja«, wiederholte er nochmals, aber schon im Gefühl, daß in seinem Herzen ein unwiderrufliches, kurzes »Nein!« sich erhob.

Die Nacht kam und das ganze Haus leuchtet in fröhlichem Kerzenschein. Alle unterhielten sich laut und lustig, und um die kleinen, zerbrechlichen und teuern Gegenstände hatte keiner Angst mehr. Von ihren erhöhten Plätzen blickten sie stolz auf die hin- und herlaufenden, beschäftigten Menschen hinab und zeigten ohne Furcht ihre Schönheit. Alles in diesem Hause schien ihnen dienstbar zu sein und vor ihrem kostbaren Dasein Reverenz zu machen.

Alexander Antonowitsch, Nina und auch der Student saßen noch immer bei der Großmutter; sie sprachen bald von ihrem Glück, bald lauschten sie diesem wortlos. Finogen hatte vor Freude noch eins getrunken und suchte das Freie, um hier seinen erhitzten Schädel abzukühlen; in dem Augenblick, als er sich die rote Glatze befühlte, auf der die Schneeflocken wie auf einem glühenden Rost zertauten, da erblickte er erstaunt Nikolaij. Dieser kam, mit einer kleinen Reisetasche in der Hand, aus der Ecke, in der sich der Ausgang für die Dienstboten befand. Auch Nikolaij war angenehm berührt, als er Finogen erblickte.

»Ah, Finogenchen!« sagte er leise. »Komm, begleite mich bis an das Tor!«

»Freund ...« stotterte Finogen in tiefer Verblüffung.

»Schweig still, komm, dort werden wir weiter sprechen.«

Um diese Zeit war die Straße sehr verlassen und ihre beiden Enden verschwammen in dem weißen Nebel des langsam und lautlos fallenden Schnees. Plötzlich blieb Nikolaij vor Finogen stehen, sah ihm fest in die Augen, senkte die Hand auf seine Schulter, und sprach langsam, im Ton, in dem man ein Kind belehrt:

»Sage dem Vater, daß Nikolaij Alexandrowitsch ihn grüßen und ihm sagen läßt, daß er fortgehe.«

»Wohin?«

»Einfach – fort. Leb wohl!«

Nikolaij klopfte dem Diener auf die Achsel und

wollte gehen. Aber Finogen wußte, auch ohne daß er es ihm sagte, wohin Nikolaij ging, und hielt ihn mit der ganzen Kraft seiner Hände fest.

»Ich lasse Sie nicht fort! So wahr mir Gott heilig ist, ich lasse Sie nicht fort!«

Nikolaij schob ihn zurück und blickte ihn erstaunt an. Aber Finogen faltete die Hände wie zum Gebet und bat mit schluchzender Stimme:

»Nikolenka, einzigster Freund! Pfeifen Sie auf das Zeug, gehen Sie nicht weg! Was wollen Sie denn? Geld ist da! Drei Fabriken, Häuser, jeden Tag werden Coupons abgeschnitten«, wiederholte er mechanisch die Worte der alten Wirtschafterin.

»Was schwätzest du da für Zeug?« rief Nikolaij mit gerunzelter Stirn und ging schnell weg. Aber Finogen, der in seinem neuen Sonntagsfrack ganz aus dem Häuschen war, lief keuchend hinter ihm her, faßte seine Hände und jammerte:

»Nun dann, ich auch! Nehmen Sie mich mit! Um Gottes Willen, und wenn's zu den Räubern geht, so sei's zu den Räubern!«

Und Finogen machte eine verzweifelte Bewegung, als nähme er bereits Abschied von der Welt der ehrlichen Menschen.

Nikolaij blieb stehen und sah schweigend auf den alten Diener. Und in diesem Blick blitzte etwas so Furchtbares, Kalt-Grausames, Verzweifeltes auf, daß Finogens Zunge erstarrte und seine Füße im Boden Wurzeln schlugen.

Die hohe Gestalt Nikolaijs wurde kleiner und verschwamm im Grau, als ginge sie im Nebel auf. Noch ein Augenblick, und – ihn umfing für immer jene unheilvolle, unbekannte, düstere, zukunftsschwangere Ferne, aus der er so unerwartet gekommen war. Kein menschliches Wesen war mehr auf der Straße zu sehen, aber Finogen stand noch immer da und sah in die Ferne. Der steife Hemdkragen war durchnäßt und klebte ihm am Halse, die Schneeflocken zerschmolzen langsam auf seiner roten, jetzt frierenden Glatze und rannen mit den Tränen zusammen über sein breites, rasiertes Gesicht...

Wie der Fuchs den Bären um das Weihnachtsessen prellte

Norwegisches Märchen

Der Bär und der Fuchs kauften einmal gemeinsam Butter für das Weihnachtsessen und verwahrten sie unter einem dichten Busch. Darauf gingen beide und legten sich auf einem Hügel in der Sonne schlafen. Als sie eine Weile gelegen waren, sprang der Fuchs auf, rief: »Ja«, und lief damit geradewegs zu der Butter, von der er reichlich ein Drittel auffraß. Als er zurückkam und der Bär ihn fragte, wo er sich das fette Maul geholt hätte, sagte er: »Glaubst du vielleicht, ich würde nie zu Gevatter gebeten?« – »So, so!« meinte der Bär, »wie heißt denn das Kleine?« – »Angefangen«, antwortete der Fuchs.

Hierauf legten sie sich wieder schlafen. Nach einer Weile sprang der Fuchs abermals auf, rief: »Ja«, und lief zu der Butter. Als er zurückkam und der Bär ihn fragte, wo er gewesen sei, sagte er: »Hast du nicht gehört, daß ich wieder zu Gevatter gebeten wurde?« – »So?« brummte der Bär, »und wie heißt dieses Kind?« – »Halbverzehrt«, antwortete der Fuchs.

Der Bär meinte, das wäre ein hübscher Name. Es dauerte aber nicht lange, da gähnte er und schlief ein. Nach einem Weilchen ging es ebenso wie die beiden vorigen

Male. Der Fuchs sprang auf, rief: »Ja«, lief zu der Butter und fraß auch den Rest. Als er zurückkam, wollte er wieder bei einer Kindstaufe gewesen sein, und als der Bär ihn fragte, welchen Namen das Kind erhalten habe, antwortete der Fuchs: »Den-Boden-geleckt.« Hierauf legten sie sich wieder zur Ruhe und schliefen lange. Als sie aufwachten, wollten sie nach der Butter sehen. Da es sich aber nun erwies, daß diese rein aufgezehrt war, beschuldigte der Bär den Fuchs des Diebstahls, und der Fuchs beschuldigte den Bären, indem einer vom anderen behauptete, ein Betrüger zu sein, der den Freund im Schlaf bestohlen habe. »Zum Glück«, sagte schließlich der Fuchs, »läßt sich leicht feststellen, welcher der Dieb ist. Wir legen uns wieder auf den Hügel, und wer beim Erwachen fett unter dem Schwanz ist, der war es.« Damit war der Bär einverstanden; da er wußte, daß er von der Butter nicht einmal gekostet hatte, legte er sich ruhig

schlafen. Reineke aber schlich sich zu dem Topf zurück, in dem die Butter gewesen war, kratzte das letzte Restchen fein säuberlich heraus, lief hierauf zu dem Bären und schmierte es ihm unter den Schwanz. Dann schlief auch er ein, als wüßte er von nichts. Als beide erwachten, war die Butter unter dem Schwanz des Bären geschmolzen, und nun konnte niemand mehr daran zweifeln, wer die Butter gestohlen hatte.

EJNAR MIKKELSEN

Weihnachten unter dem Polarkreis

Es ist Weihnachtsabend, sechs Uhr, ich sitze auf meinem Schlitten und starre auf ein einsames Licht, das durch die Dunkelheit schimmert. Wenn ich doch erst dort wäre, ich bin sehr müde! Den ganzen Tag war ich gefahren, ja beinahe noch länger, denn ich brach sehr früh am Morgen auf, in der Hoffnung Candle zu erreichen und dort, in der nördlichen Goldgräberstadt von Alaska, Weihnachten zu feiern. Aber die Bahn war schlecht, weicher Schnee bedeckte das Eis, und jede Stunde des Tages war die Schicht höher geworden, bis der neugefallene Schnee die Spur verdeckte und jedes Zeichen früherer Reisen auslöschte.

Im Dunkeln bin ich mit dem Schlitten über eine ziemlich große Bucht gefahren und fürchtete, auf einen falschen Weg geraten zu sein, bis ich endlich jetzt das blinkende Licht dort vor uns gewahrte.

Eine kurze Rast, und dann wieder weiter; denn es ist ja Weihnachtsabend, und ich möchte nicht gerne allein sein, wo doch Menschen in der Nähe sind. Aber die Hunde – fünf, die mir geblieben sind – haben kein Gefühl für Weihnachten und Festtage, sie finden, daß es heute längst genug sei mit dem Fahren.

Journiska – mein Leithund – zerrt unruhig an den Sielen, der »Professor« tut, als höre er meine anfeuernden Rufe nicht, und ein kleiner Teufel in Hundegestalt dreht mit einem unglaublich unverschämten Blick den Kopf nach mir um und denkt nicht an Ziehen; nur der »Heuler« verleugnet seinen Namen nicht, er heult laut in Erwartung dessen, was kommt, wie er weiß.

»Heda, wollt ihr nun auf – los!« und die Peitsche saust auf die müden Tiere nieder. Mein guter Leithund streckt die steifen Beine, der »Professor« rappelt sich auf und sieht aus, als habe er lange geschlafen und denke tief über die Grausamkeit des Lebens nach. Selbst Pujark der Unverschämte, sieht ein, daß es nichts nützt, mich anzusehen, und der »Heuler« zerrt am Geschirr, während er das übliche Geheule ausstößt, denn er weiß, daß ich es erwarte. Es ist ein kleines Geheimnis zwischen uns, weshalb er das Heulen für seine vornehmste Bestimmung ansieht, denn wenn die anderen Hunde sein wildes Geheul hören, glauben sie, daß es jetzt ums Leben geht! Aber wir müssen ja das Licht erreichen, und langsam, knirschend, mit Rufen, Bellen und Heulen kommt der Schlitten in Gang.

Wir eilen voran, die Rufe sind längst verstummt, denn es ist anstrengend, stundenlang zu schreien, und wir fahren nun schweigend und still über den weichen Schnee, wir arbeiten uns vorwärts durch die Dunkelheit, langsam und stetig steuern wir auf das schimmernde Licht da vor uns zu.

Aber Mann und Tiere bedürfen einer Aufmunterung, denn wenn die Steifheit in den Gliedern auch nachgelassen hat, ziehen die Hunde doch nicht richtig. Sie zu peitschen, kann nichts nützen, denn sie tun, was sie können, die Armen, und daher fange ich an, sie zu hätscheln, mit ihnen zu reden, und ich wende mich an Journiska und den »Professor« als die vernünftigsten unter ihnen. Ich erzähle ihnen von all den guten Dingen, die ihrer harren, von mächtigen Beefsteaks mit Bergen von Kartoffeln, von vielen Tagen ununterbrochener Ruhe in einem warmen Stall mit Heu, auf das man sich legen kann. Ich schildere ihnen die Freuden der Zivilisation, und es sieht aus, als verstünden sie mich, sie wedeln mit dem Schwanz, Journiska bellt ganz vergnügt, und der »Professor« erwacht aus seinem gewohnt apathischen Zustand. Sogar Pujark nimmt teil, und der »Heuler« vergißt sein Bellen, das Bild, das ich entrolle, ist wirklich verlockend. Aber der Weg ist lang, und der Redefluß versiegt, lange bevor wir zu dem Licht gelangen – Mann und Hund sind zu müde, um ordentliche Arbeit zu leisten, wenn auch Ruhe und Speisen locken ...

Wir nähern uns der Stadt, die wir längst schon gerochen haben – und nun laufe ich nicht mehr, sondern ich sitze auf meinem Schlitten, sonst käme ich nicht mit, ich sitze da und ruhe mich aus, während ich unaufhörlich »Fröhliche Weihnachten« in die klare Frostnacht hinausrufe. Die Stadt ist jetzt dicht vor uns, es tauchen Häuser zu beiden Seiten des Flusses auf, und Türen und Fenster werden hinter mir geöffnet – die Luft ist geschwängert mit Fragen: »Wer mag das sein, der bei Nacht in die Stadt kommt?«

Eine scharfe Biegung des Flusses – und die Hauptstraße Candles liegt vor mir. Ich sehe eine Menge Leute, oder es scheint mir wenigstens so – man bedenke, wie lange ich allein gewesen bin. Sie eilen die Straße auf und nieder, von Wirtshaus zu Wirtshaus. Es gibt Läden mit den schönsten Dingen, da ist Licht, da ist Wärme, da ist Tabak, da sind Kleider, sogar ein Barbier, der zugleich

Bademeister ist und eine Badewanne zur Benutzung für die ganze Stadt besitzt. Da sind ein Bäckerladen und junge Mädchen, die verwundert dem langhaarigen, fellbekleideten Mann nachschauen, der mit strahlendem Gesicht die Straße hinunterfährt. Ja, ja, nun bin ich endlich in der Stadt! Vor mir höre ich Lachen und Gesang und lautes Sprechen, aber es wird still, wo ich vorüberkomme. Das Gespräch verstummt hinter mir, das Lachen verhallt, sie sehen einander erstaunt an – das ist ja keiner von den Unsrigen.

Und die Stimmen fragen im Chor: »Wer zum Teufel ist denn das? Woher kommt er hier hereingeschneit? – Seht sein Zeug nur an, das ist hoch oben im Norden gemacht, er muß lange gereist sein, ob er Gold gefunden hat?« Und die Leute folgen mir unter Anführung eines besonders neugierigen Mannes, den ich sagen höre: »Hierher, Kameraden, kommt mit, das wird spannend, wir müssen herausbringen, wer er ist!«

Endlich bin ich also zur Zivilisation gelangt, und sogar noch an einem Weihnachtsabend. Ich fahre vor dem großen zweistöckigen Hotel »Candle« vor und finde auch den Wirt. Der aber ist ein feiner Mann, der auf das Renommee des Hauses hält, und nachdem er mich eine Weile betrachtet hat, macht er mich auf die »Badeanstalt« aufmerksam. Ich verstehe den Wink, aber es ist schwierig ihm zu folgen, denn der Babier möchte am liebsten nichts mit mir zu tun haben – ich bin ihm wohl zu schmutzig. Aber der Ärmste schuldet dem Hotelwirt Geld, und seine Einwände verschwinden, als ich ihm sage, wer mich geschickt hat – es hilft nichts, er muß den Schmutzigen einladen, die Stadtbadewanne in Gebrauch zu nehmen. Während ich in der Wanne aufweiche, kommt ein Händler und fragt, ob ich Sachen haben will – ich könne sie gut auf Kredit bekommen; auch der Zi-

garrenhändler kommt und verehrt mir etwas zu rauchen, der Bäcker bringt mir Kuchen, es kommen viele, die ich alle in der Badewanne empfange – sie wollen ja alle so gerne wissen, wo ich herkomme und ob ich Gold gefunden habe.

Ich sage nein, aber sie glauben mir nicht.

»Ja, zum Teufel, Mann«, sagte einer von ihnen gereizt, »Sie werden uns doch nicht einreden, daß Sie ihrer Gesundheit wegen hergekommen sind?«

»Um Untersuchungen vorzunehmen – «, versuche ich, »auf einer Expedition«, fahre ich fort, aber sie glauben mir nicht, nein – Gold ist das einzige, das ihrer Ansicht einen Mann in dieses Land herauflocken kann. Gut, denke ich, mögen sie glauben, was sie wollen, aber jetzt will ich etwas zu essen haben, und während meine Verhörrichter um mich her sitzen und mich betrachten, einige sogar auf dem Rand der Badewanne, ziehe ich herrlich weiches, reines Unterzeug an – aber mein schmutziges, fettiges, zerrissenes Pelzwerk wird nicht erneuert, es muß weiter Dienste tun. Dann hin ins Hotel, wo ich jetzt ein annehmbarer Gast bin, der die feinen Gefühle des Wirtes nicht mehr verletzen kann.

Der Speisesaal scheint mir wunderschön, ich meine, nie in einem behaglicheren gesessen zu haben; es ist warm, an den Wänden sind Tapeten, ein wenig zerrissen zwar, aber was tut das, man nimmt es nicht so genau hier im hohen Norden, und dann stehen richtige Tische und Stühle da und ein Schenktisch in einer Ecke.

»Hallo!« rufe ich, daß es im Saale schallt, und ein Kellner kommt dienernd und lächelnd: »Was wünschen Sie?«

»Etwas zu essen natürlich«, aber das genügt dem Mann nicht, er kommt mit einer Speisekarte – »was möchten Sie haben?«

Es ist nicht so leicht, einen Entschluß zu fassen, wenn man ein paar Jahre nicht mit solchen Dingen zu tun gehabt hat – es gibt Suppe und Fisch, Lammbraten, Geflügel und Eis, dazu drei verschiedene Arten von Dessert-ach, es ist schwer – was soll ich nur wählen? Aber ich bin praktisch und gebe ganz auf, bestelle einfach alles, was auf dem Menü steht, ich werde schon damit fertig werden.

Und der Kellner kommt schleunigst mit Tischtuch und Serviette – man denke, eine Serviette! Er deckt den Tisch, und es sieht überaus festlich aus, es ist ja Weihnachten, und daher prangt mitten auf dem Tisch eine Papierblume. Er bringt Zeitungen, alte natürlich, aber was macht das, für mich ist ja alles neu, da ich seit zwei Jahren nichts gehört habe, und ich verschlinge die Neuigkeiten, die mindestens zwei Monate alt sind.

Welch kolossale Veränderung bei diesen paar Meilen. Gestern abend saß ich auf dem Fußboden eines Eskimohauses und aß mit vier von den Eingeborenen von einem Teller, wir aßen gefrorenen Lachs und in Sirup getauchte Teigklöße und tranken den bitteren Trank dazu, den die Eskimos Kaffee nennen; und jetzt – das erste Gericht wird aufgetragen, es folgt das zweite, ich esse und esse und trinke dazu – köstliches Bier, ich fange an zu fühlen, daß es nicht weitergeht, aber ich bleibe emsig dabei, und nur ab und zu nehme ich mir Zeit, auf die vielen Leute zu sehen, die sich an den anderen Tischen versammelt haben und schweigend, voll Bewunderung, zuschauen.

Sie sitzen gespannt da und warten, denn ich kenne das aus Erfahrung – man soll mit einem hungrigen Mann nicht reden. Nein, mag er erst seinen Magen füllen, dann etwas rauchen, vielleicht sogar noch etwas dazu trinken, dann erst ist eine Aussicht, ihre Neugier zu befriedigen. Und daher warten sie, so gut sie können, wird ihre Neugier aber zu stark, so stürmen sie ins Nebenzimmer, und hinter der dünnen Holzwand wird in hohen Tönen über mich diskutiert.

Daß ich auf Gold aus bin, ist eine gegebene Sache, es kann gar kein Zweifel darüber herrschen, und die meisten glauben, ich hätte Glück gehabt, wozu hätte ich es sonst so eilig gehabt herzukommen – plötzlich aber wird es still da drinnen, denn jetzt kommt ein Mann, der weiß, wer ich bin, er hat es so eilig, daß er die Worte kaum herausbringen kann.

»Jungens«, sagt er, »der Fremde kommt von der Flaxmaninsel, er war zweieinhalb Monate unterwegs, und denkt euch, er sucht nicht nach Gold!«

Tiefes Schweigen.

»Was sagst du – er ist nicht Goldgräber?« Und dann kommen sie herein zu mir, nicht einer oder zwei, sondern der ganze Haufen, sie setzen sich ringsum an die Tische und starren den Mann an, der mitten im Winter so lange gen Norden gefahren ist. Ich fühle mich ungefähr wie ein wildes Tier in einem zoologischen Garten oder vielleicht wie ein Kannibale auf einem Marktplatz, alle glotzen, alle wollen diesen merkwürdigen Menschen sehen der im Lande »umherrennt« und nicht einmal nach Gold sucht.

Plötzlich aber ist ein lauter Zank in der Stube zu hören, dann ein Schlag und Getöse von einem wilden Handgemenge, darauf ein Schrei, ein Fall und ein Höllenspektakel. Ich bin vergessen, und alle drängen sich um einen hochgewachsenen, dunkelhaarigen Mann, einen Mann, der eben betrunken war, jetzt aber völlig nüchtern ist. Schweigend schauen ihn alle an, und in einem Nu ist er wie verwandelt; sein Gesicht, vorher rot, ist ganz bleich, große Schweißtropfen perlen auf seiner Stirn, das schwarze Haar ist wirr, und er schaut sich in dem Kreise harter Gesichter mit einem unsagbar flehenden Ausdruck in den Augen um – »Kameraden, er schlug zuerst!« Vom Fußboden her ertönt ein leises Stöhnen, und der Lärm bricht aufs neue los, sie ballen die Fäuste, schreien laut, Stühle und Tische stürzen um, es bilden sich dichte Gruppen, sie kommen in fürchterliche Raserei – und das Geschrei sammelt sich zu dem mächtigen Ruf »verflucht! – und noch dazu an einem Weihnachtsabend!«

Da aber arbeitet sich ein riesengroßer Goldgräber durch den Haufen, seine Augen leuchten böse, und er holt zu einem Schlag aus auf das bleiche Gesicht mit den flehenden Augen. Er trifft, und ohne einen Laut sinkt der Mann zu Boden, neben den Stöhnenden. Dann wird es wieder still. Man wartet darauf, was weiter geschehen wird – denn draußen vor dem Haus ist Schellengeläut zu hören; ein kurzer Zuruf für die Hunde, gedämpfte Schritte, dann wird die Haustür aufgerissen, und von einer klammen, wallenden Dampfwolke umgeben, treten zwei Männer ins Lokal. Der erste ist ein herrisch aussehender Mann, er bahnt sich einen Weg durch den Haufen, der sich widerstrebend vor ihm öffnet. Es ist der Vogt, der, vom Arzt begleitet, angekommen ist; das Klirren von Handschellen ist zu hören, schwere Schritte, und aus dem Haufen tragen sie einen Schwerverletzten, der das Bewußtsein verloren hat. Dann fällt die Tür zu, er wird in Nacht und Kälte hinausgetragen und ins Krankenhaus gebracht.

Abermals teilt sich der Haufen, der große, dunkle Mann ist wieder auf die Beine gekommen, und noch schwankend von dem gewaltigen Schlag, geht er hinaus, von zwei handfesten Kerlen und dem Vogt geführt. Der Mörder bittet um einen Trunk, und ihm werden einige Glas Whisky gereicht, dann geht es fort, fort ins Gefängnis, und noch einmal höre ich ihn sagen: »Laßt mich frei, Kameraden, der andere hat mit dem Streit angefangen!«

Der Haufe zerstreut sich, und mein Freund, der Kellner, kommt wieder zum Vorschein. Er wischt das Blut mit einer Serviette auf, streut etwas Sägemehl auf die Stelle, glättet es mit dem Fuß – und bringt mir dann den Whisky, den ich vor dem Kampf bestellt hatte.

Ich trinke ihn nachdenklich, doch während ich über den Fluch des Trinkens oder dergleichen nachdenke, kommt ein Mann zu mir, schlägt mir auf die Schulter und sagt: »Nun, Kamerad, hier sind Sie wahrhaftig zur Zivilisation gelangt!« –

Fridtjof Nansen

In der Arktis

Sonntag, 22. Dezember. Ging gestern abend lange Zeit draußen spazieren, während Johansen als Vorbereitung zum kommenden Christfeste eine gründliche Reinigung der Hütte vornahm. Sie bestand hauptsächlich darin, daß er die Asche aus dem Herde kratzte, die Knochen und Fleischabfälle sammelte und fortwarf und dann das Eis aufbrach, das mit allerlei Kehricht zu einer dicken Schicht auf dem Boden zusammengefroren war, wodurch die Hütte ziemlich niedrig geworden war.

Das Nordlicht war wunderbar. Wie oft man auch das

seltsame Spiel des Lichtes sehen mag, nie wird man müde, es zu betrachten. Es ist, als ob Blick und Geist unter einem Banne ständen, so daß man sich nicht loszureißen vermag. Es beginnt mit einem blaßgelben, geisterhaften Lichtschimmer hinter dem Berge im Osten, gleich dem Widerschein einer fernen Feuersbrunst; es wird breiter, und bald ist der östliche Himmel eine einzige glühende Feuermasse. Nun wird es wieder schwächer und sammelt sich in einem hell glänzenden Nebelgürtel, der sich nach Südwesten erstreckt, während hier und dort einige wenige glänzende Lichtnebel sichtbar sind. Nach einer Weile schießen plötzlich da und dort Strahlen aus dem feurigen Nebel empor, bis sie fast den Zenit erreichen; es kommen noch mehr, in wilder Jagd spielen sie von Osten nach Westen über den Gürtel. Sie scheinen aus weiter, weiter Ferne immer näher heranzueilen. Aber plötzlich ergießt sich ein wahrer Strahlenschleier vom Zenit über den nördlichen Himmel, so zart und hell, wie die feinsten glitzernden Silberfäden.

Nun ist wieder die Wintersonnenwende gekommen, und die Sonne hat ihren niedrigsten Stand erreicht; aber um Mittag können wir noch einen schwachen Schimmer von ihr über den Bergen im Süden erkennen. Jetzt beginnt sie wieder nordwärts zu steigen; Tag für Tag wird es heller werden, und die Zeit wird rascher vergehen.

Auf meinem Spaziergange blicke ich zum Jupiter da droben über dem Bergkamme hinauf, zu Jupiter, dem Heimatsterne; er lächelt auf uns herab, und ich erkenne in ihm meinen guten Schutzgeist. Habe ich nicht festes Vertrauen auf meinen Stern und daß wir uns wiedersehen werden?

Dienstag, 24. Dezember. Heute um zwei Uhr nachmittags Minus vierundzwanzig Grad Celsius. Heute ist also Weihnachtsabend. Kalt und windig ist es draußen, kalt und zugig hier drinnen. Wie einsam es ist! Noch niemals haben wir einen solchen Weihnachtsabend gehabt.

Nun läuten zu Hause die Glocken das Christfest ein. Ich höre den Glockenklang sich vom Kirchturm durch die Lüfte schwingen. Wie schön sie erschallen!

Jetzt werden die Lichter am Weihnachtsbaum angezündet, die Kinderschar wird hereingelassen, und in Freude und Jubel tanzen sie um den Baum herum. Wenn ich wieder nach Hause komme, muß ich ein Weihnachtsfest für Kinder veranstalten. Es ist die Zeit der Freude, und zu Hause ist in jeder Hütte ein Fest.

Dienstag, 31. Dezember. Auch dieses Jahr geht zu Ende. Es ist merkwürdig gewesen, aber trotz allem ziemlich gut.

Zu Hause läuten sie das alte Jahr zu Ende. Unsere Kirchenglocke ist der eisige Wind, der über Gletscher und Schneefeld pfeift und wütend heult, wenn er den Schnee in Wolken hoch emporjagt und vom Grate des Berges dort drüben auf uns herunterfegt. Weit den Fjord hinauf sieht man die Schneewolken, von den Windstößen getrieben, über das Eis jagen, und der Schneestaub glitzert im Mondlicht. Und der Vollmond zieht ruhig und schweigsam von dem einen Jahr ins andere hinüber. Er scheint auf Gute und Böse herab und achtet nicht des Jahreswechsels, der Entbehrungen, der Sehnsucht. Einsam, verlassen, Hunderte von Meilen fern von allem, was uns teuer ist; aber die Gedanken fliegen rastlos auf ihren stillen Bahnen.

Der kleine Vigg

Ein Märchen aus Schweden

Von hartgefrornem Schnee bedeckt, schimmerte die Heide, auf der man, so weit das Auge reichte, nur eine einzige menschliche Wohnung erblickte, eine kleine, alte Hütte.

Die müssen ein einsames Leben führen, die Armen, die da wohnen! So dachte wohl mancher Wanderer, den der Weg dort vorbeiführte. Und wahr ist es, öde sah es aus auf der Heide, sogar zur Sommerszeit. Heidekraut und Gestein, Gestrüpp und Kiefern, das war alles, woran das Auge sich laben konnte. Die Hütte selbst aber war in ihrer Art recht gut. Die moosbewachsenen Balken waren kernig und hielten zusammen gegen Kälte und Wind. Der Schornstein stieg breit und selbstbewußt über das Torfdach empor, das im Sommer grünem Samte glich, der sich mit rötlich-gelben Blumen schmückt. Dann wuchsen auch vor der Giebelseite des Hauses, auf einem Stückchen urbar gemachten Landes Kartoffeln, Möhren und Kohl und am Zaune Mohn, Ringelblumen und wilde Rosen. Sogar ein Apfelbaum stand da und eine kleine Bank darunter. Das Fenster hatte einen kleinen Vorhang, der immer weiß aussah.

Die Hütte und das Land gehörten der Mutter Gertrud. Sie wohnte darin mit einem kleinen Knaben, und der hieß Vigg.

Es war früh am Morgen, als Mutter Gertrud ausging, bei dem Krämer des weit entfernten Dorfes Einkäufe zu machen. Jetzt neigte sich die Sonne schon zum Untergang und noch war sie nicht wieder heimgekommen. Vigg war allein in der Hütte. Tiefes Schweigen herrschte rings umher, so weit die Heide reichte. Den ganzen Tag über war kein Schellengeläute zu hören und kein Fuhrmann zu sehen gewesen.

Vigg lag auf den Knien, die Ellbogen auf den Tisch gestützt, und guckte durch das Fenster. Das hatte vier

Scheiben; drei davon waren mit Eisblumen überzogen, die vierte aber hatte er so lange angehaucht, bis das Eis geschmolzen war. Er wartete auf die Mutter, die mit einem Weizenbrot, einem Pfefferkuchen und einem Weihnachtslichterzweig nach Hause kommen sollte, denn es war Weihnachtsabend; aber noch war sie nicht zu sehen. Die Sonne ging unter, und die Wolken am Himmelsrand leuchteten wie die schönsten Rosen. Ein blaßroter Schimmer ergoß sich über die schneeige Heide. Bald schwammen alle Farben in ein kaltes Blaurot zusammen, und es wurde dunkel.

Noch dunkler aber wurde es in der Hütte. Vigg ging zum Herd, wo noch einige verglimmende Kohlen in der Asche lagen. Es war so still, daß er meinte, als die Holzschuhe an seinen Füßen gegen den Boden klapperten, es könne über die ganze Heide gehört werden. Er setzte sich an den Rand des Herdes und dachte darüber nach, ob wohl der Pfefferkuchen, auf den er wartete, einen Kopf mit vergoldeten Hörnern und vier Beinen haben würde. Gern hätte er auch gewußt, wie es wohl die Sperlinge am Weihnachtsabend haben.

Es ist schwer zu sagen, wie lange Vigg so gesessen, als er Schellengeläute hörte. Er sprang ans Fenster und drückte seine Nase gegen die Scheibe, um zu sehen, wer das sein könnte, denn die Mutter kam nicht mit Schellengeläute.

Alle Himmelslichter waren angezündet. Sie glitzerten und strahlten. Weit draußen bewegte sich etwas Schwarzes über den Schnee. Es kam näher und näher, stärker und stärker tönte der frohe Klang der Schellen.

Wer ist das, der dort fährt? Er hält sich gar nicht auf dem Wege, sondern kommt querfeldein über die Heide. Vigg wußte wohl, wo der Weg geht, er, der im Sommer Heidelbeeren und Preiselbeeren draußen gesucht hatte und weit umhergestreift war, mehrere hundert Ellen im Umkreise. Ach, mit solchen Schellen fahren und selbst fahren zu dürfen! Kaum hatte Vigg das gewünscht, als das Fuhrwerk auch schon herankam und vor dem Fenster hielt.

Es war ein Schlitten, mit vier Pferden, kleiner als die kleinsten Füllen, bespannt. Sie waren stehen geblieben, denn der, welcher im Schlitten saß, hielt die Zügel fest, aber sie schienen keine Lust zum Verschnaufen zu haben, denn sie wieherten, schnaubten, schüttelten die Mähnen und scharrten den Schnee auf.

Sei nicht unartig, Rapp! Stille, Schnapp! Niedlich, ruhig! Leichtfuß, fahr' nicht aus der Haut! rief der, welcher im Schlitten saß, sprang dann heraus und kam an's Fenster.

Seinesgleichen hatte Vigg noch nie gesehn. Aber freilich, er hatte auch noch nicht viele Leute gesehn. Es war ein kleiner Mann, gerade recht für solche Pferde. Sein Antlitz war voller Runzeln, und der lange Bart glich dem Moose auf dem Dache. Die Kleider waren zottelig vom Kopf bis zur Zehe. In einem Mundwinkel hatte er ein Pfeifchen, aus dem anderen ringelte sich der Rauch heraus.

Guten Abend, Stumpfnäschen, sagte er.

Vigg faßte an seine Nase und antwortete: Guten Abend.

Ist jemand zu Hause? frug der Alte.

Du siehst ja, daß ich zu Hause bin.

Ja, darin hast du recht. Ich frug ein bißchen dumm. Aber du hast es so dunkel da drinnen, obgleich es Weihnachtsabend ist.

Ich bekomme Weihnachtsfeuer und Weihnachtslicht (schwedische Sitte auf dem Lande), wenn die Mutter nach Hause kommt. Denke nur, ein Licht mit drei Zweigen!

Weißt du denn, wer ich bin?

Der kleine Alte nahm seine Pelzmütze ab, verbeugte sich und sagte: Ich habe die Ehre, mit Vigg zu sprechen, dem stolzen Kämpfer der Heide, welcher neuerdings seine ersten Hosen bekommen hat, dem Helden, den auch der längste Bart nicht erschreckt. Du bist Vigg, und ich bin der Weihnachtsmann. Habe ich die Ehre, gekannt zu sein?

Ach, du bist der Weihnachtsmann? Da bist du ja ein guter Mann. Mutter hat oft von dir erzählt.

Danke für das Kompliment. Indessen ist das doch so eine Sache. Vigg, willst du mit mir kommen und Schlitten fahren?

Das möchte ich schon, aber ich darf wohl nicht, denn wie sollte es werden, wenn Mutter heimkommt und ich weg bin; was wird dann?

Ich verspreche dir, daß du vor der Mutter zu Hause sein sollst. Ein Mann hält sein Wort und eine Alte ihren Beutel. Komm jetzt!

Vigg sprang hinaus. Hu, aber wie kalt war's und wie dünn war er gekleidet! Die Friesjacke war so eng und die Holzschuhe hatten wieder Löcher in die Strumpffersen gerieben, welche Mutter schon so oft gestopft hatte. Aber der Weihnachtsmann machte die Türe zu, hob ihn in den Schlitten, schlug das Schlittenfell um ihn herum, dampfte ihm eine Rauchwolke in die Nase, daß er niesen mußte, und fort ging es.

Rapp und Schnapp, Niedlich und Leichtfuß flogen in rasender Eile über den Schnee, und die Silberglöckchen tönten über die Heide, als ob alle Glocken des Himmels erklängen. Darf ich fahren? fragte Vigg.

Nein, dazu bist du noch zu kurz im Rock, sagte der Weihnachtsmann.

Das kann sein, sagte Vigg.

Bald hatten sie die Heide hinter sich und waren in dem dunklen Wald, von dem Mutter erzählt hatte, daß die Bäume so hoch drin ständen, als ob die Sterne an ihren Zweigen hingen. Bisweilen schimmerte das Licht einer menschlichen Wohnung durch die Stämme. Da fuhr der Weihnachtsmann mit seinem kleinen Gespann in einen kleinen Stall.

Zwischen den Steinen am Boden des Stalles guckte ein Kopf mit zwei funkelnden Augen hervor, die auf den Weihnachtsmann geheftet waren. Es war der Kopf der Hausschlange, die sich zu einer artigen Verbeugung krümmte. Der Weihnachtsmann lüftete seine Pelzmütze als Erwiderung und sprach:

Ringelschwänzchen auf der Erd',
Sag, was ist dies Haus wohl wert?

Das ist nicht viel, sagte der Mann, aber es wird mehr, wenn Mann und Frau tüchtig sind. Sie fingen mit leeren Händen an und haben ihre Eltern noch zu unterstützen. Wie halten sie denn die Kühe und das Pferd?

Das Euter ist stramm, der Milcheimer voll,
Das Pferd ist mutig und stark wie es soll.

Noch ein Wort, Schnuck Ringelschwänzchen: Was hältst du von den Kindern auf dem Hofe?

Schnuck Ringelschwänzchen antwortete:

Schöne Maid und frischer Knabe,
seine Laune etwas wild,
Ihre aber sanft und mild.

Die sollen Weihnachtsgaben haben, sagte der Weihnachtsmann. Nun gute Nacht, Schnuck Ringelschwänzchen, angenehmen Weihnachtstraum!

Gute Nacht, du Rappe und Schnappe mein!
Gute Nacht, du Niedlich und Leichtfuß klein!
Gute Nacht, du teuerstes Weihnachtsmännlein!

sagte die Schlange und zog den Kopf ein.

Hinter dem Schlittensitz war eine Kiste. Diese öffnete der Weihnachtsmann und holte allerlei Sachen heraus, ein ABC-Buch und Federmesser für den Knaben, einen Fingerhut und ein Gesangbuch für das Mädchen, Garn und ein Weberblatt und Weberschiffchen für die Mutter, einen Kalender und eine Morauhr (Schwedische Uhr) für den Vater, und für Großvater und Großmutter jedes eine Brille. Außerdem aber nahm er noch die Hand voll von etwas, was Vigg nicht sehen konnte. Das sind Glück- und Segenswünsche, sagte der Weihnachtsmann. So beladen schlich er mit Vigg in die gute Stube. Da drinnen saßen sie alle um den knisternden Ofen, und der Vater las aus der Bibel über das Jesuskind vor. Der Weihnachtsmann legte leise und unbemerkt seine Gaben neben die Türe und ging mit Vigg wieder zum Schlitten zurück. Der trug sie wieder davon durch den dunklen Wald.

Ich halte viel von solchen Kindern, wie die, welche drinnen lasen, sagte der Weihnachtsmann; du sollst auch ein braver Kerl werden.

Das versteht sich, sagte Vigg.

Das nächste Mal hielt der Weihnachtsmann still vor einer Tenne, nahe an einem Gehöft. Von der Tenne hörte man ein gedämpftes, regelmäßiges Klappern, wie von Dreschflegeln, aber dieses Geräusch wurde fast von einem Bach übertönt, der mit Steinen und Fichtenwurzeln zankte. Der Weihnachtsmann klopfte an die Luke des Scheunenladens, und sie sprang auf. Da drinnen standen zwei lustige Burschen mit buschigen Augenbrauen, runden Kinderwangen, roten Zipfelmützen und grauen Jacken. Die droschen beim Schein einer Laterne, daß der Staub in Wolken aufflog.

Der Weihnachtsmann nickte und sagte:

Zwerglein, Zwerglein, sag mir doch,
Warum drescht so spät ihr noch?

Die Zwerge antworteten, die Dreschflegel schwingend:

Der Garben sind viele,
Wir fern noch vom Ziele,
Tick tick tack, tick tack.
So füllt sich der Sack!

Aber am Weihnachtsabend kann man sich doch Ruhe gönnen, meinte der Weihnachtsmann.
Die Zwerge erwiderten:

Reiche Saat,
Kuchen rund.
Früh und spat
Jede Stund'
Hat Gold im Mund.

Aber ihr erinnert euch doch, wo wir uns wieder treffen sollen?

Die Zwerge nickten und antworteten:

Leb wohl jetzt, beim Riesen vom felsigen Berge,
Da finden sich wieder zusammen die Zwerge.

Der Weihnachtsmann öffnete die Kiste und nahm die Hände voll von Weihnachtsgaben und sprang hinauf zu Vater, Mutter und Kindern im Bauernhof. Unter den Geschenken war eine Soldatenbüchse, denn jeder Mann muß eine solche haben, zur Verteidigung seines Landes.

So ging es weiter von Hütte zu Hütte, von Hof zu Hof. Am allerschönsten sah es im Predigerhause aus, in das er durch das Fenster guckte. Da saß der alte Prediger, den Vigg sehr wohl wiedererkannte, denn er war mehrere Male in der Hütte auf der Heide gewesen, hatte gehört, wie Vigg im Abcbuch vorwärtsgekommen war, und hatte seine Hand auf sein Haupt gelegt. Die Predigersfrau und die hübschen Töchter kannte er auch, denn sie waren so gut gegen Mutter. Der Weihnachtsmann liebte das Predigerhaus auch sehr, denn die Menschen hier waren immer liebevoll gegen einander und gegen ihre Haustiere und wollten, daß alle glücklich sein sollten.

Wie sie nun ihre Fahrt weiter fortsetzten, begegneten sie einem Zwerge; der ließ die Unterlippe hängen und sah mürrisch aus.

Wohin gehst du, Freund? sagte der Weihnachtsmann.

Erdgeist zog die Schuhe an,
Weil er nicht mehr bleiben kann.

antwortete der Gnom.

Warum das? forschte der Weihnachtsmann.

Der Zwerg antwortete verstimmt:

Die Frau ist liederlich,
Die Kinder zanken sich,
Sind schmutzig, widerlich.

Versuche es doch noch einmal, noch ein Jahr da zu bleiben, bat der Weihnachtsmann; sonst geht vollends aller Hausfriede mit dir fort. Vielleicht bessern sie sich, und dann kann ich nächstes Jahr mit Gaben zu euch kommen.

Na ja denn, weil du mich bittest, fragte der Zwerg und kehrte um.

Nun fuhren sie nach dem Königsschloß. Hier habe ich nur dem Königsohn einige Geschenke zu geben, sagte der Weihnachtsmann, und das muß in größter Eile geschehen, denn nachher müssen wir zu meinem König fahren, dem Bergkönig, und dann zurück zu Mutter Gertrud auf die Heide.

Noch einmal öffnete er die Kiste, und was Vigg nun zu sehen bekam, überstieg alles andere. Auf einer großen Silberplatte standen Tausende von Streitern zu Pferd und zu Fuß. Wenn man an einem Faden zog, schulterten sie die Gewehre und schwenkten rechts und links um, und die Pferde bäumten sich und die Reiter hieben mit den Schwertern. Auf einer anderen Platte, die das Meer vorstellte, sah man Schiffe mit Kanonen, und wenn man am Faden zog, schossen die Kanonen, nach einer Festung, und die Festung antwortete mit ihren Geschützen.

Mit diesen fürstlichen Spielsachen sprang der Weihnachtsmann hinauf zum Königssohn, war auch gleich wieder unten; denn die Hofluft fiel ihm auf die Brust, sagte er. Rapp und Schnapp, Niedlich und Leichtfuß waren ungeduldig, scharrten und wieherten. Der Weihnachtsmann warf sich auf den Schlitten, und man fuhr wieder in einen tiefen Wald. Nun geht die Fahrt zum Bergkönig, sagte der Weihnachtsmann.

Vigg war ernsthaft und sagte nach kurzem Schweigen: Ist die Kiste nun leer?

Beinah, sagte der Weihnachtsmann und steckte die Pfeife in den Mund.

Alle anderen haben Weihnachtsgaben bekommen, aber hast du keine für mich? fragte Vigg.

Ich habe dich keineswegs vergessen, deine Weihnachtsgabe liegt noch auf dem Boden der Kiste.

Zeig sie mir, dann bist du auch gut.

Du kannst warten, bis du heim zur Mutter kommst.

Nein, du Weihnachtsmann, laß sie mich jetzt sehen! sagte Vigg ungeduldig.

Na, so sieh her! sagte er, indem er sich herumdrehte und aus der Kiste ein Paar dicke wollene Strümpfe herausholte.

Weiter war es nichts? murmelte Vigg.

Sollten die nicht willkommen sein? Du hast ja Löcher in deinen Strümpfen?

Die hätte Mutter stopfen können. Da du dem Königssohn und den anderen so herrliche und reizende Sachen gegeben hast, konntest du mir auch so etwas geben.

Der Weihnachtsmann antwortete kein Wort darauf, sondern legte die Strümpfe wieder in die Kiste, aber er zog den Rauch stärker aus der Pfeife als vorher und sah auch ernsthaft aus, sehr ernsthaft.

So ging die Fahrt schweigend vorwärts. Vigg schwieg und verzog den Mund und beneidete den Königssohn um seine herrlichen Weihnachtssachen und war böse über die wollenen Strümpfe. Der Weihnachtsmann schwieg und qualmte aus beiden Mundwinkeln. Aber die Fichten sausten, die Waldbäche rauschten, und der Schnee knirschte unter den Hufen der Pferde. An der Waldlichtung sprang ein Irrlicht herum und beleuchtete den Weg, aber das war eigentlich nur Tuerei, denn die Sterne und der gefrorene Schnee gaben hinreichende Helligkeit.

So kamen sie an einen senkrecht ansteigenden Berg. Da stiegen sie aus dem Schlitten. Der Weihnachtsmann gab Rapp und Schnapp, Leichtfuß und Niedlich je einen Haferkuchen. Darauf klopfte er an die Bergwand und sie tat sich auf. Er nahm Vigg bei der Hand und ging mit ihm hinein in die Spalte; aber sie waren noch nicht viele Schritte gegangen, als Vigg anfing, sich zu fürchten.

Da drinnen war es unheimlich. Es würde die schwärzeste Nacht geherrscht haben, hätten nicht hier und da die glühenden Augen von giftigen Schlangen und Kröten durch die Dunkelheit geleuchtet, die auf den feuchten Felsvorsprüngen sich krümmten und herumkrochen.

Ich will nach Hause zur Mutter, schrie er.

Ein schwedischer Junge! sagte der Weihnachtsmann.

Da schwieg Vigg.

Was sagst du zu der Kröte? fragte der Alte, nachdem sie eine Weile gegangen waren, und deutete auf ein grünliches Ungeheuer, was auf einem Stein saß und seine Augen auf den Knaben heftete.

Sie ist greulich, sagte Vigg.

Die hast du hierher geschafft, sagte der Alte. Siehst du, wie dick und aufgeblasen sie ist? Das ist für die Unzufriedenheit und den Neid.

Die hätte ich herbeigeschafft, sagst du?

Ja, gewiß. Du beneidetest den Königssohn um seine Gaben und verachtetest das Geschenk, was ich dir aus gutem Herzen geben wollte. Für jeden bösen Gedanken, der in einem Menschen geboren wird, welcher in der Gegend hier wohnt, kommt eine Kröte oder eine Schlange in die Felsenspalte.

Das war schlimm, sagte Vigg, und nun schämte er sich.

Sie gingen weiter in vielen Krümmungen und kamen immer tiefer hinein in den Berg. Allmählich fing es an, heller zu werden, und als sie um eine Ecke bogen, sah er mit Staunen einen großen, glänzenden Saal vor sich.

Die Wände waren von Bergkristall, und an dreien von ihnen standen kleine grinsende Zwerge und hielten Fackeln, deren Schein sich in Regenbogenfarben an den Kristallen brach. An der vierten Seite saß der Bergkönig auf seinem Goldthron. Er war in einen Mantel von Asbest gekleidet, der ganz mit Edelsteinen übersät war, aber er sah sorgenvoll aus. Auf einem niedrigeren Thron an seiner Seite saß seine Tochter in Silberstoff gekleidet, und sah noch gramvoller, ja fast wie eine Sterbende aus. Sehr bleich, aber wunderschön war sie.

In der Mitte des Saales hing eine sehr große Waage, und um sie herum standen Berggeister, welche allerlei in die eine und die andere Waagschale legten. Und vor dem König stand eine unendliche Schar von Hauskobolden aus allen Höfen und Hütten einige Meilen im Umkreise, und erzählten alles, was die Menschen, in deren Haus sie sich aufhielten, im Laufe des Jahres gedacht, gesagt und getan hatten.

Und für jeden guten Gedanken und für jede gute Tat legten die Berggeister goldene Gewichte in die eine Waagschale und für jeden bösen Gedanken oder jede schlechte Tat eine giftige Schlange oder Kröte in die andere.

Weißt du, Vigg, flüsterte ihm der Weihnachtsmann zu, die Sache ist folgende. Die Prinzessin ist krank. Sie muß sterben, wenn sie nicht bald aus dem Berge kommt, denn sie sehnt sich, des Himmels Luft zu atmen und das Gold der Sonne und der Sterne zu sehen, und sie hat ein Versprechen erhalten, daß, wenn sie den Himmel zu sehen bekäme, so würde sie auch die Engel erblicken und die ewige Seligkeit erreichen. Sie verzehrt sich und sehnt sich, aber aus dem Berge kommt sie doch nicht eher als an dem Weihnachtsabend, an welchem die Waagschale des Guten auf den Boden sinkt und die des Schlechten zur Decke steigt; aber jetzt siehst du, daß die Schalen fast gleich stehen.

Kaum hatte der Weihnachtsmann das gesagt, da wurde er aufgerufen, seinen Bericht zu erstatten. Er hatte nicht wenig zu erzählen, und es war fast lauter Gutes, denn seine Erlebnisse erstreckten sich nur auf die Weihnachtstage, und an dem Tage, da das Andenken an die Geburt des Jesuskindes gefeiert wird, das durch seine Güte und Unschuld der König aller Zeiten geworden ist, pflegen ja die Menschen freundlicher gegeneinander zu sein als sonst.

Und die Berggeister legten alle immer mehr goldene Gewichte auf die Waage, je länger der Weihnachtsmann erzählte, und die Waagschale des Guten wurde auffallend immer schwerer.

Aber Vigg stand wie auf Nadeln, in der Furcht, daß

auch sein Name genannt werden würde, und er fuhr zusammen und wurde rot und blaß, als der Weihnachtsmann endlich diesen Namen aussprach. Was der Weihnachtsmann von Vigg und den wollenen Strümpfen sagte, das will ich um seinetwillen nicht wieder erzählen; aber verschweigen kann ich doch nicht, daß einer der Berggeister die große grünliche Kröte in die Schale des Bösen legte, welche Vigg vorher in der Bergspalte gesehen hatte, und die wog schwer. Und aller Augen, außer denen des guten Weihnachtsmannes, der nach der andern Seite sah, richteten sich auf Vigg, die des Königs, der Königstochter, der Hauskobolde, der Berggeister und der Zwerge, und alle Augen sahen entweder streng oder sehr gramvoll aus, besonders die der Königstochter so mild und leidend, daß Vigg mit beiden Händen sein Gesicht bedeckte und nicht aufsehen konnte.

Der Weihnachtsmann erzählte nun, wie die arme Mutter Gertrud auf der Heide den vater- und mutterlosen kleinen Vigg aufgenommen habe, wie sie Matten flechte und Besen binde und diese an den Händler im Dorfe verkaufe, um dem Knaben Nahrung zu schaffen, wie sie seine Sachen nähe und in Ordnung halte, wie sie mit Freude und Liebe arbeite und seinetwegen Entbehrungen ertrage, und wie sie glücklich sei über sein frisches Wesen und sein mutiges Herz und seine blühenden Wangen und treuherzigen Augen, und gern seine Jugendstreiche verzeihe – ja, sie bete jeden Abend, wenn er schon schlief, für ihn zu Gott, und heute Morgen war sie in der eisigen Winterkälte weit weg nach dem Dorfe gegangen, nur um ihm am Abend mit einem Lichterzweig und anderen kleinen Dingen eine Freude machen zu können.

Und während der Weihnachtsmann so erzählte, legten die Berggeister schwere goldene Gewichte in die

Waagschale des Guten, und die dicke, grünliche Kröte hüpfte heraus und verschwand in der Bergspalte, und die Augen der freundlichen Königstochter wurden feucht, und Vigg schluchzte laut.

Ja, er weinte, daß er erwachte, und da war der Saal des Bergkönigs mit allem, was darin war, verschwunden, und er lag im Bett in der Hütte auf der Heide. Das hellste Weihnachtsfeuer brannte lustig auf dem Herde, und Mutter Gertrud beugte sich über ihn und sagte:

Armer kleiner Vigg, mußtest so lange allein in der Dunkelheit bleiben! Ich konnte nicht früher nach Hause kommen, denn der Weg ist weit. Aber nun habe ich den Lichterzweig und Weizenbrot und Pfefferkuchen mitgebracht, und auch einen Kuchen, den du morgen den Sperlingen geben sollst (Schwedische und norwegische Sitte am Weihnachtsmorgen).

Und sieh her, fuhr Mutter fort, hier hast du ein Paar wollene Strümpfe, die ich für dich als Weihnachtsgabe gestrickt habe, denn die brauchtest du nötig, du kleiner Reißteufel. Und hier hast du ein Paar Lederschuhe, die ich für dich gekauft habe, damit du während der Feiertage nicht in den Holzschuhen herumzutrappeln brauchst.

Vigg hatte sich längst ein Paar Lederschuhe gewünscht, und nun betrachtete er sie mit strahlenden Augen von allen Seiten. Aber noch länger beinah die wollenen Strümpfe, so daß Mutter Gertrud dachte, er wolle irgend eine falsche Masche daran suchen; die Sache war aber die, daß es Vigg schien, sie wären genauso wie diejenigen, welche er in der Kiste des Weihnachtsmannes gesehen hatte. Darauf schlang er seine Arme um Mutter Gertruds Hals und sagte: Danke, Mutter, für die Strümpfe und für die Schuhe – und so sehr für die Strümpfe!

Nun wurde die Grütze auf den Herd gesetzt, ein weißes Tuch über den Tisch gebreitet und der Lichterzweig angezündet. Vigg sprang umher in den neuen Strümpfen und Schuhen. Zwischendurch stand er am Fenster und sah forschend und sinnend auf die Heide und wußte nicht recht, was er von der Fahrt, die er gemacht hatte, denken sollte. Aber der Weihnachtsmann ist gut, und Mutter ist gut, das stand ihm klar vor der Seele, und der Weihnachtsabend ist ein herrlicher Abend, das wußte er.

Da draußen strahlten Tausende von Sternen auf die einsame Heide nieder. Und in der Heide einsamer Hütte herrschte Herdwärme, Herzenswärme und Freude.

Die Grütze

Grütze ist in der schlichten bäuerlichen Küche des Mittelalters eine beliebte Speise. Eine besondere, weiße Grütze galt im achtzehnten Jahrhundert in England geradezu als Festmahl. In Tirol hat die aus vier Mehlsorten zubereitete Grütze, zu Neujahr gegessen, die Kraft, Geld ins Haus zu bringen. Es gibt alte Zauberbücher, in denen eine aus neun Rohstoffen gemischte Grütze in dieser Rolle erscheint.

Besonders beliebt ist die in Dänemark Julgrütze genannte Mischung mit Honig. In Pommern ißt man zu Weihnachten mit Fleisch vermengte Buchweizengrütze. In die Oberfläche der Grütze in der Schüssel macht die Hausfrau mit dem Kochlöffel ein Kreuz, ehe aufgetragen wird, so wie noch heute viele ein Kreuz auf den Brotlaib machen, ehe sie ihn anschneiden. In vielen Gegenden Schwedens glaubt man, daß die Geister der Rauhnacht gerne Weihnachtsgrütze essen, und man stellt ihnen ein Schälchen ins Vorhaus. Essen sie davon, so gilt das als glücksverheißend.

In Hülle und Fülle

Ein Märchen aus Dänemark

Es war an einem Weihnachtsabend, da kamen zwei arme Wanderer zu einem Hofe und baten, die Nacht über dableiben zu dürfen. Nein, sagten die Hofbewohner, sie könnten solchen Prachern kein Obdach geben. Da gingen sie weiter und kamen zu einer Hütte, in der ein armer Häusler mit seiner Frau wohnte. Sie klopften an und frugen, ob sie dort die Nacht über bleiben könnten. Ja, sagten die Leute, das könnten sie gern, wenn sie mit dem, was sich vorfinde, vorliebnehmen wollten, denn sie seien ja nur geringe Leute.

Die beiden Fremdlinge dankten herzlich und traten ein. Da flüsterte die Frau dem Manne zu und sagte: »Wir müssen doch an diesem hochheiligen Abend den Fremden etwas zum besten geben. Wir müssen wohl unser Widderlamm schlachten.« »Ja, laß uns das tun!« sagte der Mann; und sie schlachteten das Lamm, und ein guter Braten kam auf den Tisch, und sie aßen und waren vergnügt miteinander an dem Heiligen Abend. Als es dann Schlafenszeit war, wiesen sie den Gästen ihr eigenes Bett an; es war das einzige, das sie hatten. Und dann breiteten sie Stroh auf die Diele, und dort schliefen sie selber.

Am nächsten Morgen gingen sie allesamt zur Kirche, und die Häusler baten die beiden Wanderer, doch während der beiden Feiertage noch bei ihnen zu verweilen. »Denn jetzt haben wir ja all das gute Essen«, sagten sie, »das müßt ihr uns verzehren helfen.« Die Fremden dankten, und sie blieben die beiden Weihnachtsfeiertage über da. Am Morgen des dritten Weihnachtstags, als sie fortgehen wollten, bedankten sich die beiden Fremden für die gute Aufnahme. Es sei schlimm, daß sie ihnen keine

Bezahlung anbieten könnten. Ach, das bliebe sich gleich, sagten Mann und Frau; sie hätten sie nicht um irgendeines Lohnes willen aufgenommen.

Gerade als sie aus der Tür gehen wollten, sagte der eine der beiden Wanderer: »Aber das ist wahr, hatte das Lamm keine Hörner?« – »Doch«, sagte der Mann, »aber sie waren zu nichts nütze.« Er dachte, daß die Fremdlinge vielleicht Verwendung für Widderhörner haben könnten und ihn um dieselben bitten wollten. »Wie viele Hörner hatte das Lamm?« hob der Fremde wieder an. – »Zwei«, sagte der Mann, ganz verwundert über die Frage. »Dann mögen euch zwei Wünsche erfüllt werden«, sagte der Fremde, »welche ihr wollt.« Da sagte der Mann, sie hätten keine anderen Wünsche, als daß sie hier auf Erden ihr täglich Brot und Auskommen haben und nach ihrem Tode ins Himmelreich kommen möchten. »Das gewähre euch Gott«, sagte der Fremde; »über ein Jahr sprechen wir wieder bei euch vor.«

Und dann gingen die beiden Wanderer fort.

Seit dem Tage gedieh und vermehrte sich alles bei den Häuslern auf die wunderbarste Art: sie bekamen drei große Kälber statt eines von ihrer einzigen Kuh, sie bekamen acht gute Lämmer von ihren zwei Schafen, und sie bekamen so viele Ferkel von ihrer Sau, daß sie fast nicht zu zählen waren; und von allem, was in ihrem bißchen Ackerland gesät wurde, erhielten sie wohl hundertfältige Frucht. Sie wurden daher recht wohlhabend und bauten ihr Hüttchen aus, so daß es größer und behaglicher ward. Und sie freuten sich auf Weihnachten, wo die beiden Fremdlinge wiederkommen wollten. Denn sie merkten wohl, daß sie ihnen all den Segen zu verdanken hätten.

Ihre Nachbarn und alle Leute im Dorf verwunderten sich höchlich über den Wohlstand, der in das ärmliche Haus strömte, und die Bewohner des Hofes ihnen gerade gegenüber, wo die beiden Wanderer abgewiesen worden waren, verwunderten sich nicht am wenigsten; und als sie erfuhren, woraus die Häusler kein Geheimnis machten, daß all der Segen den guten Wünschen der armen Wanderer zu verdanken sei, welche am letzten Weihnachten bei ihnen eingekehrt waren, wurden sie schrecklich neidisch und meinten, das alles sei ihnen selbst gleichsam gestohlen; denn die guten Wünsche hätten ja ihnen zuteil werden können, wenn sie sie nur aufgenommen hätten. Als sie nun hörten, daß die Fremdlinge versprochen hätten, um Weihnachten wiederzukommen, baten und bettelten und drohten sie den Häuslern das Versprechen ab, dieselben bei ihrer Ankunft nach dem Hofe hinüberzuweisen.

In der Dämmerungsstunde des Weihnachtsabends kamen dieselben zwei Wanderer und klopften bei den Häuslern an. Sowohl der Mann wie die Frau gingen hinaus und begrüßten sie und dankten ihnen für all den Segen, den ihr Besuch ihnen gebracht habe. Die Fremdlinge baten, ob sie die Nacht über dableiben und das Fest mit ihnen feiern dürften. Ja, sagten die Häusler, nichts

würde ihnen lieber sein; aber sie hätten den Hofbewohnern gerade gegenüber versprochen, sie bei ihrer Ankunft dorthin zu weisen. Es täte ihnen so leid, daß sie sie voriges Jahr abgewiesen hätten, und sie wollten es gern wieder gut machen. »Und ihr bekommt es auch drüben viel besser, als wir es euch bieten könnten«, sagten die Häusler. »Wenn ihr es wünscht«, sagten die Fremden, »gehen wir heute abend dort hinüber, allein morgen früh gehen wir mit euch zur Kirche.« Dann gingen sie nach dem Hofe hinüber. Der Junge schaute schon draußen vor dem Tore nach ihnen aus, und er lief gleich hinein, um ihre Ankunft zu melden. Der Hofbesitzer und seine Frau kamen beide hinausgeschossen und nahmen die Fremdlinge in Empfang und führten sie in ihre beste Stube und brachten viele Entschuldigungen vor, daß sie sie voriges Jahr abgewiesen hätten. Der Hofherr hatte einen fetten Ochsen geschlachtet und es ward ihnen reichlich aufgetischt: sie erhielten Suppe und Braten und Kuchen, und es war gutes Bier und alter Met da und Wein obendrein. Sie erhielten ihr eigenes Schlafzimmer mit zwei großen Betten, und Federdecken und Kissen bis an die Decke.

Am nächsten Morgen standen die Fremdlinge frühzeitig auf; die Hofbewohner baten sie, doch die Feiertage über dazubleiben, aber die Fremdlinge sagten, sie müßten fort: sie wollten noch zur Kirche und dann von dort aus weitergehen. Der Hofbewohner ließ darauf seinen Staatswagen anspannen: sie dürften nicht zur Kirche gehen, sie müßten durchaus fahren. Sie bedankten sich, und als sie abfahren sollten, sagte der eine der Fremden zu dem Wirte und der Wirtin, sie wüßten nicht, wie sie ihnen dafür lohnen sollten, daß sie so glänzend traktiert worden; Geld hätten sie leider nicht. – »Aber das ist wahr«, sagte er, »hatte der Ochse Hörner?« – »Ja, das hatte er allerdings«, sagte der Mann; – er hatte nämlich von den

Häuslern gehört, was für Gespräche voriges Jahr geführt worden waren, und so verstand er gleich, worauf dies hinauslief. – »Wieviele Hörner hatte er?« frug nun der Fremde. Die Frau zupfte den Mann am Ärmel und sagte: »Sage vier!« Da antwortete der Mann, der Ochse habe vier Hörner gehabt. »Dann sollen euch auch vier Wünsche erfüllt werden«, sagte der Fremde; »jedem von euch mögen zwei freistehen.« Und dann stiegen sie in den Wagen, und die Häusler fuhren bei der Gelegenheit auch mit zur Kirche. Der Hofherr fuhr selbst; er beeilte sich nach Möglichkeit, um recht bald wieder zu Hause sein zu können. Dann würden er und seine Frau sich über ihre vier Wünsche verständigen. Sie könnten dann alles bekommen, was ihr Herz begehrte.

Sobald er die Fremdlinge und die Häusler an der Kirche abgesetzt hatte, ließ er sich denn auch keine Zeit, dem Gottesdienste beizuwohnen, sondern kehrte gleich um und peitschte auf die Pferde, um so rasch wie möglich nach Hause zu kommen. Aber da strauchelt das eine Pferd und zerreißt den Strang. »Den Henker auch!« sagt er, und er muß absteigen, um den Strang wieder zu befestigen. Dann fährt er wieder weiter. Aber es dauert nicht lange, da strauchelt auch das andere Pferd. »Hole euch beide der Teufel!« sagt der Mann. Und kaum hat er das gesagt, wupps, sind beide Pferde verschwunden, und er sitzt auf dem Wagen mit den Zügeln in der Hand. Es blieb nichts anderes übrig, als den Wagen stehen zu lassen und die Reise zu Fuß fortzusetzen. Der eine Wunsch war also in Rauch aufgegangen. Aber das nahm er sich nicht weiter zu Herzen, da er bedachte, daß ihnen noch drei Wünsche blieben. Sie konnten ja leicht so viele Pferde, wie sie wollten, und alle sonstigen guten Dinge dazu erhalten. Er marschierte also ganz getrost auf der Landstraße dahin.

Mittlerweile geht die Frau im Hause umher und wartet und wartet. Sie sehnte sich von Herzen, daß ihr Mann kommen möge, damit sie mit dem Wünschen beginnen könnten. Sie geht hinaus und späht die Straße entlang; aber die Zeit verstreicht, und er kommt nicht. »Ach, wäre er doch da, der Nölpeter!« sagt sie, und in demselben Augenblick steht er vor ihr. »O weh!« sagte sie, »da hab' ich den einen Wunsch verscherzt! – Aber du kommst ja angestiefelt wie ein rechter Pracher«, sagte sie; »wo hast du Wagen und Pferde gelassen?« – »Ja, das ist deine Schuld«, sagte der Mann; »ich habe meine Prachtpferde zur Hölle gewünscht. Es ist kein Glück bei solchem Betrug. Du warst es, die mir einblies, daß der Ochse vier Hörner gehabt hätte. Mir wäre es schon recht, wenn dir die beiden erlogenen Hörner im Genick säßen!« Wupps, da saßen sie auch.

Jetzt hatten sie also drei von ihren vier Wünschen erfüllt bekommen, und es war nur noch einer übrig, welcher der Frau zukam. Da begann der Mann ihr freundlich zuzureden und sagte: »Liebes Frauchen! Wende jetzt deinen Wunsch gut an und wünsche uns einen ungeheuren Haufen Geld! Dann kann ja alles noch gut werden.« – »Nein, danke schön«, sagte die Frau, »und ich sollte dann bis an meinen Sterbetag mit den Hörnern herumlaufen!« Das wollte sie nicht, und so wünschte sie sogleich die beiden Hörner zum Teufel. Die waren denn auch auf der Stelle fort. Aber die Hofbesitzer waren mit all ihren Wünschen nicht reicher, sondern nur um ein Paar gute Pferde ärmer geworden.

Weihnacht bei den Friesen

Wenn es nach den eigenen Baumbeständen ginge, müßte auf der Insel Helgoland Weihnachten ohne Christbäume gefeiert werden. Doch die meerumschlungene Insel muß auf dieses traditionelle Symbol einer deutschen Weihnacht nicht verzichten: Schon zeitig im Dezember bringt das Winterversorgungsschiff Tannen, Fichten oder Föhren – je nach Geschmack und Vorbestellung – vom Festland herüber, aus Schleswig-Holstein.

Und mitten in der brausenden See wird dann Heilig Abend gefeiert. Ob die Schiffer draußen die Lichterbäume sehen können oder doch nur den Schein und das Blinken der Leuchttürme, die auch in der Christnacht den Weg weisen?

Vielleicht weil es bei den Inselfriesen keine Wälder gibt, hat sich dort ein besonderer Brauch entwickelt: Die friesischen Weihnachtsgestelle erinnern in ihrer Form an die Klausenbäume und Weihnachtspyramiden, nur daß sie nicht geschmückt, sondern vollkommen kahl von den Kindern ins Fenster gestellt werden, um die hoffentlich zahlreichen Geschenke aufzunehmen. Die kleinen Ostfriesen sind nämlich der Meinung, wenn St. Nikolaus am 6. Dezember die vor der Tür bereitgestellten Schuhe gefunden hat, so muß es auch dem Christkind gelingen, das leere Gestell im Fenster richtig zu deuten.

Die Elbenkönigin Hild

Es war einmal ein Bauer auf seinem Hof. Eine Frau hatte er nicht, aber eine Haushälterin namens Hild, die sehr tüchtig war, aber von deren Herkunft man nichts wußte. Da sie rührig und fleißig war, hatten sie alle gern, der Bauer und das Gesinde. Es verlief alles gut in der Wirtschaft, aber es war für den Bauer eine große Sorge, einen Schafhirten zu bekommen, denn immer am Morgen nach der Weihnachtsnacht lag er tot im Bette, ohne daß man den Grund dazu kannte.

Zu jener Zeit pflegte man überall im Lande am Heiligen Abend Gottesdienst zu halten, man hielt es für ebenso festlich, an diesem Abend dorthin zu fahren wie am ersten Feiertag selbst. Aber auf den Höfen, die im Gebirge drin lagen und von denen man weit zur Kirche zu gehen hatte, war es für die Leute, die nicht eher von zu Hause fort konnten, als bis der Stern zwischen Morgen und Mittag stand, recht beschwerlich, zum Gottesdienst zu kommen, und gewöhnlich kamen dort auch die Hirten nicht früher heim. Sie brauchten dort auf dem Hofe des Bauern freilich nicht den Hof zu hüten, wie es sonst Sitte war, daß einer oder der andere es in der Weihnachts- oder Silvesternacht tun mußte, während das übrige Gesinde in der Kirche war; denn seit die Hild beim Bauern war, hatte sie sich selbst dazu angeboten, während sie in der Zeit alles zum Fest in Ordnung brachte und fertigmachte: Essen kochen und anderes, was nötig war, und sie war bis spät in die Nacht noch wach, so daß die, die in der Kirche gewesen waren, oft schon lange schliefen, ehe sie selbst sich zu Bett legte. Als es eine Reihe von Jahren so gegangen war, daß die Hirten des Bauern alle plötzlich in der Weihnachtszeit starben, sprach man überall davon, und der Bauer fand nur schwer jemand, der Hirte sein wollte, und es fiel ihm auch selbst immer schwerer aufs Herz, je mehr starben. Eine Schuld konnte ihn nicht treffen und das Gesinde auch nicht, denn eine Wunde war an der Leiche niemals zu entdecken. Schließlich sagte der Bauer, nun könne er keinen Schafhirten mehr nehmen, da ihn der sichere Tod erwarte in seinem Dienst, und nun möge es mit seinem Vieh und seinem Hab und Gut so kommen, wie es das Schicksal wollte.

Als der Bauer diesen Entschluß gefaßt hatte und niemand mehr in Dienst nehmen wollte als Hirt, da kam einmal ein munterer und kräftiger Mann zu ihm und wollte gern in seinen Dienst treten. Der Bauer sagte: »So nötig brauche ich dich nicht, daß ich dich nehmen muß.« Aber der Fremde fragte ihn: »Hast du schon einen Hirten für diesen Winter?« Da sagte der Bauer: »Nein«, und sagte ihm, er wolle durchaus niemand mehr nehmen, »du hast wohl gehört, wie schlimm es all meinen Hirten ergangen ist?« »Gehört hab ich's«, sagte der Fremde, »aber das schreckt mich nicht ab.« Da hörte der Bauer auf ihn, weil er so sehr wollte, und nahm ihn in Dienst. So verging nun eine Zeit, und der Bauer und der Hirt waren einig miteinander, und den Hirten hatte jeder gern, denn er war ein freundlicher, munterer und tüchtiger Kerl.

Bis zum Weihnachtsabend geschah nichts Besonderes. Am heiligen Abend nun ging der Bauer mit seinem Gesinde zur Kirche, die Haushälterin blieb im Hause, und der Hirt blieb bei seinen Schafen. Es wurde Abend wie immer, ehe der Hirte heimkam, dann aß er seine Grütze und ging zu Bett. Da dachte er, es sei besser zu wachen als zu schlafen, falls etwas geschehen sollte; Furcht hatte er keine, blieb aber zur Vorsicht wach liegen. Spät in der Nacht hörte er die Leute heimkommen, sie aßen einen Bissen und gingen schlafen. Noch merkte er nichts, als aber alle schon schliefen, da fühlte er, daß er müde wurde, was ihn weiter nicht wunderte nach des Tages Last und Mühen.

Weil er aber dachte, es ginge ihm schlecht, wenn er nun doch einschlief, so bot er all seine Kräfte auf, um bloß nicht einzuschlafen. Es dauerte auch gar nicht lange, da hörte er jemand an sein Bett kommen, und ihm war so, als sei es Hild, die da ihr Wesen trieb. Er stellte sich schlafend und merkte, daß sie ihm etwas in den Mund steckte. Er fühlte, daß es ein Zaum war für den Mahrtenritt und ließ sich ruhig aufzäumen. Sie legte ihm also das Zaumzeug an, befestigte die Zügel, wie es ihr bequem war, setzte sich rittlings auf ihn und ritt in fliegender Eile davon, bis sie, so schien es ihm, an einen Graben oder Erdspalt kam. Da sprang sie ab auf einen Stein, ließ die Zügel hängen und verschwand im Erdspalt.

Dem Hirten kam es schlimm und rätselhaft vor, daß Hild so verschwunden war, ohne daß er wußte, wohin sie sei; er merkte auch bald, daß er, solange er den Zaum angelegt hatte, nicht weit kam, weil er dadurch verzaubert war. Deshalb rieb er sich an jenen Stein, bis er das Zaumzeug abgescheuert hatte, ließ es liegen und warf sich auch in dieselbe Spalte, in der Hild verschwunden war.

Ihm schien, er sei noch nicht weit in die Spalte hinuntergekommen, da erblickte er auch schon Hild, wie sie über schöne Wiesen schritt und schon bald ihren Weg beendet hatte. Nach alledem dachte er sich wohl, daß es da nicht mit rechten Dingen zuging, und daß sie pfiffiger war, als man ahnen konnte, wenn man sie oben unter den Menschen weilen sah. Da er sich sagte, sie könne ihn erblicken, wenn er auf der Wiese hinter ihr hergehe, so nahm er einen Stein aus seiner Tasche, der ihn unsichtbar machte, verbarg ihn in der linken Hand und lief, so schnell er nur konnte, hinter ihr her.

Als er weiter auf die Wiese hinausgekommen war, sah er eine schöne große Halle, und Hild ging auf sie zu. Aus der Halle kam ihr eine große Menschenmenge entgegen, vorweg, prächtig gekleidet, ein Mann, und es schien, als begrüße er Hild als seine Frau und heiße sie willkommen; die anderen aber im Gefolge begrüßten sie freudig als ihre Königin. Mit dem Häuptling kamen Hild zwei halberwachsene Kinder entgegen und begrüßten ihre Mutter voll seliger Freude.

Als sie alle der Königin ihre Huldigung dargebracht hatten, führten sie sie und den König in die Halle, dort bereitete man ihr einen ehrenvollen Empfang, kleidete sie in königliche Gewänder und streifte auf ihre Arme schöne goldene Ringe.

Der Hirte folgte auch, blieb aber dort, wo am wenigsten Leute waren, aber doch so, daß er alles genau beobachten konnte. Solchen Glanz und solchen Prunk hatte er noch nie gesehen. Tische wurden geholt und gedeckt, und er staunte über all die Herrlichkeit.

Kurz danach sah er Hild, prächtig gekleidet, in die Halle schreiten. Jedem ward sein Platz angewiesen, Hild nahm den Ehrensitz neben dem König ein, das ganze Gefolge nahm seine Plätze zu beiden Seiten und nun ward getafelt.

Dann räumten sie die Tische ab, und die Männer und Frauen tanzten oder gingen anderen Belustigungen nach, das Königspaar aber saß Hand in Hand da und wechselte Worte, die sowohl freudig wie wehmutsvoll klangen.

Während sie so miteinander redeten, kamen noch drei jüngere Kinder zu ihnen und umarmten voll Freude und Glück ihre Mutter. Königin Hild küßte sie voll Liebe, nahm das Kleinste auf den Schoß und liebkoste es, aber da es unruhig wurde, gab ihm die Mutter einen goldenen Armring, den sie vom Arme abgestreift hatte. Das Kind war nun auch ganz ruhig und spielte eine Weile mit dem Ring. Schließlich fiel der Ring auf den Boden, und der Hirte griff ganz schnell danach und verbarg ihn gut; alle fanden es sehr merkwürdig, daß sie den Ring nirgends finden konnten, wo er doch nur auf den Boden gefallen war.

Als die Nacht fast verflossen war, machte sich Königin Hild zum Fortgehen fertig, so sehr man sie auch bat, länger zu bleiben und so traurig auch alle durch ihren Abschied waren.

Der Hirte hatte auch gemerkt, daß in der Halle ein altes, ganz häßliches Weib saß, und sie hatte sich gar nicht gefreut, als Königin Hild kam, und war auch nicht traurig, als sie wieder gehen mußte. Als der König sah, wie es sein Weib trieb fortzugehen und sie durch keine Bitten sich zum Dableiben bestimmen ließ, ging er zu dem alten Weibe und sagte: »Bitte, nimm deinen Fluch weg von meinem lieben Weibe, Mutter, und laß uns nicht mehr auseinandergehen.« Aber das alte Weib sagte voll Zorn: »Mein Fluch wird weiterbestehen, und ich will ihn nie zurücknehmen.« Da wurde der König ganz still, ging tieftraurig zu seiner Frau, legte seinen Arm um sie, küßte sie und bat sie noch einmal flehentlich dazubleiben. Aber die Königin sagte, der Fluch seiner Mutter triebe sie fort, und es sei wohl wenig zu hoffen, daß sie sich öfters sehen könnten, denn die Todesfälle, die ihretwegen stattfänden, und die nun schon so zahlreich seien, könnten nicht länger ein Geheimnis bleiben, und sie werde wohl dafür gestraft werden, obwohl es ihre Schuld gewiß nicht sei.

Als sie so jämmerlich klagte, ging der Hirte schnell fort aus der Halle, über die Wiese nach dem Spalt und wieder hinauf. Er versteckte den Zauberstein, zäumte sich wieder auf und wartete auf Hild. Sie kam auch bald tieftraurig, setzte sich auf seinen Rücken und ritt zum Gehöft. Dort legte sie ihn wieder in sein Bett, zäumte ihn ab, ging selbst zu Bett und schlief. Obwohl der Hirte ganz wach war, stellte er sich schlafend, damit Hild nichts merken sollte. Als sie aber schlafen gegangen war, da gab er seine Vorsicht auf und schlief fest und tief bis zum selben Morgen.

Der Bauer war schon früh aufgestanden, denn es ließ ihm keine Ruhe zu erfahren, ob denn der Schafhirte noch am Leben sei. Als der Bauer sich anzog, wachten auch die anderen auf und zogen sich auch an. Der Bauer ging also zum Schafhirten ans Bett und rührte ihn an. Da sah er, daß er lebte, und dankte Gott für diese Gnade. Da erwachte auch der Schafhirte frisch und fröhlich und stand auf. Der Bauer fragte ihn, ob denn in der Nacht etwas los gewesen sei. Der Schafhirte sagte: »Nein, aber ich habe merkwürdig geträumt.« »Was hast du denn da geträumt?« fragte der Bauer. Und da fing der Hirte an zu erzählen, daß Hild ihn aufgezäumt habe in seinem Bett, und berichtete alles so genau, wie er nur konnte.

Als er fertig erzählt hatte, saßen alle stumm da, nur Hild sagte zu ihm: »Es ist eine Lüge, was du da sagst, wenn du nicht durch ein deutliches Zeichen beweisen kannst, daß es so war, wie du erzählt hast.« Der Hirt ließ sich dadurch nicht einschüchtern, sondern er holte den Ring, den er in der Nacht vom Boden aufgehoben hatte, und sagte: »Wenn ich auch nicht gezwungen werden kann, einen Traum durch deutliche Zeichen zu beweisen, so ist es doch gut, daß ich's beweisen kann, daß ich diese Nacht bei den Huldren war. Ist dies dein Armring, Königin Hild, oder ist er es nicht?«

Da sagte die Königin: »Er ists, und Gottes Segen über dich, daß du mich vom Fluche meiner Schwiegermutter befreit hast, nur widerwillig beging ich all die Fluchwürdigkeiten, die sie mir auferlegt hatte.«

Und dann fing Königin Hild an zu erzählen:

»Ich war ein Elbenmädchen von geringer Herkunft, aber der König von Elbenheim liebte mich und nahm mich wider den Willen seiner Mutter zur Frau. Da wurde die Mutter so böse, daß sie ihrem Sohn nur kurze Freude an mir versprach und wir uns nur ganz selten sehen sollten. Ich sollte Dienstmagd unter den Menschen werden und jedesmal zur Weihnachtszeit den Tod eines Menschen verursachen, dadurch, daß ich ihn aufzäumen mußte, während er schlief, und auf ihm den Weg reiten mußte, den ich auch diese Nacht auf dem Hirten ritt, um meinen Gatten zu besuchen; und dies sollte so lange dauern, bis meine Bosheit ans Licht käme und ich dafür getötet würde, es müßte denn sein, ich fände einen solch mutigen Mann, der es wagte, mit nach Elbenheim zu kommen, und der dann den Beweis erbringen könnte, daß er dorthin gekommen wäre und gesehen hätte, wie es dort zuging.

Ihr seht also alle, daß sämtliche Hirten um meinetwillen getötet wurden, seitdem ich hier war, aber ich hoffe, man wird mir nicht die Schuld anrechnen, was widerwillig zu tun mir aufgezwungen war; denn niemand hat den unterirdischen Weg gefunden und ist aus Neugierde mit in die Behausung der Huldren hineingekommen. Nur dieser mutige Mann war es gewesen, der mich aus meinem Magddienst und von dem schlimmen Fluch erlöst hat, und ich will ihn auch später dafür belohnen. Ich darf nun nicht länger bleiben, habt Dank für all eure Güte, die Sehnsucht treibt mich heimwärts.«

So sprach sie und verschwand, und man sah sie nie wieder unter Menschen.

Der Schafhirt aber heiratete im Frühjahr und gründete einen Hausstand, und das konnte er auch; denn der Bauer zeigte sich ihm gegenüber, als er seinen Dienst aufgab, sehr freigebig, und dann war er auch selbst nicht ohne Mittel. Alle Leute in seinem Bezirk fragten ihn um Rat und baten ihn um Beistand. Er war so sehr beliebt trotz seines Glückes, daß die Leute selbst nicht recht begreifen konnten, wie das zuging. Sie glaubten, bei ihm habe jedes Tier zwei Köpfe.

Er aber wußte sehr wohl, daß er der Königin Hild dafür zu danken hatte.

THOMAS HARDY

Die Ochsen

Christnacht mit dem Glockenschlag zwölf.
»Jetzt knien sie sich alle nieder«,
sagte ein weiser Alter,
als wir am offenen Feuer behaglich beisammensaßen.

Wir stellten uns die gutmütigen, sanften Geschöpfe vor,
wie sie in ihrem mit Stroh ausgelegtem Pferch hausten,
und es war für uns ganz natürlich,
daß sie sich niederknieten.

So wenig diese traute Vorstellung
in unsere Zeiten passen will, war mir doch so,
daß, wenn mir einer in der Christnacht sagte:
»Komm mit mir, sieh die Ochsen knien

drüben im Einöd-Hof am Talgrund,
wie wir es als Kinder kannten« –
ich mit ihm gehen müßte in der Finsternis,
hoffend, es möge so sein.

»Das war der Pudding!«

Master Peter und die beiden allgegenwärtigen jungen Cratchits machten sich auf, um die Gans zu holen, mit der sie alsbald in feierlicher Prozession zurückkehrten.

Nun folgte ein so aufgeregtes Treiben, daß man hätte meinen können, eine Gans sei der allerseltenste Vogel, ein gefiedertes Phänomen, mit dem verglichen ein schwarzer Schwan etwas ganz Gewöhnliches wäre, und in diesem Hause war sie wirklich einem Wunder ähnlich. Mrs. Cratchit machte die Bratensauce (die schon in einem Töpfchen bereitstand) siedend heiß; Master Peter zerstampfte mit unglaublicher Kraft die Kartoffeln; Miss Belinda süßte das Apfelmus; Martha wischte die heißen Teller ab; Bob nahm Klein-Tim und setzte ihn neben sich an ein Eckchen des Tisches; die beiden jungen Cratchits stellten die Stühle für alle zurecht, ohne sich selber zu vergessen, zogen als Wachen auf ihre Posten, steckten die Löffel in den Mund, um nicht nach der Gans zu schreien, bevor sie an der Reihe wären. Endlich waren die Gerichte aufgetragen, und das Tischgebet gesprochen. Ihm folgte eine atemlose Pause, als Mrs. Cratchit ihren Blick langsam über die ganze Länge des Tranchiermessers schweifen ließ und sich anschickte, es der Gans in die Brust zu stoßen; aber als sie es tat, und das lang erwartete Zischen, mit dem die Füllung hervorquoll, zu vernehmen war, erhob sich ringsum ein Gemurmel des Entzückens, und sogar Klein-Tim, hämmerte, von den beiden jungen Cratchits angespornt, mit dem Griff seines Messers auf den Tisch und rief mit schwacher Stimme Hurra.

Noch nie hatte es so eine Gans gegeben. Bob sagte, er

glaube nicht, daß je zuvor eine solche Gans gebraten worden sei. Ihre Zartheit und ihr Wohlgeschmack, ihre Größe und ihr billiger Preis waren Gegenstand allgemeiner Bewunderung. Mit Apfelmus und Kartoffelbrei ergänzt, ergab sie eine ausreichende Mahlzeit für die ganze Familie; sie hatten sie, wie Mrs. Cratchit hocherfreut feststellte (als sie ein winziges Knöchelchen auf der Schüssel liegen sah), nicht einmal ganz aufgegessen! Jedoch jeder hatte genug gehabt, und vor allem die jüngsten Cratchits waren bis unter die Augenbrauen in Salbei und Zwiebel getaucht. Aber als jetzt Miss Belinda die Teller auswechselte, verließ Mrs. Cratchit allein das Zimmer – allzu nervös, um Zeugen zu dulden – um den Pudding herauszunehmen und hereinzuholen.

Angenommen, er wäre nur halb gar! Wenn er zerfiele! Wenn jemand über die Hofmauer gestiegen wäre und ihn gestohlen hätte, während sie sich mit der Gans gütlich taten: ein Gedanke, der die beiden jungen Cratchits erblassen ließ! Alle erdenklichen Schrecken stellte man sich vor.

Hallo! Eine Menge Dampf! Der Pudding war aus dem Kessel heraus! Ein Geruch wie an einem Waschtag! Das war das Tuch. Ein Geruch, wie nach einem Gasthaus und einer Zuckerbäckerei und einer Wäscherei daneben! Das war der Pudding! Eine halbe Minute später kam Mrs. Cratchit – errötet, aber stolz lächelnd – mit dem Pudding, der wie eine gefleckte Kanonenkugel aussah, so hart und fest, in einem Viertelmaß Brandy lodernd und oben mit einem Stechpalmenzweiglein weihnachtlich geschmückt.

Ach, welch köstlicher Pudding! Bob Cratchit sagte in aller Ruhe, er betrachte ihn als die höchste Leistung, die seine Frau seit ihrer Verheiratung vollbracht hätte. Mrs. Cratchit sagte, jetzt, da es ihr wie ein Stein vom Herzen

gefallen sei, wolle sie gestehen, daß sie wegen der Mehlmenge ihre Zweifel gehabt hätte. Jeder hatte etwas dazu zu sagen, aber niemand sagte oder dachte, daß es doch nur ein recht kleiner Pudding für eine so große Familie war. Das wäre pure Ketzerei gewesen, und jeder der Cratchits hätte sich geschämt, so etwas anzudeuten.

Schließlich war das Mahl beendet, der Tisch abgeräumt, der Herd gefegt und das Feuer geschürt. Nachdem man die Mischung in dem Krug gekostet und für vortrefflich erklärt hatte, wurden Äpfel und Orangen auf den Tisch gestellt und eine Schaufel voll Kastanien zum

Rösten über die Glut gelegt. Dann setzte sich die ganze Familie Cratchit um den Kamin herum, was Bob Cratchit im Kreise nannte und womit er einen Halbkreis meinte; und an Bob Cratchits Seite stand der gesamte Gläservorrat der Familie; zwei Trinkgläser und ein henkelloses Saucekännchen.

Diese Gefäße faßten jedoch die heiße Flüssigkeit aus dem Krug genausogut, wie es goldene Becher getan hätten; und Bob schenkte mit strahlendem Gesicht ein, während die Kastanien auf dem Feuer geräuschvoll knisterten und krachten. Dann brachte er einen Trinkspruch aus:

»Fröhliche Weihnachten uns allen, meine Lieben! Gott segne uns!«

Was die ganze Familie wiederholte.

Christmas Pantomime

Weihnachtliche Pantomimen sind eine englische Spezialität, die von vielen bedeutenden Bühnen sorgfältig ausgearbeitet und geprobt wurden und werden. In einer Variation der klassischen Pantomime, in der einzelne Frauenrollen von der ‚Dame', einem verkleidetem Mann, dargestellt wurden, lehnte sich das Weihnachtsspiel an diese volkstümliche und eingängige Tradition an und hatte vor allem bei Tournee-Theatern, die auf dem Land und in kleinen Orten gastierten, nicht selten ungeheuren Erfolg; die Christmas Pantomimes wurden dann mitunter bis Ostern gespielt. Für die Londoner war die berühmteste, ja im vorigen Jahrhundert zur Kultstätte erhobene Bühne solcher Schauspiele das Dury Lane-Theater.

In den »Backwoods«

Ich erinnere mich an einen Weihnachtstag in der Wildnis. Es war das Jahr nach der denkwürdigen Rebellion in Kanada: Mein Schwager war zu einer Kompanie des Provinzbataillons verpflichtet, das in Toronto stationiert war; meine Schwester, die zurückgeblieben war mit ihrer Kleinkinder-Familie, war allein, und wir waren schon besorgt darüber und meinten, daß sie diesen Tag mit uns verbringen sollte, und daß es eher wie ein englischer Weihnachtstag aussehen könnte, und so beauftragte ich Martin, den Jungen, und den alten Malachi, den Lohnarbeiter, ein kleines Bündel Immergrün vom Moorrand zu holen, um das Haus damit zu schmücken. Aber als wir alle unsere grünen Girlanden aufgehängt hatten, vermißten wir die strahlend glänzende Stechpalme und ihre frohstimmenden roten Beeren, und mein englisches Dienstmädchen Hannah, das sehr interessiert war an all unseren Dekorationen, erinnerte sich daran, daß es im Hochwald am Seeufer Preiselbeeren gab. Mit den rot durchschimmernden Preiselbeeren mußten wir uns dann zufrieden geben, und die kleine Katie brachte ihre Korallenperlenkette und bat mich, sie zwischen die grünen Schierlingzweige zu flechten, und vor Freude klatschte sie in die Hände, als sie sah, daß sie in den Kranz geflochten wurde. Dann schickten wir den Pferdeschlitten zu meiner Schwester und ihren Kleinen, denn damit Sie es wissen, lieber Leser, daß unsere Siedlung in jenen Tagen beinahe das Ultima Thule der Zivilisation war, unsere Straßen waren gar keine Straßen, sondern nur große in den Wald geschlagene Schneisen, in die man mit keinem anderen Fahrzeug als einem Pferdeschlitten fahren konnte, ohne umzukippen. Wir Buschsiedler waren damals biedere Leute, und dankbar erfreuten wir uns an jedem Vergnügen, das sich uns bot. So mußten wir eines suchen mit Mitteln, die bescheiden waren wie zum Beispiel eine Fahrt durch die verlassenen Wälder in einem wilden Fahrzeug wie einem Pferdeschlitten, mit dem Schnee über uns und unter uns, in dem guten Glauben, daß wir eine höchst vergnügliche Fahrt durch diesen düsteren Wald gemacht haben, ferner durch schneebeladene Schierlingslauben und dunkle Schierlingstannen, die uns vor dem kalten Wind abschirmten wie ein guter Pelzumhang.

In einem Bett aus Heu ruhten wir aus, mit Büffel- und Bärenfellen zugedeckt oder mit guten wollenen Bettdecken, und in schottisches Plaid eingehüllt mit wattierten Kapuzen waren wir nicht um ein bißchen weniger glücklich, als wenn wir in einer bequemen Kutsche dahergefahren wären, von herrlichen Pferden gezogen anstatt dem primitivsten aller Fahrzeuge und den ungeschicktesten und schwerfälligsten aller Rösser. Bei Nacht wanderten unsere Lampen, die blassen Sterne und der Mond in der Klarheit des frostigen Himmels und warfen wunderliche Schatten gigantischer Formen über den schneebedeckten Pfad oder wateten durch dunstig dahinziehende oder silbrig gesäumte Wolken.

Eine auf den Futtergründen in unserem See wunderbar fettgewordene Gans wurde für diese Gelegenheit erlegt: Truthähne wurden nur auf alten Freiland Farmen in jenen Tagen angetroffen und Rind wurde bei den Hinterwäldlern nur selten gesehen. Das war vor 16 Jahren, und große Veränderungen fanden seit damals in der Situation aller Volksschichten in der Provinz statt; jetzt gibt es Luxuseinrichtungen, wo vorher das Notwendigste fehlte. Jedoch gab es keinen Mangel an Weihnachtsstimmung angesichts eines ›plum pudding‹, an dem sich unsere Kleinen ausgiebig satt aßen. Für sie war es ein großer Tag, denn unser Bursche Martin hatte ihnen einen kleinen Schlitten angefertigt, und es gab eine großartige Schneeverwehung an dem Gartenzaun, die hartgefroren, glatt und glänzend war – rauf und runter glitten und rollten James und Kate diesen gefrorenen Haufen mit ihrem Spielzeug. Es war ein Weihnachtsvergnügen, solch fröhliche Gesichter, übermütig vor Freude und aufgeheitert durch die frische Luft, durch die vereisten Fensterscheiben zu beobachten.

ANNA JÜRGEN (MÜLLER-TANNEWITZ)

Im Langen Monat

»Mein Sohn meint das Neujahrsfest. Ja, das feiern wir auch, im Langen Monat, wenn das Siebengestirn genau über dem Rauchloch steht. Dann laden die Onkel zum Versammlungshaus, und wir tanzen den Federtanz zu Ehren des großen Geistes Owaniyo. Wir danken ihm, daß wir noch leben, daß wir das neue Jahr sehen und daß Mais, Kürbis und Bohne wieder wachsen werden.«

»Was sind denn das für Onkel, die ins Versammlungshaus einladen?«

Es sind natürlich keine richtigen Onkel; sie heißen nur so, wenn sie mit ihren langen Stäben im Dorf herumziehen.«

»Schenken sie euch etwas? Bei uns bekommen die Kinder immer etwas geschenkt.«

»Hier auch, allerdings nicht von den Onkeln. Die Kinder laufen verkleidet als Bettler von Haus zu Haus und bitten um Ahornzucker, Nüsse und Kuchen.«

»Wird denn bei eurem Neujahr auch gesungen? Das Singen ist doch fast das Schönste.«

»Da hast du recht. Ohne die Lieder gibt es kein richtiges Neujahr. Zuerst singen die Vorsänger, und dann stimmen die anderen in den Dank an Owaniyo mit ein. Weißt du, Neujahr feiern wir eigentlich, weil Oterongtongnia wiedergeboren wird.«

»Wer ist denn das? Den Namen habe ich noch nie gehört.«

»Das glaube ich. Die weißen Leute wissen von Awenhai nichts.«

Die Augen des Jungen ruhten fragend auf der Mutter, die so wunderliche Dinge redete. Durch das Rundloch im Dach sah ein frostiger Winterhimmel herein, aber jetzt verschwand er hinter einer Rauchwolke, den ein großes Reisigbündel emporsandte. Rote Flämmchen hüpften auf, kletterten von Zweig zu Zweig und vereinigten sich schließlich zu einem prasselnden Feuer, das seinen heißen Atem dem grauen, kalten Winter mitten ins Gesicht blies.

Die Mutter goß aus zwei Kürbisflaschen Wasser in den Kessel und hängte ihn über die Flammen. Wohlig dehnte sich der Junge in der Wärme. Mittagsonne setzte sich auf die hohe Schwelle der Kammer und begann einen Zopf Maiskolben zu enthülsen. Während die goldenen Körner unter den kräftigen Händen in den Korb sprangen, fing sie wieder an zu sprechen.

Awenhai ist unsere Urahne. Als sie in unsere Welt kam, hatte sie keine Hütte und kein Feuer, nicht einmal etwas zu essen. Gleich nach ihrer Ankunft gebar sie zwei Kinder, Zwillingsbrüder, aber sie war so arm, daß sie die Kleinen nicht einmal in ein Fell wickeln konnte. Du mußt wissen, es gab damals noch keine Sonne, und die Erde war dunkel und kalt. Da halfen ihr die Tiere, bauten ein kleines Haus, zündeten ein Feuer an und kochten Maisbrei. Einer von den Zwillingen war Oterongtongnia, »Kleines Ahornbäumchen«, der Gute, der die Sonne brachte und die Erde immer wieder grünen läßt. Er wird in jedem Winter von neuem geboren, gerade wenn wir Neujahr feiern.«

Der Junge starrte die Mutter an: Das kannte er doch, davon hatte er schon oft gehört, nur mit anderen Namen. Und in dem dicken Buch der Eltern war auch ein Bild gewesen, auf dem sah man einen armseligen Stall mit dem Kleinen in der Kornkrippe und den Tieren. Eilig fiel er der Mutter in die Rede: »Hatte Awenhai denn nicht ein Packpferd bei sich?«

Mittagsonne lächelte. »Davon weiß ich nichts; ich weiß nur, daß sie mit ihren Kindern ganz arm und verlassen in unsere Welt kam.«

»Kam sie nicht aus einem fremden Land?«

»Nein, sie fiel aus der oberen Welt auf unsere Erde herab. Dort oben steht ein ungeheurer Baum, dessen weiße Blüten ein Licht ausstrahlen, so hell wie die Sonne. Bei diesem Lichterbaum wohnen die Ongwe, die Urwesen, und zu ihnen gehörte auch Awenhai. Eines Tages ließ der Häuptling der Urwesen den Baum entwurzeln und alle seine Leute durch das Loch hindurchsehen. Awenhai beugte sich zu weit vor, bekam auf einmal einen Stoß und fiel auf unsere Erde herunter. Seitdem ist sie bei uns, und solange die Wiesen mit Kräutern grünen und der Wald Blätter trägt, wird ihr Sohn Ahornbäumchen in jedem Jahre von neuem geboren. Das ist der Wille des Schöpfers Owaniyo.

Blauvogel lauschte der leisen Stimme. Die Weihnachtsgeschichte klang hier unter dem langen Dache anders als in der Blockhütte bei Raystown, aber es zog doch wie ein vertrauter Klang, wie ein halber Trost durch das Herz des Jungen. Vielleicht habe ich die Tafel doch nicht umsonst gemalt, dachte er.

Seit diesem Gespräch mit der Mutter liefen die Tage mit eiligen Füßen. Der »Monat des kleinen Frostes« ging vorüber, und der »Wenig lange Monat« kam, dem dann der ersehnte »Lange Monat« folgte. Die Kinder gerieten in Aufregung, sie träumten nur noch von Neujahr und klapperten überall mit ihren Rasseln aus Eichenrinde, die mit Kirschkernen gefüllt waren. Auch Malia und Rehkalb redeten von nichts anderem mehr. Sie quälten die Mutter, ihnen Bettelmasken zu machen, einfache viereckige, blaue und rote Tuchstücke mit Augenschlitzen, und sie gingen immer wieder die Reihe der Verwandten durch, die im vergangenen Jahr am freigebigsten gewesen waren. Malia erzählte ihrem Adoptivbruder, daß der Clan des Vaters die Kinder am reichlichsten beschenken werde. »Ich habe von den Vaterschwestern im Falkenhaus immer am meisten bekommen, das letzte Mal sogar ein Stück Ahornzucker, so groß wie meine Hand. Da gehen wir auch in diesem Jahr zuerst hin.«

Schließlich konnte auch Blauvogel den ersehnten Tag kaum noch erwarten. Ständig lagen die Geschwister der Mutter in den Ohren: »Kommen morgen die Onkel?« Und oft genug mahnte Malia den Bruder: »Halt nur deinen Schnapp gut fest! Es bedeutet Unglück, wenn ein Hund einen Onkel beißt. Solche Hunde werden totgeschlagen, und das ganze Fest verschiebt sich.« –

Der Lange Monat hatte mit krachender Kälte begonnen. Die Feuer brannten jetzt auch die Nacht hindurch; wenn irgend jemand wach wurde, legte er einige Äste nach. Das Rauchloch wurde bis auf einen kleinen Schlitz zugeschoben. Selbst die Jäger blieben zu Hause, weil der treibende Schnee alle Wildspuren verwehte.

Als die Kinder eines Morgens beim Feuer saßen und ihr Maisbrot verzehrten, begann draußen ein kräftiger, lauter Gesang.

»Die Onkel!« rief Malia und sprang auf. Auch Schnapp fuhr in die Höhe und wollte zum Ausgang rennen, aber Blauvogel konnte ihn gerade noch packen und beruhigen.

Der Gesang endete plötzlich, Schläge dröhnten an die Hauswand, dann öffnete sich die Tür, und herein kamen – mit einem eisigen Hauch von Schneeluft und Frost – zwei Männer in langen Büffelfellen. Sie blieben am Feuer stehen. Die flackernden Lichter der Flammen huschten über die gelben Maisblattkränze auf den Köpfen und über die seltsamen roten Zeichen auf den langen

Maisstampfern, die sie in den blaugefrorenen Händen hielten. Mit lauter Stimme brachte der Sprecher seine Einladung vor:

»Meine Nichten, meine Nichten, meine Neffen, meine Neffen! Wir kündigen euch an, daß nach unserer alten Sitte das Neujahr beginnt. Jeder von euch wird gebeten, daran teilzunehmen. Lauscht, lauscht, lauscht! Richtet eure Häuser! Schafft den Abfall fort! Nichts darf die Feier hindern oder hemmen. Das ist der Wille des Großen Geistes Owaniyo.«

Nach dieser Rede stimmten die Onkel einen zweiten Gesang an und wandten sich dem Ausgang zu. Kaum waren die Boten aus der Tür, da riß sich Schnapp los und jagte hinter ihnen her. Blauvogel und Malia ließen ihr Brot fallen und rannten Schnapp nach, aber der Hund war im Nu zur Tür hinaus.

Dem Jungen wollte vor Schreck das Herz stehenbleiben. Wenn er nur keinen Onkel beißt, dachte er in seiner Angst und stürzte ins Freie. Doch Schnapp schien zu wissen, was sich gehörte; er umkreiste die Boten mit fröhlichem Gebell, wälzte sich im Schnee und warf mit Schnauze und Pfoten die weißen Flocken hoch.

Malia schüttelte sich vor Lachen. »Er freut sich ja nur, weil das Neujahr angefangen hat«, rief sie. Blauvogel vergaß seine Angst und lachte mit, denn die Fröhlichkeit Schnapps steckte an. Schließlich wälzten sich alle drei im Schnee, während die Onkel mit ihren langen rotbemalten Stößeln und ihren Maisblattkränzen von Haus zu Haus weiterzogen.

Der frische, klare Morgen, der reingefegte Himmel und die glitzernde Wintersonne trieben den letzten Rest von Heimweh davon: Es war ja auch hier Weihnachten geworden. Atemlos trabte der Junge hinter der Schwester her, zurück zum Schildkrötenhaus, in dessen Tür die

Mutter stand. Mittagsonne lachte, half ihnen den Schnee abklopfen und nahm sie mit zum Feuer.

»Guck mal da zu deiner Schlafbank«, sagte sie und schob Blauvogel in die Koje. Der Junge stand still wie ein Bäumchen und traute seinen Augen nicht. Auf seinem Bärenfell lag ein vollständig neuer Anzug; zwei mit gelben Stachelschweinborsten bestickte Mokassins aus Elchhaut – viel dicker als die durchlässigen und immer nassen hirschledernen Schuhe –, Leggings mit schwarzen Büffelhaaren an den Längsnähten, eine kurze Lederhose, ein Hemd aus rotem Tuch und sogar eine Biberfellmütze ...

Die Kleider wurden gleich angezogen. Sofort nach dem Mittagessen wollten die Kinder des Schildkrötenhauses mit ihren Bettelmasken und Körben aufbrechen, und da durfte Blauvogel keine Zeit mit dem Umziehen vertrödeln. Und sie mußten doch heute eingeweiht werden, die neuen Sachen.

Die köstlichen Biberschwänze aus dem Kessel, die heute von der Mutter verteilt wurden, schmeckten den Geschwistern wie jedes Alltagsessen, denn sie zappelten schon vor Ungeduld und waren mit ihren Gedanken woanders. Kleinbär gab ihnen noch ein paar Kirschkernklappern, und dann zogen sie davon mit ihren Tuchmasken vor dem Gesicht – ein Rudel von vierzehn Kindern, die kleinsten kaum vierjährig und die größten im gleichen Alter wie Malia, Blauvogel und Rehkalb.

Zuerst ging es natürlich ins Nachbarhaus mit dem Falken. Eine Weile standen sie vor der Tür, klappernd und singend: »Ye ho, ye ho, ho ye.« Dann traten sie ein und riefen: »Wir begrüßen unsere Tanten und Onkel zum Neujahr!«

Die Hausmütter kamen zum Eingang, und aus allen Kojen blickten freundliche Gesichter. »Da sind ja unsere Kinder«, sagten die beiden Tanten, als sie Malia und

Blauvogel sahen, und legten eine besonders große Handvoll Bärennüsse in die Körbe der Geschwister. Die guten Tanten hatten Nichte und Neffen trotz der Tuchmasken sofort erkannt; es waren ja auch die Vaterschwestern, und das bedeutete viel mehr als die Mutterschwestern, denn die Clans der Väter gaben den Bettelkindern am meisten.

Fröhlich tanzten die Beschenkten einmal ums Feuer. Dann liefen sie zum nächsten Haus, den frostklaren Tag mit dem Lärm ihrer Stimme erfüllend. Die Bäume warfen tiefblaue Schatten auf den Schnee, ab und zu durchbrach das »krah, krah« der Krähen die Stille, und von ferne hallte das Geschrei anderer Bettelmasken, die im Dorf herumzogen.

Die Sonne stand schon tief, als die Schildkrötenkinder plötzlich auf die Jungen und Mädchen des Nachbarhauses mit dem Falken stießen, die ebenfalls unterwegs waren. »Die jüngeren Vettern!« schrie Malia. Die Gegenseite blieb die Antwort nicht schuldig: »Ihr Drecknacken! Ihr Schmutzhälse!«

»Ihr Krummschnäbel! Ihr Federbälge!« kam es zurück.

Blauvogel wußte später gar nicht, wie alles so schnell gekommen war. Ehe er sich besinnen konnte, fand er sich mitten in einer Prügelei. Er sah noch, wie Rehkalb einen Falkenjungen vor die Brust stieß, dann fühlte er, wie ihm der Korb entrissen wurde – und nun stürzte er sich ins Getümmel. Er prallte mit einem Mädchen zusammen und fiel dabei in den Schnee. Eine Masse kleiner Füße trat auf ihm herum; zum Glück aber nur weiche Mokassins. Endlich kam er wieder hoch, aber nun war er erst recht in Wut.

Auch die anderen kämpften wie besessen, sogar die Vierjährigen. Sie standen zwischen den Beinen der Großen und schlugen mit ihren Klappern aufeinander los. Selbst die Mädchen kratzten und bissen wie Wildkatzen.

Endlich räumten die Falken das Schlachtfeld, liefen davon und schrien aus sicherer Entfernung ihre Schimpfworte. Die Schildkrötenkinder sahen sich an. Sie standen atemlos, mit dunkelroten Gesichtern. Blauvogel hielt seinen Korb wieder in der Hand. Woher der verlorene Schatz auf einmal kam, wußte er nicht. Schleunigst sammelten die Sieger auf, was die feindlichen Nachbarn verloren hatten: Maiskuchen, Trockenpflaumen, Nüsse, Zuckerstücke.

Aufgeregt redeten alle durcheinander, doch da bemerkte Blauvogel auf einmal etwas Gräßliches: Der rechte Ärmel seines neuen Hemdes war von oben bis unten aufgerissen, und an der Biberfellmütze klaffte eine ganze Naht. Er wußte vor Schreck nicht, was er sagen sollte. Ratlos blickte er Malia an; über die Stirn der Schwester zog sich ein breiter Kratzer, doch ihre Kleider waren heil geblieben. Rehkalb hatte einen Dreiangel in seinem rechten Legging, aber das bedeutete nicht viel, weil es sich um alte, abgenutzte Sachen handelte.

Verzweifelt fingerte Blauvogel an seinem Hemd und an der Mütze herum, als könnte er die Risse zudrücken. Er hörte nur halb hin, als Malia ihn tröstete: »Das ist nicht so schlimm.«

Wenn er jetzt in Raystown wäre, dann bekäme er eine gehörige Tracht Prügel, und der Junge hatte das Gefühl, als ob er Schläge verdient hätte. Was würde die Mutter sagen, wenn sie die neuen Kleider in diesem Zustand wiedersah? Ob Kleinbär zum Stock griff? Wortlos und bedrückt trabte er hinter den anderen her und schob sich als letzter ins Schildkrötenhaus.

Aber es kam alles anders. Der Häuptling schmunzelte.

»Na, ihr seid wohl den jüngeren Vettern begegnet?«

Er nahm sogar Malia auf die Knie, was er sonst nicht tat. Strahlende Mittagsonne lachte herzlich. »Da sieht man doch: Der Stoff vom weißen Händler hält nicht einmal eine Balgerei aus. Sei nicht traurig. Den Riß nähe ich zu, und bei der nächsten Gelegenheit bekommst du ein ledernes Hemd.«

Blauvogel blickte ungläubig von einem zum anderen. Er wußte noch nicht, daß diese Balgereien zwischen den Vetternclans zum Neujahr gehörten, daß jede irokesische Mutter am ersten Festtag Risse und Löcher erwartete und daß Mittagsonne ihm die Freude an den Geschenken nicht hatte trüben wollen und ihn deswegen in den neuen Sachen herumlaufen ließ. Aber wenn er davon auch nichts wußte, so fühlte er doch die Liebe seiner indianischen Eltern und setzte sich erleichtert auf seine Matte. Selten hatte ihm etwas so gut geschmeckt wie die Bärennüsse, die er am ersten Neujahrstag am Feuer des Schildkrötenhauses aufklopfte.

Am nächsten Morgen kamen die Onkel wieder und rührten mit ihren Stäben die Asche der Kochstelle um. Die Mutter hatte wie alle anderen Frauen im Hause das Feuer ausgehen lassen, und von den toten Ascheresten bliesen die Onkel etwas auf die Köpfe der Kinder. »Damit ihr gesund bleibt und ebenso wachst wie Ahornbäumchen«, sagten sie dazu.

Danach zündete man ein neues Feuer an, aber nicht mit Stahl, Stein und Zunder, sondern mit einem altertümlichen Gerät, das der Vater vom Boden herunterholte. Es bestand aus einem dicken Kiefernholzbrett mit vielen kleinen Vertiefungen und einem angespitzten Eichenholzstab.

Seit die Flammen ihre goldenen Zungen nicht mehr emporstreckten und nur ein kaltblaues Licht durch die Rauchlöcher schimmerte, herrschte auf dem Korridor eine frostige Dämmerung. Trotz des Halbdunkels erkannte Blauvogel, wie der Vater den runden Stab in eine

Vertiefung des Brettes setzte und zwischen den Händen unbegreiflich schnell drehte. Ein Rauchfaden, mehr zu riechen als zu sehen, stieg empor und wurde stärker. Plötzlich sprangen Funken aus dem Bohrloch, erst wenige, dann ein ganzer Regen von goldenen Pünktchen.

Die Mutter drückte einen Busch trockenen Mooses gegen das Brett; es knisterte leise, dann plötzlich leuchtete es auf. Eilig fuhr die Feuerzunge unter den neu aufgesetzten Brandstoß, leckte zwischen den Rindenstücken und Spänen umher und verwandelte sich dann in eine große, gelbe Flamme. Eine Weile standen alle andächtig um das Feuer herum. »Neues Leben – neues Licht«, sagte der Vater feierlich.

Wärme sprühte in den Gang und in die kalten Kammern. Feurige Kringel tanzten unter dem rauchgeschwärzten Dache und ließen die goldenen Maisbüschel an den Bodenstangen aufleuchten. Leises Summen und Singen durchzog das Haus, eine Vorahnung kommender Freude.

Eifrig halfen die Kinder. Jede Mutter hängte heute wenigstens zwei Kessel an die Querstange, denn außer zartem Bären- oder Hirschfleisch gab es noch Falschgesichtpudding aus Maismehl, Ahornzucker und Sonnenblumenöl. Der wurde nur an Festtagen gekocht, wenn die Falschgesichter, die heiligen Masken, durch die Häuser zogen. Und in dieser Nacht sollten sie ja kommen! Jede Hausfrau setzte ihre Ehre darein, den Maskentänzern eine möglichst große Schüssel des Festpuddings mitzugeben.

Doch ein Teil wurde vorher schon gegessen. Wenn Malia recht hatte, schmeckte er besser als Nüsse mit Zuker und Bärenfett. Die Schwester behielt wirklich recht, und wenn es nach Blauvogel gegangen wäre, hätten die Falschgesichter gar nichts bekommen ...

Gegen Abend wurde Blauvogel müde und kroch auf sein Bärenfell. Eine Weile lauschte er den Gesprächen, die vom Feuer herüberklangen, und verfolgte die Schatten, die an den Wänden der traulichen Koje hin- und herwanderten. Dann schlief er ein.

Eine Serie von knatternden Flintenschüssen weckte ihn, laute Schläge an die Wände des Hauses und tobender Lärm vieler Stimmen. Durch die aufgerissene Tür fuhr ein eisigkalter Windstoß herein und mit ihm eine Reihe Maskenträger. Wunderlich geschnitzte und grell bemalte Holzgesichter grinsten mit schiefen Mündern und blekkenden Zähnen in die Stuben. Die Masken tanzten und jauchzten auf dem Korridor, bliesen Asche auf die Schildkrötenleute, wünschten ihnen eine reiche Ernte im kommenden Jahr und rannten zur anderen Tür hinaus. Die Puddingschüsseln waren mit ihnen verschwunden.

Aufgeregt hatten die Kinder auf diesen Besuch gewartet. Man mußte den Falschgesichtern irgend etwas fortnehmen – das brachte Glück. Jeder Junge und jedes Mädchen hielt einen scharfen Rohrsplitter in der Hand und lauerte auf eine Gelegenheit. Blauvogel erschrak zuerst, als die hölzernen Fratzen aus dem Dunkel des Korridors auftauchten, aber im letzten Augenblick erwischte er doch noch eines der Maisseile, die als Haar von den Köpfen der seltsamen Gestalten herabhingen, und schnitt eine Spanne davon ab. Rehkalb erbeutete einen halben Gürtel, Malia einen Deckenfetzen, sogar Schneevogel hielt ein wenig Maisstroh in seinen Fäustchen und lächelte zufrieden.

Tante Rotauge geriet außer sich vor Freude und herzte ihren Kleinen. »Woher hat denn mein Baba das Strohchen?« fragte sie immer wieder, bis der Vater bemerkte: »Wir müssen ins Bett, sonst schlafen wir morgen beim Federtanz ein.« Tante Rotauge brach mitten in ihrem Jauchzen ab, raffte Schneevogel an sich und verschwand mit einem fast demütigen Gutenachtgruß.

Die Kinder steckten ihre Glückszeichen unter das Bankfell, krochen auf ihr Lager und schliefen im Nu ein. Blauvogel träumte zuerst wildes, verworrenes Zeug. Dann fand er sich auf einmal unter tausend Füßen, die auf ihm herumtraten, lauter kleine, weiche Mokassins. Endlich konnte er sich aufraffen. Alle seine Spielkameraden sprangen um ihn herum und schrien: »Blauvogel ist unser Vetter! Blauvogel ist unser Vetter!«

Schlaftrunken fuhr der Junge hoch; es rief wirklich jemand. Malia weckte ihn. Heute ging es in aller Frühe zum Versammlungshaus, zum großen Federtanz. In diesem Hause besprachen nicht nur die Häuptlinge ihre Pläne, dort feierte auch das Dorf seine Feste, wenn das Wetter zu kalt war.

Der Schnee knirschte unter den Füßen, als die Schildkrötenleute aus der Tür traten. Vom Versammlungshaus her leuchteten dunkelrot zwei mächtige Feuer durch den Eisnebel und zauberten etwas wie Wärme und Gemütlichkeit in den kalten Wintermorgen. Stimmen erklangen, Jauchzen, Kindergeschrei und Hundegebell. Über den Feuern brodelte in riesigen Kesseln das gemeinsame

Essen, von dem nachher jeder Clan seinen Anteil mitnahm.

Blauvogel trat an der Hand der Mutter durch die Osttür in das Versammlungshaus, dessen Innenraum sich ohne jede Zwischenwand wie ein Saal dehnte. Die Glut der Holzblöcke, die in der Mitte brannten, durchwärmte auch den letzten Winkel.

Langsam ordnete sich die Menge auf den Bänken an den Wänden. Sänger mit ihren Schildkrötenrasseln saßen in der Mitte am Feuer. Es herrschte vollkommene Ruhe; niemand sprach ein Wort.

Nun erhob sich der Häuptling und stellte sich neben den brennenden Holzstoß. »Meine Freunde, wir sind hier, um den Großen Geist Owaniyo zu verehren. Nach unserer Sitte geben wir ihm den Federtanz. Das muß vor Mittag geschehen, denn Owaniyo sieht alles am Morgen; nachher ruht er. Er schenkt uns Erde und Früchte, davon zu leben, und so wollen wir ihm danken.«

Jetzt kündigten draußen einige Schüsse das Nahen der Tänzer an. Eine Abteilung von dreißig ausgewählten jungen Männern betrat durch die Westtür das Haus, alle in höchstem Feststaat mit Federmützchen auf dem Kopf und Glöckchen an den Gürteln. Gleich als zweiten der langen Reihe erkannte Blauvogel den Bruder Rehkalbs, Schwarzfuß.

Einen Augenblick standen die Tänzer still, dann setzten die Rasseln mit dumpfen Takt ein, und die Reihe der jungen Männer umkreiste mit langsamem Schritt das Feuer. Dazu sangen die Sänger die erste Strophe des Dankes.

Wir, die wir hier versammelt sind,
danken dem großen Geist,
daß wir leben, um ihn zu preisen.

Sogleich mit dem Ende der Strophe fielen die Tänzer in schnellen Schritt, die Füße wurden höher gehoben und die Hacken mit dem Takt der Rasseln leicht und anmutig aufgestoßen. Eine sanfte, wellenförmige Bewegung schwang sich durch den Ring der Tanzenden, Fröhlichkeit und Freude strahlte von ihnen aus.

Nach zwei schnellen Runden begann wieder der Dankgesang der Sänger, und die Tänzer verfielen wieder in ihren langsamen Schritt. So wechselten Dank und Schnelltanz in unendlicher Folge. Unermüdlich brauste der Gesang, und ebenso unermüdlich umkreiste die lange Reihe das Feuer. Die Glöckchen klingelten, die Tänzer stießen ein taktmäßiges »Haho« aus, die Zuschauer feuerten die Männer immer wieder an, und helle Begeisterung erfaßte die Menge.

Bei der letzten Runde bat der Häuptling die Anwesenden, sich anzuschließen und ebenfalls dem Großen Geiste im Tanze zu danken ...

Sarah Orne Jewett

Der Neujahrsbesuch

Die alte Cynthia Dallett saß in ihrem hochlehnigen Schaukelstuhl am Nordfenster. Es war ihr Lieblingsplatz.

»Schon wieder ein Neujahrstag!« sagte sie laut. »Schon wieder ein Neujahrstag!« Sie faltete ihre alten, verkrümmten Hände und blickte über das weite, waldige Land und die Berge, ohne sie richtig zu sehen, denn sie war tief in Gedanken versunken. »Wie alt ich schon bin«, sagte sie nach einer kleinen Weile.

In dem kleinen grauen Haus herrschte lautlose Stille. Draußen im Obstgarten flatterten ein paar Häher durch die kahlen Zweige und zeterten laut, wie Schuljungen, die sich raufen. In der Küche hing der blasse Wintersonnenschein. Die äußere Tür stand offen, und ein kleiner dicker Hund lag auf der Schwelle und schlief. Hinter Mrs. Dalletts Stuhl stand ein hohes Spind und hielt die Zugluft ab. Die Türen und Schubfächer waren hellgrau gestrichen, aber rings um die Knöpfe und Griffe hatte sich unter der Berührung von Händen die Farbe abgeschabt. Die geflochtenen Matten lagen schön gerade auf dem Fußboden, und die Uhr auf ihrem Regal zwischen den beiden Vorderfenstern sah aus, als hätte Mrs. Dallett ihr das Zifferblatt gewaschen und sie für ein ganzes, langes Jahr aufgezogen. Wenn die alte Frau den Kopf ein wenig herumdrehte, konnte sie in ihre Schlafkammer blicken, wo über dem aufgeplusterten Federbett eine schwere blaue Wintersteppdecke lag. Alles war sehr friedlich und behaglich, aber es war sehr einsam. Neben sich auf dem Lampentischchen hatte sie das Kirchenblatt und die Brille, die mit ihren zusammengelegten silbernen Bügeln einem auf dem Rücken gefallenen Käfer glich, der seine Beine hilflos in die Luft streckte.

»Schon wieder ein Neujahrstag!« sagte die alte Cynthia. Die Zeit hatte niemanden in ihrem Haus übriggelassen, der ihr ein glückliches Neujahr hätte wünschen können – sie war die letzte in dem alten Nest. »Wie alt ich schon bin!« seufzte sie zum zweiten Mal. Es war so, als bliebe ihr sonst nichts zu sagen.

Sie wandte den Blick nur selten von der freundlichen Uhr ab, doch der Vormittag war kaum zur Hälfte verstrichen, und es bestand kein Grund, sich vom Fleck zu rühren. Es war die lange Stunde zwischen der beendeten Morgenarbeit und dem Zeitpunkt, wenn sie das Mittagessen vorzubereiten anfing. Sie war so steif und lahm, daß diese Ruhestunde ihr meistens sehr willkommen war,

aber heute saß sie da, als wäre es ein Sonntag, und griff nicht nach dem alten Spankorb neben ihrem Fußschemel, in dem sie Stoffstreifen zum Flechten von Matten aufbewahrte.

»Hoffentlich entschließt sich Abby und macht mir heut nachmittag einen kleinen Besuch«, sinnierte sie weiter. »'s ist zwar nicht mehr so einfach für sie, mitten im Winter den Berg hinaufzusteigen, aber ich hab' wirklich

Sehnsucht, eine Verwandte um mich zu sehen. Hätt' ich doch nur daran gedacht und ihr eine Nachricht geschickt, daß ich sie erwarte! Jabez Hooper hätt's ihr bestellen können, nachdem er mir das Mehl gebracht hatte und wieder bergab fuhr. Sie hätte sich auf einen oder zwei Tage einrichten können!«

Eine kleine Meise flog aufs Fensterbrett und reckte den Kopf, um ins Haus zu blicken; dann pickte sie ungeduldig gegen die Fensterscheibe. Die alte Frau lachte vor kindlicher Freude über die reizende Gesellschaft. Es war so gut, etwas Lebendiges zu sehen, und wenn's auch nur ein keck auf die Seite gelegtes Vogelköpfchen war.

»Sie zeigt mir Besuch an«, sagte die alte Frau, als sie den Vogel plötzlich davonschwirren sah. »Ich muß ihnen ein paar Brösel streuen. Sie finden nichts mehr auf dem gefrorenen Boden!« Sie blickte jetzt mit aufmerksamen Augen an den Bäumen ihres kleinen Obstgartens vorbei und folgte den langen Waldhängen, die zum Tiefland hinunterführten. Sie sah auch die beiden weißen Kirchtürme von Fairfield und die Felder und Weideflächen, die im Tal dahinter wie eine Landkarte hingebreitet lagen, und die hohen Berge im Westen. Die vereinzelten Häuser sahen wie Holzspielzeug aus, das Kinder liegengelassen hatten. Sie kannte die Lichter, die des Nachts aus ihren Fenstern fielen, und beobachtete den Rauch, der tagsüber aus den Schornsteinen aufstieg. Weit in der Ferne, mehr nach Norden zu, ragten noch höhere Berge auf, deren Gipfel schon schneebedeckt waren. Der Winter kündigte sich bereits an, doch heute wehte der Wind von Süden her, und der Schnee schien nur ein Teil des großartigen Bildes zu sein.

»Ich wünschte bloß, daß es nicht so rasch kalt wird!« dachte Mrs. Dallett. »Ich weiß nicht, was ich bei tiefem Schnee machen soll!«

Der kleine Hund erwachte plötzlich, als hätte er schlecht geträumt, und nachdem er ein paarmal gewinselt hatte, begann er empört zu bellen. Seine Herrin versuchte ihm gut zuzureden, wie sie es immer tat.

»'s ist niemand, Tiger«, sagte sie. »Kannst du nicht brav sein? Vielleicht sind's bloß ein paar dumme Burschen, die mit ihrem Gewehr unterwegs sind.« Aber Tiger ließ sich nicht beruhigen, sondern bemühte sich sogar, auf seinen krummen Beinen zum Tor zu wackeln, und dabei dauernd zu kläffen. Er kehrte zurück, blickte sie warnend an und lief wieder fort. Sie sah, wie er durch's Tor sauste, als habe er etwas ungewöhnlich Interessantes erspäht.

»Wahrscheinlich kommt jemand. So stellt er sich nicht bei jedem Geräusch an. 's muß wirklich jemand den Weg heraufkommen!« Und Mrs. Dallett strich sich die Schürze glatt. Aber Staatsbesuche, wie der Pfarrer oder der Diakon, kamen nie am Vormittag. Auf dem Lande haben die Leute meistens zuviel zu tun, um am Morgen schon Besuche zu machen.

Wo der Weg aus dem Wald auftauchte, erschienen zwei Gestalten, und Mrs. Dallett starrte sie sehr überrascht an. Dann erkannte sie in der kleineren, mageren ihre Nichte Abby, und die größere, kräftige mußte Mrs. Hand sein. Ihr Herz klopfte vor Freude schneller. Als die Gäste näherkamen, sahen sie das blasse Gesicht mit dem feinen weißen Haar unter dem schwarzseidenen Tuch.

»Da sitzt sie am Fenster und lacht!« rief Mrs. Hand. Doch bis sie beide an der Haustür anlangten, stand Tante Cynthia schon auf der Schwelle, um sie zu begrüßen.

»Ach, wie lieb von euch!« rief sie strahlend. »Solche Freude habe ich lange nicht gehabt! Lieber Besuch! Ich hatte den ganzen Morgen so ein Gefühl von ‹einsam und verlassen›, und ich hab mich nicht mal mehr getraut, auf deinen Besuch zu hoffen, Abby, obwohl das Wetter so schön ist! Bitte tretet ein und nehmt Platz! Sie sind sicher außer Atem, Mrs. Hand, nicht wahr?«

Eifrig und in überquellender Gastfreundschaft führte Mrs. Dallett sie ins Haus. Sie war ein winzig kleines, gebücktes altes Frauchen, aber ihr Kopf flog munter und lebendig hin und her, und ihre Augen leuchteten vor Begeisterung und Glück, doch alles andere an ihr wies auf ihr hohes Alter hin. Sie konnte sich kaum rühren, die arme Seele, als steckte unter ihrem Schultertuch und den vielen Röcken nur ein täuschendes Gerüst, aber kein Körper. Sie setzte sich wieder in ihren Schaukelstuhl, und die Gäste legten im Schlafzimmer ab und kehrten fein und würdevoll in ihren schwarzen Wollkleidern zurück. Endlich war die einsame Küche voller Leben. Sie sprachen so schnell sie nur konnten: über das Wetter, und wie warm es beim Bergaufsteigen gewesen war, und wie kalt es vor einem Jahr war, als ein Schneestrurm Abby Pendexter verhindert hatte, ihren Neujahrsbesuch zu machen. »Und seit dem achtundzwanzigsten September hab' ich dich nicht mehr gesehen, Tantchen, aber ich habe sehr oft an dich gedacht und mich noch mehr als sonst auf den Neujahrstag gefreut«, schloß sie und blickte das frohe alte Gesicht am Fenster zärtlich an.

»Ich wollte dich so gern sehen, Abby«, sagte Tante Cynthy, »und dich fragen, wie's bei dir steht. Und daß sie heute auch noch gekommen sind, Mrs. Hand, ist sehr aufmerksam«, fuhr sie fort, »und ehrt mich! Man muß alles nehmen, wie es kommt: mir wäre es schrecklich, an einem andern Ort als in den Bergen zu leben, weil ich auf einer Bergfarm geboren und aufgewachsen bin. Aber man hat hier keine Nachbarn, und in letzter Zeit hab' ich oft einsame Stunden, viel häufiger als früher in meiner Jugend. Wer weiß, vielleicht werde ich doch bald zu alt, um noch länger allein zu leben.« Und sie warf ihrer

Nichte einen erwartungsvollen Blick zu, und Abby lächelte.

»Ich wünsch' mir so oft, ich könnte jeden Tag zu dir kommen und nach dir sehen, Tantchen«, entgegnete sie. »Ich hab's schon zu Mrs. Hand gesagt.« »Ach ja, jeder freut sich über Gesellschaft, wenn er oft allein ist«, rief Tante Cynthia. »Ich bin heute den ganzen Tag ohne Hilfe. Heute ist irgendwo hinter dem Berg ein Wettschießen, und Johnny Foss, der mir sonst hilft, bat mich früh am Morgen, als er die Milch brachte, ob er nicht Urlaub haben könnte. Sonst ist er den ganzen Vormittag hier zugange. Aber weil er nicht oft mit den anderen Burschen loszieht, gönn' ich ihm das Vergnügen, und außerdem ist's ja Neujahrstag.«

»O ja, ich wünsch' dir ein gutes, glückliches neues Jahr, Tantchen!« sagte Abby und sprang munter auf. »Deshalb sind wir doch hergekommen, und beinah hätten wir's vergessen!« Sie gab ihrer Tante einen Kuß und drückte ihr liebevoll die Hand. Mrs. Hand erhob sich und gab der alten Frau ebenfalls einen Kuß, und alle drei waren bewegt und ernst gestimmt.

»Ich begehe den Tag gern feierlich«, sagte die alte Frau, als sie sich wieder gesetzt und ihre Stühle ein wenig näher gerückt hatten. »Wir wurden dazu erzogen und mein Vater sah sehr darauf. Er hat immer gesagt, man muß dem neuen Jahr gut auf den Weg helfen. Ich seh' ihn jetzt noch vor mir, wie er dort vor dem Kamin stand, wenn wir früh am Morgen aus den Schlafkammern kamen, und so arm er war, er gab jedem von uns ein kleines Geschenk und legte sie alle auf den Kaminsims, und wir standen aufgereiht vor ihm, und Mutter huschte umher und machte das Frühstück zurecht. Einmal schenkte er mir ein schönes Buch: Das Leben des General Lafayette, es war in grünes Leder gebunden – ich hab's noch, aber wir Kinder haben's so oft gelesen, daß fast nichts davon übriggeblieben ist –, und ein andermal bekam ich ein blaues Haarband, und Abby – das war deine Mutter, Abby – bekam ein rotes! Vater war so gut zu uns Kindern! An die alten Zeiten mußt' ich denken, als ich heute früh aufwachte, und unwillkürlich mußt' ich zum Kaminsims schauen – genau wie früher!«

»Ja, 's ist was Herrliches, wenn man auf eine frohe Kindheit zurückblicken kann«, sagte Mrs. Hand. Manchmal denke ich, die Kinder haben's heutzutage zu schwer: all die Verantwortung, die sie jetzt schließlich haben, wo sie alles selber machen und besser wissen. In den alten Zeiten, als Vater und Mutter noch regierten, waren sie glücklicher dran!« schloß sie.

»Die Leute erzählen mir immer, die Welt hat sich verändert«, meinte Tante Cynthia, »aber ich merke hier oben nichts davon: ich lebe in meiner alten Welt.«

Abby nahm nicht an dem Gespräch teil. Sie hatte die Hände im Schoß gefaltet und saß wie ein braves Kind da. Der kleine Hund war mit ihnen ins Haus gekommen und lag ihr jetzt schlafend zu Füßen. Im Sonnenschein, der schräg durchs Fenster fiel, wirkte ihr schwarzes Kleid alt und abgetragen, und die scharfen Augen ihrer Tante sahen es; auch die feinen Stopfen überall. Abby sah aus, als wäre ein Frost über sie hinweggegangen, dachte die Tante mitleidig. »Sie ist gealtert. Sicher fehlt's ihr an Gesellschaft – sie ist ein Menschenkind, das nicht allein leben sollte.«

Abby blickte unwillkürlich auf und fragte: »Tantchen, du mußt mir alles geben, was ich dir stopfen und flicken kann, solange ich hier bin. Wir wollen nämlich den lieben langen Tag bei dir bleiben, wenn's dir recht ist!«

»Danke schön«, erwiderte die alte Frau. »Ja, ich möchte gern, daß du mir etwas nähst, aber das hat Zeit, du sollst dir nicht den schönen Festtag damit verderben!«

Ihr Gesicht nahm einen entschlossenen Ausdruck an. »Ich will's in Zukunft anders machen. Du sollst nicht gleich am Neujahrstag heraufkommen und dich gleich zum Nähen hinsetzen! Ich kann mir meine Haken und Ösen auch allein annähen. Johnny Foss kann mir die Nadeln einfädeln, gleich einen ganzen Vorrat, das ist eine große Hilfe. Abby könntest du nicht in die Stube gehn und den Schaukelstuhl holen? Ich möchte ihn gern Mrs. Hand anbieten.«

Als die Nichte zurückkehrte, sagte sie: »Ich hab' das Fenster aufgemacht, damit ein bißchen Sonne hereinkommt. Es war so kühl und dumpf.«

»Ich hatte auch schon daran gedacht, kurz bevor ihr kamt«, erwiderte Mrs. Dallett zufrieden. Früher hätte sie sich sehr geärgert, wenn jemand sich eine solche Freiheit herausgenommen hätte. »Es ist angenehm, wenn jemand an so etwas denkt und umsichtig ist!«

»Das würdest du sicher auch tun, wenn du unten bei mir wärst«, antwortete Abby und wurde rot. »Tante Cynthy, du bist wohl noch nicht der Ansicht, daß es besser wäre, wenn du nach unten kämst und den Winter in meinem Haus verlebtest – ich meine, nur während der kältesten Zeit? Du könntest mehr Leute sehen, und – ich sorge mich immer so um dich – in den langen Winternächten.«

Eine furchtbare Stille entstand, und Miss Pendexter fühlte, wie schnell ihr Herz hämmerte. Sie wagte gar nicht ihre Tante anzublicken.

Dann wurde das Schweigen gebrochen. Tante Cynthia hatte lange aus dem Fenster geblickt, und als sie sich ihnen jetzt wieder zuwandte, sah sie blasser und auch älter als vorher aus. Ihr Lächeln war traurig.

»Ich muß wohl tun, was du sagst, mein Kindchen«, antwortete sie. »Das Alter hat mich endlich erwischt. Ich hab' stets nach meinem Kopf gelebt – kommenden März sind's fünfundachzig Jahre –, doch letzten Winter in den Sturmnächten hab' ich immer wachgelegen und mir Sorgen gemacht. Ich denke nicht mehr so wie früher übers Alleinleben.« Plötzlich glitt ein Leuchten über ihr Gesicht. »Du wärst wohl nicht bereit, zu mir zu ziehen und bis zum Frühling bei mir zu wohnen? Die Familie Foss könnte dich an jedem schönen Sonntag zur Kirche mitnehmen und dich auch sonst öfters nach unten fahren!« schlug sie schmeichelnd vor. »Nein, Abby, ich bin zu alt, um noch verpflanzt zu werden. Ich bekäme Heimweh da unten im Dorf! Wenn du aber bei mir bleiben willst, soll dir gehören, was ich habe! Mrs. Hand ist meine Zeugin!«

»Oh, denke doch nicht an so was! Du bist alles, was ich an Verwandten in dieser Welt habe, und ich komme gern«, erwiderte Abby, obwohl der Gedanke an ihr Häuschen sich ihr schwer aufs Herz legte. »Doch, Tante Cynthy, ich komme, und dann machen wir's uns recht gemütlich zusammen! Ich bin manchmal so einsam gewesen ...«

»Es ist für beide Teile das Beste!« entschied Mrs. Hand. Und damit war die wichtige Frage geregelt, und ohne große Aufregung war es bereits eine abgemachte Sache.

»Jetzt müssen wir aber ans Mittagessen denken!« rief Tante Cynthy fröhlich. »Hätt' ich doch besser vorgesorgt! Ich habe nur frische Eier und Speck und Kartoffeln!« In dem Augenblick wurden die Fleischpasteten und das Brathuhn hervorgeholt und überreicht, und noch ehe eine Stunde vergangen war, saßen sie vor dem gedeckten Tisch, und Mrs. Dallett erklärte, daß selbst die Königin keine reichere Neujahrstafel haben könne.

Die Sonne sank schon, als die Gäste sich erhoben, und bevor sie sich trennten, rief Tante Cynthia ihre Nichte auf die Seite und ergriff ihre Hand.

»Laß mich nicht mehr zu lange warten, Abby«, bat sie. »Ich werde jetzt die Tage zählen, bis du kommst, aber wenn du dann da bist, denk' immer dran, was ich für ein eigensinniges altes Weib bin!«

Kein Mensch konnte so ein gutes Herz wie Abby haben: Sie hatte sich stets danach gesehnt, jemand zu lieben und zu umsorgen. Das Alter und die Hilflosigkeit ihrer Tante erregten ihr tiefstes Mitgefühl. »Heute ist Samstag«, antwortete sie. »Du kannst mich Anfang nächster Woche erwarten. Und hab' vielen Dank, Tantchen!«

Mrs. Hand stand daneben. »So ist's recht!« erklärte sie. »Ihr werdet beide sehr viel glücklicher sein, und vor allem, Mrs. Dallett: Abby ist ein Wildfang und Leichtsinn, darum ist's nur gut, wenn sie ein bißchen auf sie achtgeben! Ich nehm' ja an, daß sie sich brav benehmen wird – aber man kann ja nie wissen!«

Sie lachten alle. Dann verabschiedeten sich die Neujahrsgäste und schlugen den Rückweg ein. Ein paarmal drehten sie sich um und sahen Tante Cynthias Gesicht am Fenster, wie sie ihnen noch bis zuletzt nachblickte. Miss Abby Pendexter war ganz aufgeregt und sah so glücklich wie ein Kind aus.

»Mir ist, als hätten wir die Schlacht von Waterloo gewonnen«, erklärte Mrs. Hand. »Und ich habe mich wunderbar unterhalten! Sie dürfen nicht vergessen, mich recht bald wieder einzuladen, damit wir wieder so einen schönen Tag zusammen verbringen können!«

Der Weihnachtsmann als Autofahrer

Mitten auf der Rockefeller Plaza, mitten in der Stadt New York, steht zu Weihnachten ein großer Christbaum, der über zwanzig Meter hoch ist. Es soll eine Tanne aus Norwegen sein, aber wenn sie dann mit feuerfester Silberbronze bestäubt worden ist, sieht sie eher wie eine riesige Silberpappel aus. Mehrere tausend elektrische Birnen sind darauf angebracht, und das veranlaßt die frisch aus Europa eingetroffenen Fremden zu Spottreden über ein industrialisiertes Weihnachtsfest. Doch ist es die Sitte, in der Weihnachtszeit zu feiern, zu trinken, zu schmausen und guter Dinge zu sein, durchaus heidnischen Ursprungs, und so ist denn Weihnachten in Amerika zu einem lustigen Durcheinander frommer und heidnischer Bräuche geworden. Und der große Christbaum auf der Rockefeller Plaza in der Stadt New York ist ein rechter Mittelpunkt dieses heidnisch-heiligen Festes, denn er vereint aufs großartigste Elektrizität und gotische Spitzturm-Architektur.

Hier vor diesem Baum nahm im vorigen Jahr um diese Zeit ein tolles Erlebnis seinen Anfang, das dem Weihnachtsmann zustieß.

Sein eigentlicher Name ist Zebby Adams. Er wohnt in einem Altersheim. Ich kann leider nicht mit hundertprozentiger Sicherheit behaupten, was Zebby bedeutet. Vielleicht war er Zebedäus getauft worden oder möglicherweise auch Zephanya, doch das wahrscheinlichste ist Zebulon, denn das ist ein biblischer Name, der im Mittelwesten noch sehr gebräuchlich ist und durchaus nicht so aussehende Amerikaner zu Bischöfen aus dem siebzehnten Jahrhundert stempelt.

Zebby Adams zog kurz nach dem Angriff auf Pearl Habour in das Altersheim ein. Er hatte im Ersten Weltkrieg seinen einzigen Sohn verloren, und der Gedanke, daß nun eine neue Generation von Söhnen geopfert werden müsse, bedrückte ihn sehr. Er war ein Bankier in einem Städtchen in Massachusetts gewesen, und der Bankkrach 1929 hatte ihn erledigt. Damals war er schon Witwer und Verwandte hatte er nicht. Er gehörte jener seltenen Sorte von Menschen an, die kein Mitleid wollen und zu stolz sind, um Hilfe zu betteln. Sein Haus war ihm 1930 weggenommen worden, weil er seinen Verpflichtungen nicht mehr nachkommen konnte. Daraufhin hatte er einen Autobus nach New York bestiegen, das mehrere hundert Meilen ostwärts liegt. Dort lebte er zehn Jahre lang inkognito. Er arbeitete da und dort, meistens auf recht bescheidenen Pöstchen. Er wohnte in einem billigen Mietzimmer und sparte jeden Dollar. Da er den Glauben in das Banksystem verloren hatte, bewahrte er seine Ersparnisse in einem Miniatur-Kommödchen aus Mahagoni auf, das er als Kind einmal zu Weihnachten erhalten hatte. Dieses Geld sparte er für den Tag, da ihn das Alter zum ersten Male zwicken würde: entweder in Gestalt einer steifen Hand oder eines lahmen Rükkens, oder was es sonst sein mochte. Er wußte schon ganz genau, was er dann mit seinem Geld tun wollte.

Vor einigen Jahren nun erwachte er und fühlte sich sehr müde. Es war eine Müdigkeit, die ihm gänzlich unbekannt war, und deshalb sagte er sich sofort, daß jetzt der Zeitpunkt gekommen und er ein alter Mann sei. Es war also nun soweit, seinen Plan in die Tat umzusetzen.

Er holte sich das Kommödchen und öffnete die verschiedenen Schubfächer, in die er Banknoten verschiedenster Farbe und Höhe hineingestopft hatte. Er zog sie heraus und glättete sie, und dann fing er an zu zählen und kam auf vierhundert Dollars. Die steckte er in seine Tasche und ging zum Altersheim. Er überreichte dem Sekretär das Geld und sagte, es sei ein Beitrag. Er könne nicht länger seine Zimmermiete bezahlen und bäte um Aufnahme. Als er nach Empfehlungsbriefen gefragt wurde, zog er eine zerknitterte Mitgliedskarte eines Klubs hervor, und darauf stand Zebulon Adams, Bankier. Der Sekretär des Heims hielt es für einen üblen Scherz. Doch nach ein paar Tagen taktvoller Telefongespräche mit einigen höchst erstaunten Bürgern des Städtchens in Massachusetts nahmen sie ihn dann doch auf. Und er lebt noch heutigen Tages dort.

Nun hatte Zebby, ein stiller, blauäugiger Mann mit feinen Händen und zartem Körperbau, seit jeher einen heimlichen Wunsch gehabt. Er wollte gern einmal Weihnachtsmann sein. Vor zwei Jahren spielte er also in einer Vorstellung im Altersheim den Weihnachtsmann. Die alten Männer und Frauen waren sehr zufrieden mit ihm, obwohl einige schon nicht mehr an den Weihnachtsmann hatten glauben wollen. Zebby selbst aber war nicht zufrieden. Er war nämlich jetzt erst richtig auf den Geschmack gekommen. Er wollte mehr.

Eines Oktoberabends las er dann in der Zeitung von einer Schule am Hudson, die Weihnachtsmänner ausbildete. In einem zweiwöchigen Kurs wurde jeder unterwiesen, wie er sich als Weihnachtsmann in den großen Warenhäusern zu benehmen habe. »Ein Beruf«, hieß es in der Anzeige, »der leider viel zu lange den Amateuren überlassen blieb.« Zebby Adams in seinem Ehrgeiz entschloß sich, ein »Professional« zu werden, damit er alt und jung ehrlich ins Auge blicken könne.

Er sagte dem Kassier des Altenheims, daß er 150 Dollars brauche – das waren nämlich die Kosten für Ausbildung und Pension –, und er würde die von seinem ersten Gehalt in der Weihnachtszeit zurückerstatten. Nach einigem Wenn und Aber erhielt er das Geld. Er schrieb an die Schule, erhielt ein Aufnahmeformular, füllte es aus, zahlte, und am ersten Dezember saß er in einem Zuge, der den Hudson aufwärts dampfte.

Es wurde ein ungeheurer Spaß. Kinder hatte er immer schrecklich gern gehabt, und er verstand es, mit ihnen umzugehen. Er nahm sie als das, was sie waren – als Tiger oder Äffchen oder Kobras, und nie kam es ihm in den Sinn, sie beeinflussen oder formen zu wollen oder es ihnen »mal zu zeigen«. Doch gleich vielen Menschen mit hervorragender Begabung dachte er nur an das, was er nicht konnte, und wußte gar nicht, daß er den anderen weit überlegen war. Also studierte er mit allem Eifer und in aller Bescheidenheit, was die Schule lehrte. Er ließ keinen einzigen Kurs aus, und in jedem war er bald der beste Schüler.

Schließlich bestand er glänzend und setzte sich voller Ungeduld in den Zug nach New York. In seinem Handkoffer lagen außer dem Zeugnis – Weihnachtsmann, Meisterklasse – noch ein Kamm, eine Schminkgarnitur und ein Tannenduftzerstäuber, die seine Schule den besseren Schülern als Prämie mitgab. Außerdem hatte er ein

Empfehlungsschreiben an den Personalchef eines großen Warenhauses. Zehn Tage lang war er eine Sensation, und dann hatte er mehr verdient, als er sich vom Altersheim geliehen hatte. Am Heiligabend nahm er den Scheck in Empfang und verließ das Warenhaus. Er war glücklich und traurig zugleich. Übrigens steckte er, was ich zu sagen vergaß, immer noch in seinem roten Kostüm, das ihm der zufriedene Personalchef als Andenken geschenkt hatte. Zebby wollte seine Rolle gern noch etwas weiterspielen, und deshalb »vergaß« er gewissermaßen, seine Kleider zu wechseln, und stopfte seinen Alltagsanzug rasch in die Handtasche.

Dann begab er sich in das nächste Restaurant. Er war so ein herzerfreuender Anblick, daß ihm jedermann einen Drink kaufen wollte.

Als Zebby Adams das Restaurant wieder verließ, war es schon sehr spät, und leider war er nicht mehr ganz er selbst. Er wanderte die Straßen entlang und schwenkte vergnügt sein Köfferchen in der Hand. Alle Anzeichen seiner neuentdeckten Altersmüdigkeit waren auf zauberhafte Art verschwunden. Plötzlich fiel ihm der Christbaum auf der Rockefeller Plaza ein. Er schritt schneller aus, um sich von seinem freundlichen Glanz bescheinen zu lassen. Ganz munter marschierte er drauflos. Als er am British-Empire-Building vorübereilte, hörte er es Mitternacht schlagen – die Geisterstunde. Und als die zwölf Schläge verklungen waren, erlosch plötzlich vor seiner Nase der strahlende Christbaum. Das einzige farbige Licht auf der Plaza kam vom Dach eines einzelnen Taxis, das auf einen Gast wartete.

Dies war der verhängnisvolle Augenblick im Leben Zebby Adams. Denn das gelbe Licht weckte einen anderen, lange gehegten Wunsch: er wollte gern einmal Taxifahrer spielen. Also stapfte er zum Fahrer hinüber.

»Lieber Freund«, redete er ihn an.

»Sie«, sagte der Fahrer, »ich bin niemand's lieber Freund. Ich bin Demokrat, und wenn's tausendmal Weihnachten ist.«

Der Fahrer war leider auch nicht mehr ganz er selbst, obwohl es stimmte, daß er Demokrat war. Zebby jedoch steckte den Kopf durchs Fenster und vertraute dem Fahrer seinen geheimen Wunsch an.

»So was darf ich nicht tun«, sagte der Fahrer.

»Dann verknacken sie mich oder nehmen mir meinen Schein ab.«

»Sie sollen ja neben mir sitzen«, bat Zebby. »Ich will so tun, als ob ich's lerne, und sie sind mein Lehrer. Das ist ja erlaubt!«

»Hm«, sagte der Fahrer und wurde weich. Zebby merkte es und machte den Fahrer mit einem Schwall überzeugender Worte ganz betrunken. Er gab zu, daß es ein rührendes Zeichen christlicher Nächstenliebe sei, wenn der Fahrer ihm den Gefallen tue. Doch außerdem, sagte er, sei es auch eine höchst symbolische Tat. Bei dem Wort »symbolisch« horchte der Fahrer auf. Es gefiel ihm. Er schlug ein.

»Und es ist wirklich symbolisch?« fragte er.

»Was denn sonst?« fragte Zebby, strich sich mit der Hand den langen Bart und deutete mit der andern gen Himmel.

»Todsicher?«

»Ehrenwort!«

Der Fahrer stieg aus und ging um das Taxi herum. Er riß die Tür auf, deutete auf den Volant, verbeugte sich tief und rief:

»Zu ihrer Verfügung, Weihnachtsmann!«

Zebby stieg ein und knallte die Tür zu. Er schaltete den ersten Gang ein. Und als er die prächtige Rennbahn der Park Avenue vor sich sah, die tanzenden Lichterreihen und kein menschliches Wesen in Sicht, da zeigte er, was er konnte. Mochten die Verkehrsampeln von grün zu rot übergehen – er flog ungehindert dahin. Auf der Fünfundneunzigsten Straße kreischte ein Cadillac auf. In den Sechzigern blitzten die Querstraßen wie Rippen eines Fächers an ihnen vorüber. »Heißa!« rief der Weihnachtsmann, und sie sausten weiter. Doch nicht mehr lange. Dann vernahmen sie hinter sich einen seltsamen Ton.

»Blitz und Donner!« rief der Weihnachtsmann, »das sind meine Rentiere!«

»Ihnen persönlich bekannt?« fragte der Fahrer ein wenig besorgt.

»Prächtige Langstreckenläufer!« brüllte der Weihnachtsmann.

Es waren jedoch nicht seine Rentiere. Es war die Polizei.

Als sie zehn Minuten darauf vor dem Richter standen, sah dieser steinern auf Zebby herab. Dann seufzte er und beugte sich über das Buch.

»Name?« fragte er.

»Adams, Zebulon.«

Der Richter schrieb es ohne Komma hin.

»Beruf oder Gewerbe?« fragte er und starrte ins Buch.

»Weihnachtsmann«, sagte Zebby. »Meisterklasse.«

Der Richter stocherte mit dem Daumennagel zwischen den Zähnen.

»Fünf Tage«, brummte er. »Haben sie etwas zu ihren Gunsten vorzubringen?«

»Fröhliche Weihnachten, Ihro Gnaden«, sagte Zebby.

»... und fünf weitere Tage wegen Mißachtung des Gerichts«, fuhr der Richter fort.

»... und ein glückliches neues Jahr«, schloß Zebby.

Der Richter stutzte. Er stocherte weiter zwischen den Zähnen und förderte eine Faser Rindfleisch zutage.

»Strafe bedingt erlassen!« sagte er und betrachtete den Weihnachtsmann.

Der Taxifahrer brachte Zebby bis vor die Tore des Altenheims. Er ging um den Wagen herum, öffnete die Tür auf der Fahrgastseite und geleitete Zebby ans Tor. Er umarmte ihn und küßte ihn auf beide Backen.

»Bon soir, mon Général!« rief er und riß das Tor auf.

Zebby stapfte den Gartenweg hinab. An der Haustür blieb er stehen und sah sich um:

»Au revoir, mon colonel!« rief er.

TRUMAN CAPOTE

Buddys Weihnacht

Jahrelang bekam ich von meinen Eltern nur selten etwas zu sehen. Mein Vater war in New Orleans beschäftigt, und meine Mutter brachte es, nachdem sie ihr Abschlußexamen am College bestanden hatte, auf eigenen Füßen in New York zu Erfolg. Soweit ich betroffen war, hatte diese Situation gar nichts Unangenehmes. Ich war glücklich, wo ich aufwuchs. Ich hatte viele liebe Verwandte, Tanten und Onkel, Vettern und Cousinen und besonders lieb war mir eine Cousine, eine ältere, weißhaarige, leicht verkrüppelte Frau namens Sook. Fräulein Sook Faulk. Ich hatte auch noch andere Freunde und Freundinnen, aber sie war bei weitem meine beste.

Sook war es auch, die mir vom Weihnachtsmann erzählte, von seinem wallenden Bart, seinem roten Mantel, seinem klingelnden, mit Geschenken beladenen Schlitten, und ich glaubte ihr, genauso wie ich glaubte, daß alles Gottes Wille war – oder des Herrn Wille, wie Sook immer sagte. Ob ich mir die Zehen stieß oder vom Pferd fiel oder einen großen Fisch fing im Bach – nun, ob gut oder schlimm, es war alles des Herrn Wille. Und eben das sagte Sook auch, als sie die Schreckensnachricht aus New Orleans bekam: Mein Vater wünschte, daß ich zu ihm fuhr, um die Weihnachtstage bei ihm zu verleben.

Ich weinte. Ich wollte nicht weg. Ich war noch nie aus der kleinen, abgelegenen Stadt in Alabama hinausgekommen, umgeben von Wäldern, Farmen und Flüssen. Ich war noch nie schlafen gegangen, ohne daß Sook mir mit dem Kamm ihrer Finger durchs Haar fuhr und mir den Gutenachtkuß gab. Dann hatte ich auch Angst vor Fremden, und mein Vater war ein Fremder. Ich hatte ihn wohl mehrmals gesehen, aber die Erinnerung daran lag wie unter einem Schleier; ich hatte keine Ahnung, was für ein Mensch er war. Aber Sook sagte: »Es ist des Herrn Wille. Und wer weiß, Buddy, vielleicht kriegst du Schnee zu sehen!«

Schnee! Bis ich selber lesen konnte, las Sook mir immer viele Geschichte vor, und in fast allen gab es jede Menge Schnee. Wirbelnde, blendend weiße Märchenflocken. Ich träumte davon; sie waren etwas Magisches und Geheimnisvolles, das ich gerne sehen wollte und fühlen und anfassen. Natürlich hatte ich nie Gelegenheit dazu gehabt, so wenig wie Sook; wie konnten wir auch, wo wir in einer so heißen Gegend lebten wie Alabama? Ich weiß nicht, warum sie meinte, ich würde in New Orleans Schnee zu sehen bekommen, denn New Orleans ist ja eher noch heißer. Nun, egal. Sie versuchte einfach, mir Mut zu machen für die Reise.

Ich bekam einen neuen Anzug. Auf dem Revers war eine Karte befestigt, darauf standen mein Name und meine Adresse. Das war für den Fall, daß ich abhanden kam. Denn sehen Sie, ich mußte die Reise doch alleine machen. Mit dem Bus. Nun, und alle waren der Ansicht, daß mir mit so einem Schildchen nichts passieren könnte. Außer mir selber. Ich hatte eine Heidenangst – und eine Wut dazu. Wut auf meinen Vater, diesen Fremden, der mich zwang, mein schönes Zuhause zu verlassen und die Weihnachtstage fern von Sook zu verbringen.

Die Entfernung betrug vierhundert Meilen, ungefähr so. Mein erster Aufenthalt war in Mobile. Da mußte ich umsteigen, und dann ging es ewig und endlos durch sumpfige Gegenden und an der Meeresküste entlang, bis wir in einer lauten Stadt ankamen, in der es nur so klingelte von Straßenbahnen und wimmelte von gefährlichen, fremdländisch aussehenden Leuten.

Das war New Orleans.

Und urplötzlich, kaum daß ich aus dem Bus gestiegen war, riß mich ein Mann in die Arme und quetschte mich, daß mir die Luft wegblieb; er lachte, er weinte – ein hochgewachsener, gutaussehender Mann, der lachte und weinte. Er sagte: »Kennst du mich denn nicht? Erkennst du deinen Papi denn nicht wieder?«

Ich war sprachlos. Ich brachte kein Wort heraus, bis wir schon eine ganze Weile in einem Taxi fuhren; da fragte ich: »Wo liegt er?«

»Was, wer – das Haus? Es ist nicht mehr weit.«

»Nicht das Haus. Der Schnee.«

»Was für Schnee denn?«

»Ich dachte, hier liegt eine Menge Schnee.«

Er sah mich verdutzt an, aber dann lachte er. »Schnee hat's noch nie gegeben in New Orleans. Jedenfalls hab' ich nie davon gehört. Aber spitz mal die Ohren. Hörst du den Donner? Es gibt mit Sicherheit noch Regen!«

Ich weiß nicht, was mich am meisten ängstigte, der Donner, das zischende Zickzack der Blitze, denen er folgte, – oder mein Vater. Am Abend, als ich zu Bett ging, regnete es immer noch.

Ich sagte meine Gebete auf und betete, daß ich bald wieder zuhause wäre, bei Sook. Ich wußte nicht, wie ich überhaupt einschlafen sollte, ohne daß Sook mir den Gutenachtkuß gab. Tatsächlich konnte ich auch nicht einschlafen, und so fing ich an, mir Gedanken zu machen, was mir der Weihnachtsmann wohl bringen würde. Ich wünschte mir ein Messer mit einem perlenbesetzten Griff. Und ein großes Puzzlespiel. Einen Cowboyhut mit passendem Lasso. Und ein Luftgewehr zum Spatzenschießen. (Jahre später, als ich dann wirklich ein Luftgewehr hatte, schoß ich eine Spottdrossel und eine virginische Wachtel, und ich vergesse nie die Reue, die mich befiel, die tiefe Bekümmerung; ich habe nie wieder etwas getötet, und jeder Fisch, den ich fing, flog zurück ins Wasser.) Und einen Kasten Buntstifte wünschte ich mir. Und vor allen Dingen ein Radio; aber ich wußte, das war unmöglich: ich kannte keine zehn Leute, die ein Radio besaßen. Sie müssen bedenken, es war die Zeit der Depression, und da unten im tiefen Süden gab es nur ganz selten mal ein Haus, das mit einem Radio oder Kühlschrank ausgerüstet war.

Mein Vater hatte beides. Er schien überhaupt alles zu haben – ein Auto mit einem Klappsitz hinten, ganz zu schweigen von dem hübschen kleinen alten rosa Haus im Französischen Viertel, mit seinen schmiedeeisernen Balkonen und dem verschwiegenen Patio-Gärtchen, bunt schillernd von Blumen und gekühlt von einem Springbrunnen in Gestalt einer Wassernixe. Außerdem hatte er ein halbes Dutzend – ich würde sagen, ein ganzes Dutzend – Freundinnen. Wie meine Mutter hatte auch mein Vater nicht wieder geheiratet; aber sie beide wurden entschieden umschwärmt und gingen schließlich, ob freiwillig oder nicht, den Weg zum Altar – mein Vater tatsächlich sechsmal. Woraus Sie sehen können, daß er Charme gehabt haben muß; und in der Tat schien er auch die meisten Leute zu bezaubern – alle nämlich außer mich. Das lag daran, daß er mir eher auf die Nerven ging, weil er mich unentwegt zu seinen Freunden mitschleifte, von seinem Bankier angefangen bis hin zu dem Barbier, der ihn jeden Tag rasierte. Und natürlich zu seinen sämtlichen Freundinnen. Und das Schlimmste war: die ganze Zeit tätschelte und küßte er mich ab und gab mit mir an. Ich fühlte mich so verlegen wie nur was. Schließlich hatte ich nichts an mir, womit man hätte angeben können. Ich war ein richtiger Junge vom Lande. Ich glaubte an den Herrn Jesus und sagte gläubig meine Gebete auf. Ich wußte, daß es den Weihnachtsmann gab. Und zu Hause in Alabama trug ich nie Schuhe, außer wenn ich zur Kirche ging, im Winter wie im Sommer.

Es war die reinste Quälerei, wie ich jetzt durch die Straßen von New Orleans geschleppt wurde – in meinen neuen festgeschnürten, höllisch heißen, bleischweren Schuhen. Aber ich weiß nicht, was schlimmer war – die

Schuhe oder das Essen. Daheim bei uns war ich gebratene Hähnchen gewöhnt und Kohlgemüse und Butterbohnen und Maisbrot und andere tröstliche Sachen. Aber diese Restaurants hier in New Orleans! Nie werde ich meine erste Auster vergessen; es war wie ein Albtraum, als sie mir die Kehle hinunterglitt; es hat Jahrzehnte gedauert, bis ich wieder eine geschluckt habe. Und dann die ganze scharfgewürzte kreolische Küche überhaupt – wenn ich nur daran denke, bekomme ich Sodbrennen. Ach nein, ich sehnte mich nach Plätzchen, warm aus dem Ofen, nach Milch, frisch von der Kuh, und nach hausgemachtem Sirup, direkt aus dem Eimer.

Mein armer Vater hatte keine Ahnung, wie elend mir zumute war, teils weil ich's ihn nie sehen ließ und es ihm gewiß nie sagte, teils weil er es gegen den Einspruch meiner Mutter fertiggebracht hatte, auf die Dauer dieser Weihnachtsferien das gesetzliche Sorgerecht für mich zu bekommen.

Immerzu bohrte er: »Sag mal ganz ehrlich: Willst du nicht für immer herkommen und hier bei mir leben in New Orleans?«

»Ich kann nicht.«

»Was meinst du damit – du kannst nicht?«

»Ich vermisse Sook. Ich vermisse auch Queenie; wir haben einen kleinen Drahthaarterrier, ein lustiges Dingelchen. Aber wir haben es beide lieb.«

»Hast du mich denn nicht lieb?« fragte er.

Ich sagte: »Doch.« Aber die Wahrheit war, über Sook hinaus und Queenie und ein paar Vettern und Cousinen und ein Bild von meiner schönen Mutter neben meinem Bett hatte ich keine Ahnung, was Liebhaben hieß. Ich fand es bald heraus. Am Tag vor Weihnachten, als wir die Canal Street entlanggingen, blieb ich auf einmal wie angewurzelt stehen, gebannt von einem magischen Gegenstand, den ich im Schaufenster eines großen Spielzeugladens erblickte. Es war ein Modellflugzeug, groß genug, daß man drin sitzen konnte, und mit Pedalen wie bei einem Fahrrad. Es war grün und hatte einen roten Propeller. Ich war überzeugt, daß es, wenn man nur schnell genug trampelte, abheben würde und fliegen! Das wäre eine Sache gewesen! Ich sah im Geiste schon meine Vettern und Cousinen unten am Boden stehen, während ich durch die Wolken segelte. Von wegen Bübchen! Ich mußte lachen; ich lachte und lachte. Es war das erstemal, daß ich etwas tat, was meinen Vater zuversichtlich stimmte, obwohl er gar nicht wußte, was mir so lustig vorkam.

An dem Abend betete ich, daß der Weihnachtsmann mir doch das Flugzeug bringen möchte.

Mein Vater hatte bereits einen Weihnachtsbaum gekauft, und wir stöberten stundenlang im Kaufhaus und suchten Sachen aus, mit denen wir ihn schmücken wollten. Dann beging ich einen Fehler. Ich stellte das Bild meiner Mutter unter den Baum. Mein Vater sah es, wurde im selben Moment kreideweiß und fing an zu zittern. Ich wußte nicht, was ich machen sollte. Aber er wußte es. Er ging an einen Schrank und nahm ein großes Glas und eine Flasche heraus. Ich erkannte die Flasche, weil alle meine Onkels in Alabama eine Menge von der gleichen Art hatten. Prohibitions-Fusel. Er füllte das große Glas und trank es aus, fast ohne abzusetzen. Danach war es, als sei das Bild verschwunden.

Und so wartete ich auf den Heiligen Abend und auf die immer aufregende Ankunft des dicken Nikolaus. Natürlich hatte ich nie gesehen, wie so ein klingelnder und wohlbeleibter Riese durch den Kamin gefahren kam und seine guten Gaben unter dem Weihnachtsbaum verteilte. Mein Vetter Billy Bob, der ein tückischer, kleiner Knirps war, aber ein Köpfchen hatte wie eine eiserne Faust, der sagte einmal, das wäre alles ein ausgemachter Schwindel, und so einen Mann, den gäb's überhaupt nicht.

»Ach du dickes Ei!« rief er. »Wer an den Weihnachtsmann glaubt, dem kann man auch weismachen, daß ein Esel ein Pferd ist!« Unser Streit fand auf dem winzigen Rathausplatz statt. Ich sagte: »Es gibt einen Weihnachtsmann, denn was er macht, das ist des Herrn Wille, und was des Herrn Wille ist, das ist die Wahrheit.« Worauf Billy Bob nur ausspuckte und mit den Worten davonschritt: »Na schön, sieht so aus, als hätten wir einen neuen Pastor in der Familie.«

Ich schwor mir immer, nicht einzuschlafen am Heiligabend; ich wollte das stolze Tänzeln der Rentiere hören auf dem Dach und rechtzeitig unten am Kamin stehen, um dem Weihnachtsmann die Hand zu geben. Und an diesem speziellen Heiligabend konnte, so dachte ich mir, nichts leichter sein, als wach zu bleiben.

Das Haus meines Vaters hatte drei Geschosse und sieben Zimmer, einige davon sehr groß, besonders die drei, die auf den Patio-Garten hinausgingen: ein Wohnzimmer, ein Eßzimmer und ein »Musikzimmer« – das letztere für Leute, die gern tanzen und Karten spielen wollten. Die beiden Stockwerke oben hatten umgitterte Balkone, deren dunkelgrüne eiserne Kniffligkeiten durchrankt waren von Bougainvillea und den sich kräuselnden Reben der scharlachroten Spinnen-Ragwurz – einer Pflanze, die aussieht wie ein Gewimmel von Eidechsen, die ihre roten Zungen schnellen lassen. Es war ein Haus, das sich sehen lassen konnte: lackierte Böden – hier ein paar Korbmöbel, dort etwas Samt. Man hätte es fälschlich für das Haus eines reichen Mannes halten können; es war aber eher die Wohnung eines Menschen, der ein Bedürfnis nach Eleganz hatte. Für den armen (aber glücklichen) barfüßigen Jungen aus Alabama blieb es ein Rätsel, wie er es fertigbrachte, dieses Verlangen zu befriedigen.

Für meine Mutter freilich war das kein Rätsel; sie wußte nach dem Abgang vom College ihre Magnolien-Gelüste voll auszuleben, indem es ihr in New York immer wieder gelang, einen passenden Verlobten zu finden, der sich Sutton-Place-Apartments und Zobelmäntel leisten konnte. Nein, meines Vaters Ressourcen waren ihr durchaus vertraut, obwohl sie erst viele Jahre später davon sprach, lange nachdem sie sich in den Besitz diverser Perlenketten gebracht hatte, die an ihrem zobelumhüllten Hals glänzten.

Sie war zu mir zu Besuch gekommen, in das snobistische Internat in New England, in das sie mich (auf Kosten ihres reichen und freigiebigen Ehemannes) gegeben hatte, und da hatte ich wohl irgend etwas gesagt, was sie in Wut brachte; jedenfalls schrie sie mich an: »Dann weißt du wohl nicht, woher sein bequemes Leben kommt? Wieso er Yachten chartern und zwischen den griechischen Inseln kreuzen kann? Seine Weiber! Überleg mal, was das für eine lange Kette gibt! Alles Witwen. Alle reich. Sehr reich. Und alle viel älter als er. Zu alt zum Heiraten für jeden jungen Mann, der noch einigermaßen klar im Kopf ist. Deshalb bist du auch sein einziges Kind. Und deshalb werde ich auch nie ein zweites Kind haben – ich war zu jung, um überhaupt Babies zu kriegen, aber er war ein Biest, ein Monstrum, er hat mich zugrunde gerichtet, er hat mich ruiniert ...!«

Ein Gigolo, he, wo immer ich geh, da starren die Leute mich an ... O der Mond, o der Mond über Miami ... Dies ist mein erstes Verhältnis, also sei nett zu mir ... He, Mister, ha'm Se nich 'n kleenen Zehner für mich? ... Ein Gigolo, he, wo immer ich geh, da starren die Leute mich an ...

Die ganze Zeit, während sie sprach (und ich versuchte nicht hinzuhören, denn indem sie mir erzählte, daß meine Geburt sie zugrunde gerichtet hätte, richtete sie mich zugrunde) – die ganze Zeit schwirrten diese Melodien mir durch den Kopf, diese oder ähnliche. Sie halfen mir, nicht hinzuhören, und sie erinnerten mich an die seltsame, gespenstische Party, die mein Vater an jenem Heiligabend in New Orleans gegeben hatte.

Im Patio brannten überall Kerzen, genauso auch in den drei Zimmern, die an ihn grenzten. Die meisten Gäste waren im Wohnzimmer versammelt, wo ein gedämpftes Feuer im Kamin den Weihnachtsbaum glitzern ließ; aber viele andere tanzten im Musikzimmer und im Patio nach den Klängen eines aufziehbaren Grammophons. Nachdem ich den Gästen vorgestellt worden war, mit viel Aplomb und Getue, wurde ich nach oben geschickt; aber von dem Söller vor der Jalousietür meines Schlafzimmers konnte ich die ganze Party beobachten. Ich sah, wie mein Vater eine graziöse Dame im Walzer um das Bassin schwenkte, das den Wassernixenbrunnen umgab. Sie hatte wirklich Grazie und trug ein silbriges Flitterkleid, das im Kerzenlicht schimmerte; aber sie war alt – mindestens zehn Jahre älter als mein Vater, der damals fünfunddreißig war. Mir wurde plötzlich bewußt, daß mein Vater bei weitem der Jüngste war auf dieser Party. Keine der Damen, so bezaubernd sie auch wirkten, war jünger als die biegsame Walzertänzerin. Dasselbe galt für die Männer, von denen viele süßlich duftende Havannazigarren rauchten; gut jeder zweite von ihnen war alt genug, daß er der Vater meines Vaters hätte sein können.

Da sah ich etwas – das riß mir die Augen auf. Mein Vater und seine agile Partnerin hatten sich in eine Nische getanzt, die von scharlachroter Spinnen-Ragwurz überschattet wurde; und sie umarmten sich, küßten sich. Ich war so verwirrt, ich war so zornig darüber, daß ich in mein Schlafzimmer zurücklief, ins Bett sprang und mir die Decke über den Kopf zog. Was wollte mein so schöner junger Vater mit einer alten Frau wie der! Und warum gingen alle diese Leute da unten nicht endlich nach Hause, damit der Weihnachtsmann kommen konnte? Ich lag noch stundenlang wach und lauschte, daß sie gingen, und endlich sagte mein Vater das letztemal gute Nacht, und ich hörte ihn die Treppe heraufkommen und leise die Tür aufmachen, um einen Blick auf mich zu werfen; ich tat aber so, als schliefe ich.

Dann passierte verschiedenes, was mich die ganze Nacht wachhielt. Zuerst die Schritte, die Geräusche meines Vaters, der immerzu die Treppe herauf- und hinunterlief und dabei schwer atmete. Ich mußte unbedingt sehen, was er da vorhatte. Also versteckte ich mich auf dem Söller unter der Bougainvillea. Von dort aus konnte ich alles übersehen, das ganze Wohnzimmer, den Weihnachtsbaum und den Kamin, in dem immer noch ein mattes Feuer brannte. Dazu konnte ich meinen Vater sehen. Er kroch unter dem Baum herum und baute dort eine Pyramide von Paketen auf. Da sie in Seidenpapier eingewickelt waren, purpurnes, rotes und goldenes, weißes und blaues, raschelten sie, wenn er sie herumschob. Mir war fast schwindlig, denn was ich da sah, zwang mich, alles gründlich zu überdenken. Wenn das Geschenke waren, für mich bestimmt, dann waren sie offenbar nicht von Gott dem Herrn bestellt worden und vom Weihnachtsmann geliefert; nein, es waren Geschenke, gekauft und eingepackt von meinem Vater! Was wiederum bedeutete, daß mein ekliger kleiner Vetter Billy Bob und andere eklige Mitkinder nicht gelogen hatten, als sie mich verspotteten und behaupteten, es gäbe gar keinen Weihnachtsmann. Der schlimmste Gedanke aber war: Hatte Sook die Wahrheit gewußt und mich angelogen? Nein Sook nicht, Sook hätte das nie und nimmer getan. Sie glaubte. Sie hatte ganz einfach – nun, obwohl sie schon an die sechzig Jahre zählte, war sie in mancher Hinsicht ein ebenso großes Kind wie ich.

Ich blieb auf meinem Ausguck, bis mein Vater die Plackerei beendet und die wenigen Kerzen, die noch brannten, ausgeblasen hatte. Ich wartete noch, bis ich die Gewißheit hatte, daß er zu Bett gegangen und fest eingeschlafen war. Dann schlich ich mich leise nach unten ins Wohnzimmer, das immer noch nach Gardenien roch und nach Havannazigarren.

Dort setzte ich mich hin und dachte: Nun werde ich es sein müssen, der Sook die Wahrheit sagt. Wut kam in mir hoch und breitete sich aus, eine unheimliche Gehässigkeit. Sie richtete sich nicht gegen meinen Vater, obwohl er ihr Opfer werden sollte.

Als die Dämmerung kam, untersuchte ich die Schildchen, die an den einzelnen Paketen hingen. Auf allen stand: »Für Buddy.« Nur eins hatte die Aufschrift: »Für Evangeline.« Evangeline war eine ältliche farbige Frau, die den ganzen Tag Coca-Cola trank und drei Zentner wog; sie führte meinem Vater den Haushalt und bemutterte ihn auch. Ich beschloß, die Päckchen zu öffnen. Es war Weihnachtsmorgen, ich war wach, also warum nicht? Nun will ich nicht mit der Beschreibung langweilen, was alles drin war, bloß Hemden, Pullover und anderes ödes Zeug. Das einzige, was mir wirklich gefiel, war eine klasse Spielzeugpistole mit Ballerplättchen. Und irgendwie kam mir der Einfall, es wäre doch ein Mordsspaß, wenn ich meinen Vater damit weckte. Also feuerte ich sie ab: Peng! Peng! Peng!

Er kam aus dem Zimmer gerast, mit wilden Augen.

Peng! Peng! Peng!

»Buddy – was zum Teufel versprichst du dir davon?«

Peng! Peng! Peng!

»Hör auf damit!«

Ich lachte. »Schau doch mal, Papi. Sieh mal all die wunderschönen Sachen, die der Weihnachtsmann mir gebracht hat!«

Er beruhigte sich, kam herein ins Wohnzimmer und nahm mich in den Arm. »Gefällt dir denn, was der Weihnachtsmann dir gebracht hat?« Ich lächelte ihn an. Er lächelte zurück. Es war ein zarter, schwebender Augenblick, der aber sofort in Stücke ging, als ich sagte: »Ja. Aber was krieg' ich denn von dir geschenkt, Papi?« Sein Lächeln verflog. Seine Augen verengten sich argwöhnisch – man sah direkt, daß er dachte, ich nähme ihn irgendwie auf den Arm. Aber dann wurde er rot, ganz als schämte er sich des Gedankens, den er gehabt hatte. Er tätschelte mir den Kopf, hüstelte etwas und sagte dann: »Nun, ich hab' mir gedacht, ich lasse dich selber aussuchen, was du gerne willst. Hast du vielleicht einen besonderen Wunsch?«

Ich erinnerte ihn an das Flugzeug, das wir in dem Spielzeugladen an der Canal Street gesehen hatten. Er machte ein langes Gesicht. Oh, ja, er erinnerte sich – an das Flugzeug wie an seinen hohen Preis. Gleichviel, am nächsten Tag saß ich in meinem Flugzeug und träumte mich in die Wolken, während mein Vater einem strahlenden Händler einen Scheck ausschrieb. Wegen des Transports nach Alabama hatte es noch eine kleine Debatte gegeben, aber ich blieb hart – ich bestand darauf, daß es mit mir in dem Bus reisen müsse, den ich am Nachmittag um zwei nehmen sollte. Der Händler arrangierte das mit einem Anruf bei den Verkehrsbetrieben, die sagten, das ließe sich alles ganz leicht machen. Aber ich hatte New Orleans noch nicht hinter mir. Das Problem war eine große silberne Fuselflasche; vielleicht lag es ja an meiner Abreise, jedenfalls hatte mein Vater diese Flasche schon den ganzen Tag lang an den Mund gesetzt, und auf dem Weg zur Bus-Station erschreckte er mich mit einem harten Griff um mein Handgelenk und den heiser geflüsterten Worten: »Ich lasse dich nicht weg. Ich kann dich nicht wieder zu dieser irren Familie zurückfahren lassen, in dieses irre alte Haus. Schau doch bloß, was sie mit dir gemacht haben. Ein sechsjähriger Junge, fast sieben, und glaubt noch an den Weihnachtsmann! Es ist alles denen ihre Schuld – all diese säuerlichen alten Jungfern mit ihren Bibeln und ihren Stricknadeln – und dann die versoffenen Onkels! Jetzt hör mir mal gut zu, Buddy! Es gibt keinen Gott! Es gibt auch keinen Weihnachtsmann!« Er quetschte mein Handgelenk so heftig, daß es mir weh tat. »Manchmal, o mein Gott, denke ich, deine Mutter und ich, wir beide müßten uns aufhängen dafür, daß wir's soweit haben kommen lassen ...!« (Zwar hat er sich nicht umgebracht, aber meine Mutter: sie ging den Seconal-Weg, vor jetzt drei Jahren.) »Gib mir einen Kuß! Sag deinem Papi, daß du ihn liebhast!« Aber ich konnte nicht sprechen. Ich hatte eine Heidenangst, daß ich den Bus verpassen könnte. Und ich machte mir Sorgen um mein Flugzeug, das auf dem Dach des Taxis festgebunden war. »Sag's: ›Ich hab dich lieb.‹ Sag es. Bitte. Buddy. Sag es!« Zu meinem Glück war unser Taxifahrer ein gutherziger Mann. Denn wenn seine Hilfe nicht gewesen wäre, und die Hilfe von ein paar zupackenden Gepäckträgern und von einem freundlichen Polizisten, ich weiß nicht, was passiert wäre, als wir bei der Station ankamen. Mein Vater war so wacklig auf den Beinen, daß er kaum gehen konnte, aber der Polizist sprach beruhigend auf ihn ein und stützte ihn, und der Taximann versprach, ihn sicher wieder zu Hause abzuliefern. Mein Vater wollte freilich nicht weg, bevor er gesehen hatte, daß ich mit Hilfe der Träger im Bus gut untergebracht war.

Kaum war ich im Bus, so verkroch ich mich in meinen Sitz und schloß die Augen. Ich spürte den allerseltsamsten Schmerz. Einen zermalmenden Schmerz, der überall weh tat. Ich dachte, wenn ich vielleicht die schweren Stadtschuhe auszog, diese marternden Ungeheuer, dann würde mir leichter sein. Ich zog sie aus, aber der geheimnisvolle Schmerz verließ mich nicht. Eigentlich hat er mich nie wieder verlassen und wird es auch nie tun.

Zwölf Stunden später lag ich zu Hause im Bett. Das Zimmer war dunkel. Sook saß neben mir, schaukelnd in einem Schaukelstuhl, und das Geräusch, das er machte, klang lindernd und besänftigend wie das Rauschen des Meeres. Ich hatte ihr alles zu erzählen versucht, was geschehen war, und erst innegehalten, als ich heiser war wie ein heulender Hund. Sie strich mir mit den Fingern durchs Haar und sagte: »Aber natürlich gibt es einen Weihnachtsmann. Nur ist es einfach so, daß kein einzelnes Wesen allein das alles machen könnte, was er machen muß. Deshalb hat der Herr die Aufgabe auf uns alle verteilt. Und deshalb ist jeder von uns der Weihnachtsmann. Ich bin's. Und du bist es auch. Sogar dein Vetter Billy Bob ist es. Jetzt leg dich mal schlafen. Zähl die Sterne. Denk an ganz stille Sachen. Zum Beispiel den Schnee. Es tut mir leid, daß du keinen zu sehen gekriegt hast. Aber jetzt fällt er in den Sternen ...« Die Sterne funkelten, Schnee wirbelte mir durch den Kopf; das letzte, an das ich mich noch erinnern konnte, war die friedvolle Stimme des Herrn, die mir etwas mitteilte, was ich tun müßte. Und am nächsten Tag tat ich es. Ich ging mit Sook zum Postamt und kaufte eine Penny-Postkarte. Diese Karte existiert heute noch. Sie wurde im Bankschließfach meines Vaters gefunden, als er letztes Jahr starb. Und hier ist, was ich ihm geschrieben hatte: Hallo Pappi, hoffendlich geht es dir gut, mir geht es prima und ich kann mein Fluchzeuch schon so schnell treten, das ich bestimt bald am Himmel fliege, deshalb kuck bitte immer nach oben, ja und ich hab dich lieb, dein Buddy.

Heilige Nacht in Guatemala

Mit der Osterblume
und der Kamille
mit kleinen Wasserpfeifen
und Tschingderassassa
wollen wir alle
die Heilige Nacht feiern,
welch frohe Botschaft
wird sie uns bringen?
Wie fröhlich ist die Weihnacht,
das Kind ist heut geboren.

Ihr Hirten kommt und singt,
die Mädchen wollen anbeten,
die Rasseln spielen,
die Becken klingen.
Die Bäume rauschen.

Saturnalien in Jamaica

Jamaicas Neujahrfeiern stellten einen eindrucksvollen Höhepunkt in den Weihnachtsferien dar, einer Zeit, als die Plantagenarbeiter ihre gewohnte Arbeitslast ablegten, um ausgelassen zu feiern. Nirgendwo sonst auf den Westindischen Inseln wurden Feiertage so gründlich und total im Geiste des Bacchus praktiziert. In der letzten Hälfte des 18. Jahrhunderts feierte jede Britische Karibik-Kolonie die Saison mit zwei oder drei Ruhetagen, was für die Sklaven eine unglaubliche Freiheit bedeutete. Was sich daraus entwickelte war eine Saturnalie, eine Tradition, in welcher das alltägliche Leben sich in einen wunderbaren Ablauf von unglaublichen Feierlichkeiten verwandelte.

Die Weihnacht der Sklaven begann am 24. Dezember. Zur Mittagszeit entließen die Aufseher ihre Arbeiter und stellten alle Maßnahmen ein, mit denen sie den täglichen Arbeitsrhythmus des Plantagenlebens beherrschten.

Auf Tausenden von Gütern kam die Arbeit zum Stillstand. Selbst die unzähligen Bediensteten ließen ihre Arbeit liegen und liefen von ihrer Herrschaft weg, um für sich selbst etwas auf die Beine zu stellen. Sobald die reguläre Arbeit beendet war, ging die Aktivität plötzlich los. Sklaven, die auf den Feldern arbeiteten, eilten zu ihren Gärten, um Früchte für die Feierlichkeiten einzuholen. Diejenigen, die das Glück hatten, auch ein paar Hühner oder ein Schwein zu besitzen, wurden zum Metzger. Viele eilten zu nahegelegenen Märkten mit Körben voll Fleisch und Gartenprodukten, in der Absicht, ein paar neue Kleidungsstücke und sonstigen Plunder zu besorgen. Am Weihnachtsabend hatten selbst einfache Landarbeiter ein paar Münzen, um irgendetwas Besonderes zu kaufen. Obersklaven mit größeren Möglichkeiten kamen vom Markt mit Schinken, Weinfässern und anderen Delikatessen, um sie Verwandten und Freunden anzubieten, die während der bevorstehenden Tage zu Besuch kommen würden.

Die Herrschaft unterstützte diese Bemühungen, nämlich Lebensmittel anzuhäufen und verteilte extra Rationen von Früchten, gesalzenem Fisch und frischem Fleisch. Großzügige Mengen an Rum wurden auch vergeben, genug, um die riesigen Trinkgelage, die für eine gute Feier nötig waren, zu ermöglichen.

Bei Einbruch der Dunkelheit waren die meisten Vorbereitungen getroffen. Normalerweise waren nächtliche Versammlungen streng eingeschränkt oder gar verboten, aber während der Saturnalien waren diese Verbote wie alles andere aufgehoben. Die Dunkelheit erzitterte durch das dauernde Trommeln der Sklaven, die an den Gräbern ihrer Toten Rituale aufführten. Diese und auch weltliche Tänze, angefeuert durch die Unmenge an Essen und Trinken, dauerte bis weit in die Nacht hinein.

Das aufregende Geschehen am Weihnachtstag selbst setzte sich auch am Tag nach Weihnachten fort. Da die Arbeit am Weihnachtsabend eingestellt wurde, hatte das Volk die Möglichkeit, Freunde und andere Güter zu besuchen. Viele schlugen auch den Weg zu nahe gelegenen Städten ein, wo die Märkte die Atmosphäre eines Jahrmarkts annahmen. Den ganzen Morgen über waren die Straßen mit Menschen angefüllt, die zwischen geschmückten Buden umherschlenderten, die Sortimente von Lebensmitteln und Kleidung ausstellten. An diesem Punkt, wenn es nicht schon am Weihnachtstag geschah, erhielten die Festivitäten ihren Höhepunkt durch Trommelschläge, die die Ankunft des John Canoe (oder Jonkanoo) ankündigten, einem Unterhalter, dessen Eskapaden ein herausragendes Feiertagsereignis bildeten. Diese

John Canoes waren maskierte Personen, die von besonders kräftigen Männern dargestellt wurden. Deren Erscheinung war während der Jamaica-Saturnalien eine lang erhaltene Tradition, die bis ins 17. Jahrhundert zurückreichte. Wie später durch den Plantagenbesitzer und Historiker Edward Long im Jahr 1774 beschrieben, trugen die John Canoes groteske Masken und Holzschwerter. Tanzgruppen von berauschten Frauen folgten diesen Maskierten, indem sie ihnen häufig Getränke anboten. Begleitet durch deren Gefolge und einem Trommlerpaar durchstreiften die John Canoes die ganze Umgebung, hielten an jedem Tor einer Herrschaft an, um mit wilder Behendigkeit und Heftigkeit zu tanzen. Die Hausherren entlohnten den bedrohlichen Besucher gewöhnlich mit ein paar Münzen.

Über die Jahre änderte sich das Aussehen von John Canoe. Zur Zeit des Historiker Long waren die Masken afrikanisch, aber später beschrieb Matthew Lewis John Canoe als einen »Merry Andrew« (Spaßmacher), gekleidet in einem gestreiften Wams und auf seinem Kopf ein Modell-Hausboot tragend, das Puppen von Seglern, Soldaten und Sklaven enthielt. Andere Darsteller trugen Haartrachten, die mit goldglänzendem Papier und Spiegeln geschmückt und manchmal mit einem Schirm überdacht waren. Der John Canoe, der von I. M. Belisario (1837), einem Reiseschriftsteller und Künstler, gemalt wurde, trug eine weiße Maske und etwas, das wie ein Schiffshaus auf seinem Kopfe aussah. Solche John Canoes späterer Zeit reisten oft in Tanztruppen, die auch einen Darsteller in weiblicher Verkleidung aufnahmen, um John Canoes Frau darzustellen und noch einen, um sein komisches sich veränderndes Ich zu spielen. In Kingston hatten Berufsgruppen wie Fleischer, Gärtner, sogar Aufseher von Besserungsanstalten ihre eigenen besonderen

John Canoes. Die Fleischer zum Beispiel kleideten ihre John Canoes in das Fell eines Ochsen mit Hörnern. Mitglieder der Truppe führten ihn an einem Strick herum, indem sie ihm ab und zu einen Peitschenhieb versetzten.

Neben Jamaica erschien John Canoe auch auf Tortola in der östlichen Karibik. St.Kitts und Nevis hatten Ole Mas, einen ähnlichen Darsteller. Auf St. Vincent gehörte der Tag dem Moco Jumbo, einem Import aus Mandingo. Seine Darsteller gingen auf Stelzen und trugen falsche Köpfe und waren von einer Gruppe von rasenden, tanzenden Schwertträgern und lustigen Musikanten begleitet.

Actor-Boy war eine andere traditionelle Figur, die gemeinsam auf Jamaica, St. Kitts und Nevis war. Actor-Boys liefen in Gruppen herum, die weiße Masken, Gamaschen und phantastischen Kopfputz trugen. Begleitet wurden sie von einer Gruppe von Pfeifern und Trommlern, und immer, wenn die Truppe an einer Zuhörerschaft vorbeikam, von denen sie sich ein paar Münzen versprechen konnten, gaben sie eine Vorstellung, vielleicht von Shakespeares Richard III. oder ein Stück von Pizarro. Ihre Aufführungen enthielten in jedem Fall immer Darstellungen von Kampf und Tod. »Bei diesem tragischen Höhepunkt«, schrieb Belisario (1837), »begann sofort eine allgemeine Aufforderung nach Tanz und Musik, und das ist eine zu große Provokation für den Ermordeten und dementsprechend erwacht er wieder und schließt sich der fröhlichen Menge wieder an.«

In Ergänzung zu dem männlichen Mummenschanz wurden auch Frauen in »Gesellschaften« organisiert. Diese gewannen in Jamaica an Bedeutung in den letzten Jahren des 18. Jahrhunderts und traten zunächst nur an Weihnachten in Erscheinung, aber später auch in Zusammenhang an Neujahr mit John Canoes und Actor-Boys. Das Festspiel dieser Gesellschaften enthielt einen gewaltigen Anteil an Rivalität. An verschiedenen Orten unterteilten sich die Frauen noch in Cliquen, den Roten und den Blauen. Mit der Zeit bildeten sich auch eine Goldene Gesellschaft, eine Samt-Gesellschaft, die Granat-

Frauen und eine Fülle von anderen Gruppen. Aber die Originalstruktur war zweigeteilt. Jedes Jahr wetteiferte jede Seite mit der anderen um Vorherrschaft, indem sie versuchten, ihren Konkurrenten an Schönheit, Anmut, Kostümierung und Gesang in den Schatten zu stellen.

Die Gesellschaftsmädchen, wie sie genannt wurden, betrieben dieses Geschäft mit allem Ernst. Sie trugen ausgezeichnete, wohlpassende Roben in angemessenem Farbton. Ihre Kleider wurden jedes Jahr neu hergestellt und von einer Näherin vorbereitet, die eidlich zur Verschwiegenheit verpflichtet war, damit die oppunierende Seite sie nicht entdecken und verbessern konnte. Wenn diese Gesellschaftsmädchen schließlich auf den Straßen erschienen, stieg die Spannung in solcher Höhe an, daß es, wenn die Roten und Blauen im Wettbetrieb zusammengerieten, gelegentlich sogar in ein Handgemenge ausartete.

Die Gesellschaften sonderten sich untereinander ab, so daß die Schwarzen und Braunen niemals gegeneinander in Wettstreit antraten. »Es gab braune Gesellschaften und schwarze Gesellschaften und Gesellschaften mit allen dazwischen liegenden Farbabstufungen. Jede Gesellschaft war Nadel für Nadel gleich und trug Schirme und Fächer von derselben Farbe und derselben Größe und hielt über sich ihre neuen ansehnlichen randlosen Damenhütchen oder ihre Madras Taschentüchlein, alle vom gleichen Muster um ihre Köpfe gebunden, frisch ohne Falten.

Sie sangen, wenn sie durch die Straßen schwärmten im luxuriösestem Gehabe. Ich habe niemals schönere Geschöpfe gesehen als es unter den braunen Gesellschaften gab – klarer brauner Teint, feingeschnittene Gesichter, eleganter Gang und wunderbare Figuren, – voll, drall und großartig.

An der Spitze einer jeden Gesellschaft und am großar-

tigsten gekleidet war eine Königin. Verschiedene Musiker und Höflinge dienten ihr, einschließlich einer ›Maam‹ und einem König, typischerweise in einer vollen Admiralsuniform glänzend. Pferdegespanne enthielten manchmal einen Zug mit einer Kutsche für das königliche Paar und dabei mag auch ein ›Jack in the Green‹ dabei gewesen sein, bedeckt von Kopf bis Fuß mit Palmwedeln, die auf einem riesigen Bogen umspannt waren mit aufgesetzten Fahnen.

Obwohl es nur in Jamaica Gesellschaften gab, hatte jede Insel ihre Vorführ-Schönheiten. Auf St. Lucia, Dominica und Trinidad existierten Blumengesellschaften, in denen sich Frauen in Rosen (Rot) und Margeriten (Blau) aufteilten. Auf Antigua wurde eine Frau, die nicht in neuer Kleidung erschien, als ziemlich ärmlich gekennzeichnet, und jene, die es sich leisten konnten, hatten nicht nur ein Weihnachtskostüm, sondern drei, eine Robe für jeden der Feiertage, hergestellt aus Materalien wie Seide, Satin oder bestickten Musselin. Die Kosten all dieser Dinge waren alles andere als bescheiden. Aber von manchen Frauen wurde erzählt, daß sie das ganze Jahr in Lumpen gekleidet gingen, um für diesen teuren Moment zu sparen. Hier hatten die Gesellschaftsmädchen von Jamaica einige Vorteile insofern, als die Damen von der Herrschaft und andere höher gestellte Personen finanziell dafür einstanden, um ihren Favoriten zu helfen. Um noch zusätzliche Geldquellen zu erschließen, ließen die Gesellschaftsmädchen eine Sammelbüchse durch die Menge reichen, die am Wegesrand stand. Die Gewinne teilten sie entweder unter sich auf oder spendierten sie gemeinsam zu einem Festessen oder großen Ball.

Um die finanzielle Förderung zu ermutigen, postierten am frühen Abend sich die Gesellschaftsmädchen in schön dekorierten Buden auf, wo sie sich vor der Bewunderung der Passanten in Pose setzten. Die Vornehmen machten den Mädchen Komplimente und erfreuten sie mit Geschenken von Wein, Likör und Süßigkeiten. Später wurden sie in die Residenzen von reichen Weißen eingeladen, zu Galaveranstaltungen, in denen jeder Luxus und jede Delikatesse, die es gab, in einer verschwenderischen Fülle ausgegeben wurde. Ein typisches Festessen bestand aus geröstetem Perlhuhn, Truthähnen, Karpaunen, Zungen, Schinken und frischen und getrockneten Früchten, als auch Champagner und mehr verbreiteten Weinen und Likören.

In bestimmten Gegenden von Jamaica gab es sogar sogenannte Französische Gesellschaften. Diese nannten sich selbst Royalisten, Mabiale und Amerikaner. Die Royalisten waren Kreolenfrauen, die Mabialen waren Afrikanerinnen, die Amerikaner waren eine Mischung von beiden. So wie bei den Roten und Blauen kleideten sich die Königinnen in einer äußerst aufsehenerregenden

Weise und führten eine jede dieser Gruppen an. Jedoch blieben die Mitglieder der Französischen Gesellschaften in der Weise gesondert, indem sie sich weigerten, sich genauso anzuziehen, wie die anderen zum Ausdruck brachten, daß sie das Tanzen in den Straßen als unaussprechlich vulgär fanden. Ihre Amusements fanden ausschließlich in privaten Residenzen statt. Dieses Tabu gegenüber Straßentanz galt auch für eine andere Gesellschaft, die als »Housekeepers« bekannt waren (Frauen, die als Beruf Haushälterinnen für weiße Männer waren).

Ob nun Weihnachten aus zwei oder drei Feiertagen bestand, so war jedenfalls ein Abschlußtanz und ein Fest der unvermeidliche Höhepunkt. Meistens bedeutete es eine weitere Nacht der Geselligkeit mit Familie und Freunden für die John Canoes, die Actor-Boys und die Set-Girls, eine Gelegenheit, sich an einer Nachlese ihrer Vorführungen zu erfreuen. Einige Plantagenbesitzer luden ein weiteres Mal zu Hauspartys ein, obwohl diese Zeit exklusiver war als die an Weihnachten. Zu seiner Party lud William Young Sklaven ein, die mit größter Schönheit gekleidet waren mit Halskrausen aus Musselin, hohen Schulterkrägen und weißen Hüten. Die Frauen waren lustig und fein gekleidet mit Tüchern, geschmackvoll gefaltet um ihre Köpfe, und mit Goldohrringen und Halsketten. Young eröffnete den Abend mit dem Tanz eines Menuetts mit einer der Frauen, aber die Klänge änderten sich, als eine Musikkapelle eintraf, die ›balafo‹ spielte, ein afrikanisches Instrument, das aus Holzstücken, die über einem Resonanzkasten montiert sind, konstruiert ist. Die Neuankömmlinge spielten eine Anzahl von Melodien und in Youngs Worten »kamen von ihren Hütten zur großen Residenz etwa ein Dutzend Mädchen und begannen einen kuriosen und höchst lasziven Tanz mit viel Grazie und Bewegung«.

Am Neujahrstag spielte sich noch mehr dergleichen ab: Mummenschanz, Gesellschaften, Tänze und andere dazugehörige Frivolitäten. Eine Stadt in Jamaica, beschrieben bei Marly (1828) in einem Roman, der gefüllt ist mit kulturellen Details, erscheint typischerweise so: »Während des Tages errichteten sie ein großes provisorisches Holzgebäude in der Mitte des Marktplatzes, das auf der Vorderseite großartig beleuchtet war mit farbigen Lampen, in verschiedenen Figuren angeordnet und außerdem noch ein paar ziemlich gut ausgeführten Transparenten. Es erschien in den Augen der Schwarzen ebenso wie der eingeborenen Weißen, die niemals von der Insel weggekommen waren, als das Non plus Ultra an wunderbarem Großen und Schönen.« Ob es mit öffentlichen Feuerwerken abschloß – mit der Aufregung feuriger Räder und explodierender Raketen – oder mit einem reizenderen Ball, das Vergnügen ging schließlich zu Ende. Sobald die Musik und der Tanz verebbten, waren die Plantagenbesitzer darum besorgt, daß die Arbeit des Zuckerrohrschneidens und der Zuckerherstellung wieder anlief.

Blaise Cendrars

Träume unterm Regenbogen

Bei den Rothäuten von New Mexico wird der Weihnachtsbaum durch einen Regenbogen aus buntem Seidenpapier ersetzt; er ruht auf zwei Stühlen über einem Torffeuer, das die ganze Nacht lang brennt, und mit seinem heißen Hauch das Seidenpapier wie ein Montgolfière aufbläht. Ich erwartete – wie man in Neapel, beim Fest von Piedigrotta, ganz leichte Ballons aus Seidenpapier aufsteigen läßt, angetrieben von der Heißluft, die ein an der Basis befestigter, alkoholgetränkter Wattebausch erzeugt, den man beim Loslassen anzündet, so daß die Nacht von durchsichtigen Kugeln erhellt ist, die in verschiedener Höhe schweben und oft auch Feuer fangen – so erwartete ich von einem Augenblick zum anderen, daß der Regenbogen seine Fesseln sprengen, entfliegen, in der Weite verschwinden würde. Doch nichts dergleichen geschah.

Die Indianer hocken rund um das Feuer und starren schweigend, sich hypnotisierend, ihren vielfarbigen Regenbogen an, während sie ihre Droge kauen, einen kleinen, als heilig geltenden Kaktus, nicht größer als ein Pilz, den berühmten Peyotl, der den Augen einen verzückten Blick verleiht.

Stunden vergehen.

Träumen sie?

Von der Vergangenheit?

Von der Zukunft?

Man weiß, daß sie sich in ihrem eigenen Land wie im Exil fühlen.

Und dann kommt plötzlich der rush. Es ist der reine Wahnsinn. Wie gejagt von Gott weiß welcher uralten Wut, springen sie alle auf einen Schlag auf und stürmen aus dem Gemeinschaftshaus hinaus.

Vor fünfundzwanzig Jahren pflegten sie sich auf ihre Pferde zu schwingen und in der Weihnachtsnacht in der einzigen Straße des pueblo ein tolles Wettrennen abzuhalten, und die Frauen bombardierten sie mit Wassermelonen, um die Pferde zu reizen und sie in gestrecktem Galopp in einer Staubwolke dahinrasen zu sehen. Heutzutage springen sie in ihre Autos, und jeder fährt mit irrsinniger Geschwindigkeit bis zur Grenze, wo sie sich Rad an Rad zusammendrängen und wieder in Kontemplation versinken.

Drüben auf der anderen Seite liegt eine pilzartig aufgeschossene Erdölstadt in ihrem Kranz von Bohrtürmen, Leuchtschriften auf den Dächern, Scheinwerfer, Neonlichter, grölende Lautsprecher. Aus der offenen Tür der Nachtlokale dringt Tanzmusik, abgerissene Schlagerfetzen, Chansons mit Schnaps-Atem.

Ein Indianer, der die Grenze illegal überschreitet, kommt nie wieder zurück.

Der Ort heißt Stinking Springs oder Ojos Calentes, je nachdem wo man steht, so wie Pascal, diesseits oder jenseits der südlichen Grenze.

Weihnachten in Lateinamerika

Die Krippe ... ist auch das dominierende Symbol der spanischen Weihnacht in Lateinamerika. Seit dem zweiten Weltkrieg erobern daneben Weihnachtsmann und lichterglänzender Christbaum diesen Kontinent, die allerdings wenig zu den klimatischen Voraussetzungen passen wollen. Es müßte dort heißen: »Mitten im heißen Sommer ... wohl zu der halben Nacht.« Überall, im Radio, auf Straßen und Plätzen erklingt zwischen heimischen Volksliedern und Sambarhythmen unser »Stille Nacht, Heilige Nacht«. An Pinien und Kakteen und Weihnachtsbäumen aus Pappmaché sind Kerzen befestigt. In Rio de Janeiro hat der Magistrat auf dem Hauptplatz einen besonders hohen Baum aus Pappmaché errichtet: »Feliz Natal!«

In Brasilien kommt seit kurzem der Weihnachtsmann mit dem Helikopter bei 40° im Schatten vom heißen Himmel und nicht aus dem Winterwald.

In La Paz, der Hauptstadt Boliviens, wo in den Weihnachtstagen kein Schnee fällt, importiert man gerne Tannenbäume aus Deutschland und besteckt sie am 24. Dezember mit Watteflocken. – Nach Chile brachten deutsche Einwanderer den Christbaum mit, und angeblich ist es dort am Weihnachtsabend üblich, daß Deutsche und Chilenen auf den Straßen mit dem Ruf grüßen: »Viva Chile – viva Alemania!« Am Abend ziehen in den großen Städten überall die Wachparaden auf, und es mischen sich Militärmusik, Weihnachtslieder, Jahrmarktsklänge und Kirchenglocken. Vor allem aber gibt es in ganz Lateinamerika kein Weihnachtsfest ohne große Weihnachtslotterie, ohne Weihnachtsstierkampf, deren Erlös häufig der Weihnachtsbescherung armer Kinder zugute kommt. Mit dem bunten Treiben landesüblicher Volksfeste verbinden sich kirchliche Kultübungen; internationale Züge bürgerlicher Weihnachtsmode, wie sie sich seit dem vorigen Jahrhundert von Deutschland aus über die ganze Welt verbreitet haben, kommen als Prestigezeichen hinzu. Das wird besonders deutlich an Pressemeldungen wie der folgenden, daß eine Indiofrau in der Hauptstadt Boliviens am Heiligen Abend schnell vor Geschäftsschluß zwei Weihnachtsbäume für ihre Familie erstanden habe, weil sie sich reicher fühle als die Weißen! – Die Hochlandindianer feiern Weihnachten auf ihre traditionelle Art. Sie halten ihren großen Weihnachtsmarkt ab, tanzen und trommeln an ihren dörflichen Kultstätten, und wenn am Abend die Heiligen Drei Könige geritten kommen, dann folgen die Indios dem Zug bis zur nächsten großen Wallfahrtskirche, wo sie ihre Haustiere nach der Christmesse vom padre segnen lassen.

Blaise Cendrars

Die Hahnenmesse

In Bahia, dem Rom der brasilianischen Schwarzen, in Bahia de todos los Santos, der »Bucht aller Heiligen«, wo es mehr Kirchen gibt als Tage im Jahr, in Bahia in der Kirche Bom-Fin, »vom guten Tode«, der Pfarrkirche der Neger, zelebriert man am Weihnachtstag die Hahnenmesse, und die Menge der Gläubigen, die sich um die Krippe drängt, betet nicht so sehr das göttliche Kind an als einen der Heiligen Drei Könige, der ein Schwarzer ist. Sie jubelt bei der Vorstellung, daß Kaspar und sein mächtiger Elefant, die aus Afrika, dem Land der Königin von Saba kamen, sich das Himmelreich erworben und die Pforten des Paradieses nicht nur für die afrikanischen Schwarzen, sondern auch für ihre Tiere aufgetan haben.

Darum sind in den Krippen von Bahia der Ochs und der Esel oft anders dargestellt: der Esel als Dromedar, der Ochs als Zebu, und ein Gefolge von afrikanischen Haustieren umringt sie, dazu noch alle wilden Tiere aus dem Busch der Alten und der Neuen Welt, die sich über das

Kindlein neigen. Dieses ist oft ein Negerlein und öfter noch ein kleines Mulattenmädchen, das im Hintergrund der zum Platzen vollgedrängten Kirche im Stroh zappelt. Und dann der Hahn!

Wie bei den Griechen der Hahn des Asklepios, spielt bei den Hexereien der Neger der gewöhnliche Hofhahn, sein Krähen, seine Abschlachtung, das Blut, das aus seinem Hals spritzt, eine große Rolle. Darum hat er auch seinen Platz in der Krippe. Die Opferung eines Hahnes ist ein häufiger Brauch. Ich habe in Bahia eine Krippe gesehen, in der ein lebender Hahn den Platz des Sternes von Bethlehem einnahm. In einer anderen Kirche war ein toter Hahn mit einem langen Pfeil auf den Stern aufgespießt, und in der Kapelle von Bom-Fin war ein schwarzer Hahn von einem vergoldeten Degen durchbohrt; dem entsprangen drei Zickzackblitze in einem Gewitterhimmel, die den Namen Herodes in Teerbuchstaben trugen.

Aber die Hahnenmesse hat nichts Tragisches an sich. Man feiert die Lebensfreude, das Glück des Daseins, und wie in den afrikanischen Fabeln spielen dabei die Tiere der Schöpfung die erste Rolle. Noch mitten in den Gebeten und Psalmen imitieren die Gläubigen Tierstimmen; sie wiehern, muhen, meckern, brüllen, bellen, kläffen, pfeifen, gurren und krähen, daß es in alle Winkel dringt, während die Bettler an der Kirchentür singen:

Viva, viva, viva,
Viva a alegria
Na casa de Vossa Senhoria!

Es lebe, es lebe, es lebe
Es lebe die Freude,
Im Hause der gnädigen Herrschaften!

BLAISE CENDRARS

Neuseeländische Idylle

Für Francine de Bovril

Die Antipoden. Der Sommer der südlichen Hemisphäre. Es ist Weihnachten. Ich bin vom Pferd gesprungen und betrachte von der Höhe der Düne aus den von Menschen wimmelnden Strand, die Städter, die sich hinter den Haifischsperren tummeln. Der whale shark besitzt drei Zahnreihen und sechstausend Zähne in jedem Kiefer. Gestern machte sich eine Robbenherde in der Sonne breit, vorgestern spielten zwei See-Elefantenpaare auf offener See. Ich lege meinem Pferd Fußfesseln an und laufe hinunter, um zu baden. Dann steige ich wieder die Düne empor, ziehe mich an, schwinge mich in den Sattel und jage, beide Sporen eindrückend, ins Innere zurück. Es ist Weihnachten. Die Hirten. Der Stern. Der Stall zu Bethlehem. Die Krippe. Die blauen Engel des Piombino in der Sakristei des Vatikan. Sphärenmusik. Friede auf Erden den Menschen, die guten Willens sind ... Schafe. Vor einem Jahr war ich in Rom ...

Wenn es irgendwo auf Erden ein Pays du Tendre, ein Land des Friedlichen gibt, ist es, auf den ersten Blick,

Neuseeland. Auf diesen zwei glücklichen Inseln weiden große Herden von auserlesen schönem Vieh im üppigen Gras der Täler. Das ganze Jahr hindurch stört nichts ihre Ruhe. Man kann tagelang im Auto, wochenlang zu Pferd reisen, ohne einer lebenden Seele zu begegnen. Man kann einen Berggrat um den anderen übersteigen und in immer neue Hügellandschaften gelangen, ohne jemals aus dem Weideland herauszukommen. Außer einem versteinerten Wasserfall, einem als Miniaturschweiz hergerichteten Winkel für neugebackene Ehepaare, die hier ihre Flitterwochen verbringen, und für alte Ehepaare, die hier ihre goldene Hochzeit feiern, außer einigen Hainen von seltenen tropischen Pflanzen, so sonderbar und lebensvoll wie in Ceylon, insbesondere Riesenfarne, die den einzigen Überrest der ursprünglichen Flora darstellen, begegnet dem Auge nirgends etwas Malerisches. Das ganze Innere des Landes ist durch hohe Zäune, fünf Reihen Stacheldraht, in regelmäßige Quadrate geteilt, die als Viehweiden dienen. Täler schachteln sich sanft in Täler, Hügel folgen auf Hügel. Nichts unterbricht die Gleichförmigkeit, die Eintönigkeit der dunkelgrünen Wiesen, die sich überall erstrecken, des glänzenden Grases, das den Himmel widerspiegelt, als wäre es Wasser, und der Landschaft, die es bedeckt, den ihr eigentümlichen Aspekt von Ruhe, von Frieden und heißer Sommerstille verleiht.

Nur zufällig stößt man, wenn man Glück hat, hie und da auf eine Gruppe von hohen Eukalyptusbäumen, die mit ihren duftenden, vom Gurren der Tauben und dem Rauschen der papiernen Blättchen erfüllten Laubdach einen Bauernhof beschatten, wenn man den nagelneuen Bungalow so nennen kann, wo ein Ansiedler, nicht etwa ein Bauer, wo eine gutbürgerliche Dame, nicht etwa eine Bauersfrau, abends vor dem Pianola oder dem Radioapparat Platz nehmen.

Die Nacht kam, die Weihnachtsnacht. Ich war den ganzen Tag herumgetrabt, offenkundig hatte ich mich verirrt. Und ich trabte noch lange durch die sternbesäte Nacht weiter, verwirrt und desorientiert, aber nicht durch den bestürzenden Glanz, den das Kreuz des Südens ausstrahlte, sondern durch Milliarden von blinkenden Lichtchen, die nichts anderes waren als toll verliebte Leuchtkäfer.

Schließlich stieg ich in einem Wäldchen ab und band mein Pferd an einen Baum. Der Eukalyptus duftete. Ein schwacher Lichtschein drang durch die schuppigen Baumstämme, dazu leise Musik. Ein Klavier. Eine menschliche Behausung am Eingang eines Tälchens.

Ich näherte mich geräuschlos und sehe noch heute das erstaunliche Bild vor mir: ein Mann und eine Frau, er im Smoking, sie im dekolletierten Abendkleid, eine Perlenkette um den Hals. Sie saßen nebeneinander auf einer gobelinbezogenen Klavierbank, mit dem Rücken zum offenen Fenster und spielten dreihändig. Etwas aus dem Bajazzo. Hinter ihnen auf dem Tisch eine Petroleumlampe, eine Flasche Whisky, Gläser und auf einem Spirituskocher, im Wasserbad, ein Plumpudding in seiner Blechbüchse ... Trotz der Müdigkeit, die mich erdrückte, stand ich eine lange Weile dort und sah die beiden Menschen an, Schulter an Schulter für sich selbst spielend und einander dabei zulächelten. Sie waren allein auf der Erdoberfläche ...

Es war Mitternacht, als ich ihre Bekanntschaft machte. Sie haben mir nicht ihre Geschichte erzählt. Vielleicht hatten sie keine. Ein glückliches Paar, das die Einsamkeit gewählt hatte. Das ist ein unschätzbares Geheimnis: Friede – Glück ... Aber man durchquert das Leben nicht auf gesicherten Fußgängerstreifen. Der Mann hatte den Krieg mitgemacht und wie ich einen Arm verloren.

Eine komische Begegnung. Aber es war eine gute Weihnachtsnacht. Er den linken, ich den rechten. Wir stießen an. Er war ein Anzac aus dem Artois. – Mein Gott, wie klein die Welt ist, wenn man reist!

Kurisumasu

Im Jahre 1549 betrat der erste christliche Glaubensbote japanisches Land, und mit dem Jesuitenpater und Missionar Franziskus Xaverius kam auch das Weihnachtsfest ins Land. Erste geschichtliche Aufzeichnungen über Weihnachtsfeiern gibt es fünf Jahre später aus der Stadt Yamaguchi, in der die erste gesungene Messe stattfand. Weitere Feiern sind überliefert, so zum Beispiel aus dem Jahre 1562 in Hirado, wo der Nachfolger des hl. Franz Xaver nach portugiesischer Sitte eine Reihe von Mysterienspielen aufführte.

Beim ersten großen Weihnachtsfest in Kuchinotsu 1565 wurden Kirche, Straßen und Häuser mit grünen Zweigen von Nadelhölzern geschmückt, eine Sitte, die sich in den christlichen Gemeinden des Landes einbürgerte. Hier erklang auch zum ersten Mal polyphone Musik mit Harmonium und Violine.

Und noch ein anderer Brauch, der sich auch später zur Zeit der Christenverfolgung erhielt, entstand: Das Holzsammeln der Kinder im Walde. »Voll Freude und Jubel machten sich die Knaben einige Tage vor Weihnachten auf, um in den Bergen das ›otogie no maki‹, das ›Märchenholz‹ zu sammeln, das sie vor der Kirche oder dem Versammlungshaus der Christen aufstapelten, um es in der Heiligen Nacht zu verbrennen.«

Trotz der Christenverfolgung (ab 1613) durch das Tokugawa-Shogunat und einer 250jährigen Herrschaft desselben lebte das Christentum in Japan wieder auf, und mit ihm sein Lieblingsfest, das »nataru«, wie die japanischen Christen Weihnachten nach dem portugiesischen Wort natal nannten.

»Zwei oder drei Wochen vor nataru war ihre Adventszeit oder die Sammelzeit des ›Märchenholzes‹ oder des

Holzes für das ›erhabene Kind‹. Am Weihnachtsabend bereiteten sie ein Festessen. Die Stallungen wurden innen und außen gereinigt, da das göttliche Kind in einem Stalle geboren wurde. Den Kühen streute man frisches Stroh und gab ihnen sekihan als Festschmaus (gekochter

Reis mit Salz und Mohn). Im Stalle stellte man einen neuen Futterkorb mit frischem Stroh auf, das ›Bettlein des Himmelskindes‹. Daneben wurde ein Gefäß mit frischem Wasser gestellt, damit das Kind gewaschen werden konnte. Und damit das Kind nicht friere, zerkleinerte man das im Walde gesammelte ›Märchenholz‹ und schichtete es vor dem ›Bettlein‹ auf. Die ganze Nacht wurde dann im Gebete zugebracht.«

Aus dem Jahre 1937 berichtete der Jesuitenpater Gerhard Huber folgendes:

»Wer im Dezember eine japanische Stadt [diesen Eindruck gewann er wahrscheinlich in Nagasaki und hörte ähnliches auch von anderen Städten] durchwandert, könnte fast glauben, in einem christlichen Lande zu sein. Überall begegnet man den Zeichen des nahen Weihnachtsfestes. Die Schaufenster prangen in glitzerndem Wachsschmuck, die Konditoreien legen Backwerk aus, wie es in christlichen Ländern nur zu Weihnachten zu sehen ist, und große, reich verzierte Torten tragen die süße Aufschrift: ›Merry Christmas‹. Cafés und Bars haben neben dem reichlich überladenen Christbaum auch den ›Santa Krôs [eigentlich: Kurosu, d. i. St. Nikolaus] in Lebensgröße aufgestellt. In den Schreibwarenhandlungen findet man Briefbogen und Postkarten mit Weihnachtsgruß, Immergrün und Sternen. Die Zeitungen bringen mächtige Reklamen der Warenhäuser und Geschäfte ... Zeitschriften und Illustrierte bringen Bilder von Weihnachtsfeiern hie und da im Lande.«

Während des Pazifischen Krieges war dann das Weihnachtsfest als das Fest des Feindes verboten. Erst nach dem Zweiten Weltkrieg fand es, angeregt durch die amerikanische Besatzung, immer mehr Anhänger im Fernen Osten. Allerdings in Form einer kommerzialisierten Weihnacht, denn nur etwa 1,4 % der Bevölkerung sind Christen und feiern Weihnachten als Geburt Christi. Für viele Japaner bietet sich das Fest als Gelegenheit an, die zwischenmenschlichen Beziehungen innerhalb der Familien und im Freundeskreis zu pflegen. Für die japanische Jugend ist Weihnachten (Kurisumasu) heutzutage ein »event«, das »in Diskotheken, Restaurants, Cafes, Clubs und anderswo« gefeiert wird.

»Bei den Kindern hat das Weihnachtsfest noch etwas Geheimnisvolles, denn in ihrer Vorstellung ist es mit Santa Claus (Weihnachtsmann) und Geschenken verbunden. In der Frühe des 25. Dezember finden viele Kinder einen Socken mit Gaben neben ihrer Schlafstelle.«

Während aber Weihnachten ein rein privater Geschenkanlaß ist, findet die eigentliche traditionelle Geschenkübergabe am Ende des Jahres statt als formelle gesellschaftliche Sitte.

Auf dem Dach der Welt

Obwohl Lhasa fast viertausend Meter über dem Meer liegt, sind seine Winter sehr milde, und nur selten fällt Schnee. Als die Stadt sich in diesem Jahr zum Großen Neujahrsfest rüstete, kündigten bereits die Sandstürme das Herannahen des Frühlings an.

Die Neujahrsfeierlichkeiten begannen am neunundzwanzigsten Tag des letzten Monats im alten Jahr mit dem Torgjafest (Opferfest) im Potala. Voll Erwartung begab ich mich mit meinen Eltern und Geschwistern zum Dalai Lama, der uns in seinen Gemächern begrüßte und uns auf den für uns bestimmten Balkon führen ließ. Er selbst wohnte den Veranstaltungen, die in einem der riesigen Palasthöfe, dem Dejangschar, stattfanden, inmitten seiner Lehrer und Betreuer auf dem höchstgelegenen Balkon bei, wo hinter einem gelbseidenen Vorhang ein Platz für ihn errichtet war. Seine Familie und die anderen Beamten saßen in den tiefer gelegenen Rängen; denn niemand durfte einen höher gelegenen Platz einnehmen als der Dalai Lama.

Auf den flachen Dächern der anliegenden Gebäude drängte sich eine buntgekleidete, freudig erregte Menge.

Alles wartete gespannt auf den Beginn des abwechslungsreichen Schauspiels, das ausschließlich die Mönche aus dem Kloster im Westflügel des Potala bestritten. Scherzworte flogen hin und her, man tauschte Vermutungen über das kommende Jahr aus und pries den scharfen Wind, der sich in den Vorhängen des Dalai Lama verfing und als günstiges Omen für ein gutes neues Jahr galt.

Doch plötzlich ging ein Raunen durch die Menge, und dann trat völliges Schweigen ein. Gebannt blickte alles auf die steile Holztreppe, auf der die erste Gruppe der Akteure sichtbar wurde. Von sieben maskierten Mönchen umringt, erschien Hasching, ein Mongole von riesigem Wuchs, ebenso stark wie gutmütig, der jetzt eine derart große Maske trug, daß sie ihn am Sehen behinderte und seine Begleiter ihn rückwärts gehend die Treppe herunterführen mußten. In der Mitte des Hofes angelangt, warfen sie sich feierlich in Richtung auf den Dalai Lama zu Boden. Dann begannen sie ihre tänzerischen Darbietungen, mit denen auf Ereignisse aus der Geschichte des Landes angespielt wurde. Als der traditionell festgelegte Teil ihres Programms zu Ende war, gingen sie unter den anfeuernden Zurufen des Publikums zu drolligen Improvisationen über. Soldaten in den Kettenhemden, die man vor Hunderten von Jahren erobert hatte, feuerten ihre vorsintflutlichen Vorderlader ab, daß der Pulverdampf einem fast die Sicht nahm.

Die nächste Gruppe waren eine Anzahl Mönche in Tiermasken. Ihre komischen Sprünge und Verrenkungen wurden von den Zuschauern mit hellem Gelächter begleitet. Die meisten Tibeter kannten nicht die tiefere

Bedeutung der vielen Masken und Figuren, sondern freuten sich lediglich an dem bunten und scheinbar nur der Unterhaltung dienenden Schauspiel. Aber jede einzelne Figur besaß symbolischen Charakter und hatte eine lange Geschichte, die allerdings im Laufe der Zeit in Vergessenheit geraten und nur noch den Eingeweihten bekannt war. In der langen Reihe der mehrere Stunden dauernden Tscham oder Tanzdarbietungen gab es viele Masken, die für den ungelehrten Zuschauer nicht mehr bedeuteten als einen phantasievollen Augenschmaus und lediglich Gelächter ernteten. Erst als die Schwarzhuttänzer auf den Plan traten, bemächtigte sich der Menge eine deutlich spürbare Ergriffenheit. Daß diese Tanztruppe Dämonen darstellte, war allgemein bekannt, und die kostbaren alten Gewänder gehörten zu den unvergeßlichen Eindrücken des ganzen langen Schauspiels. Der Vortänzer der Gruppe, der alle anderen überragte, hatte den Part des Dämonengottes zu spielen. Die einzelnen Tänzer trugen auf ihren in dunklen Farben gehaltenen Gewändern kunstvoll gearbeitete Ketten aus Menschenknochen, die fast bis zum Boden reichten. Beim Tanzen verursachten diese Ketten, die den Namen Rügjen haben, ein seltsam schauriges Geräusch. Jäh verstummten die Zuschauer.

Eine Tanzgruppe folgte der anderen. Gute und böse, schöne und häßliche Masken wechselten einander ab. Wo kurz zuvor ein anmutiges Wesen über den Hof geschwebt war, torkelte jetzt ein grausiges Skelett. Der allerbeste Tänzer aber vollführte in der Maske eines Hirsches derart wilde Sprünge, daß einem schon vom Zuschauen schwindlig werden konnte.

Den Abschluß der Darbietungen bildete eine Pantomime. Ein riesiger Bogen Reispapier, auf den eine männliche Figur gezeichnet war, wurde mitten in den

Hof gelegt. Angeführt vom obersten Magier, tanzten alle Mitwirkenden zu den Klängen der Trompeten, Trommeln, Oboen und Tschinellen um dieses Papier herum und machten durch ihre Gesten deutlich, daß alle Übel und alles Schlechte des zu Ende gehenden Jahres der gezeichneten Figur aufgebürdet werden sollten.

Während der Tanz sich zu immer wilderen Sprüngen steigerte, loderte in einer Ecke des Hofes ein helles Feuer aus Dornenzweigen auf, über dem ein Kessel voll Öl zum Sieden gebracht worden war. Die Musik schwoll zu ohrenbetäubendem Lärm an, immer heftiger und schneller sprangen die Tänzer, der Magier ergriff unter lautem Klatschen der Menge den Papiermann und warf ihn in das kochende Öl. Eine Hirnschale voll Alkohol ließ das Feuer noch einmal hoch auflodern, und so hatte sich alles Böse des alten Jahres in nichts aufgelöst.

Dieses Schauspiel war zugleich Höhepunkt und Ende der Veranstaltung. Wir bedankten uns beim Dalai Lama für die Einladung und suchten die Wohnung der Eltern auf. An diesem Abend gab es in allen tibetischen Familien die Guthug, eine dicke Suppe mit Klößen, in die Steine, Holzstücken, Wolle, Würfel und Münzen oder auch ein Klümpchen Salz oder Paprika eingeknetet waren. Alle diese Gegenstände oder Gewürze waren mehr oder weniger gute Omina. Suppe und Knödel wurden wie üblich mit der Schöpfkelle verteilt, und unter Lachen und Scherzen deutete man die einzelnen Funde, ähnlich wie beim Bleigießen in anderen Ländern.

Die ersten beiden Tage des neuen Jahres wurden in Lhasa lediglich von der Regierung und dem Laienvolk festlich begangen. Am dritten Tag begann das Mönlam Tschenmo, das Große Gebet, eine dreiwöchige Folge von großen und kleineren Veranstaltungen, an denen vor allem die Mönche aus der näheren Umgebung teilnahmen. Schon am frühen Morgen strömten Tausende aus allen Himmelsrichtungen in die Stadt. Mit den etwa fünfundzwanzigtausend Einwohnern und den vielen Pilgern, die zu diesen hohen Festtagen nach Lhasa kamen, waren an die hunderttausend Menschen versammelt, um im gemeinsamen Großen Gebet für Mensch und Tier auf der ganzen Erde zu bitten und Glück und Segen für das eigene Land zu erflehen.

Mein kleines Haus lag in der Mitte der Stadt, nur wenige Schritte vom Tempel Tsuglagkhang entfernt. Jeden Vormittag nahm ich dort an der großen Versammlung teil, zu der sich etwa zwanzigtausend Mönche einstellten. Wer keinen Platz mehr im Tempelinneren fand, stieg auf die flachen Dächer der umliegenden Gebäude oder murmelte seine Gebete in den Höfen und Straßen. Eine Unzahl Mönchsdiener war damit beschäftigt, die Betenden mit Tee und Suppe zu versorgen. Die Suppe, bei deren Zubereitung mit Reis, Fleisch, Butter, getrockneten Früchten und Käse nicht gespart wurde, schmeckte immer ein wenig angebrannt, was jedoch niemanden zu stören schien, ja im Gegenteil sogar dazu gehörte. Der Tee floß in Strömen, es gab große Mengen oft nicht mehr ganz frischer Butter dazu, und jeder der Versammelten mischte sein Getränk in der Holzschale mit Tsampamehl aus dem mitgeführten Säckchen.

Anschließend an die große Versammlung fand Sungtschöra statt, zu der Mönche mit abgeschlossenem Studium aus nah und fern herbeikamen und um den Titel eines Lharimpa kämpften. Die theologischen Disputationen dieser gelehrten und erfahrenen Männer lockte stets ein zahlreiches Publikum an. Die Wettkämpfe gingen in Anwesenheit der Äbte vor sich, ein Schiedsrichterkollegium entschied über den Rang, den sich der einzelne Teilnehmer durch seine Leistungen erworben hatte. Man unterschied zweiundzwanzig Rangstufen, von denen die ersten fünf das Anrecht auf die Würde eines Khenpo in einem der großen Klöster und sogar auf die Regentschaft gaben. Das Publikum in der Halle und auf den Galerien verfolgte die Darbietungen, bei denen es auch um die Ehre der Klöster ging, aus denen die Bewerber stammten, mit leidenschaftlicher Anteilnahme. Besonders gute Leistungen ernteten reichlichen Beifall, und wer sich schließlich geschlagen geben mußte, hatte mit tausendstimmigem Gelächter zu rechnen.

An manchen Tagen begab sich auch der Dalai Lama aus dem Potala in den Tsuglagkhang. Auf beiden Seiten in zeremonieller Weise von den Äbten gestützt, zog er in feierlicher Prozession durch die überfüllten Straßen, gefolgt von seinen Lehrern, den obersten Äbten der Klöster, den Kabinettsmitgliedern und vielen Rimpotschas, zu denen auch ich mich gesellen durfte. Im Tempel stand ein Thron für ihn bereit, und eine unübersehbare Menge strömte herbei, um seinen Segen zu empfangen. Diese Zeremonien, bei denen jeder Gläubige, dem sein Segen erteilt wurde, eine rote Glücksschleife erhielt, dauerten fast den ganzen Tag.

Solange der Dalai Lama oder der Regent und andere hochgestellte Persönlichkeiten sich in der Stadt aufhielten, herrschte eine erstaunliche Ruhe und Ordnung.

Während der Prozession bildeten Soldaten auf dem Barkor Spalier. Waren die Würdenträger aber wieder in den Potala zurückgekehrt und die Soldaten abgezogen, konnten die Dopdops, die ausgesuchten Polizeimönche mit den schwarzen Gesichtern, den gewaltigen Stöcken und den ausgestopften Schultern, sich nur noch mit Mühe Respekt verschaffen. Diese Polizeitruppe, der für die Dauer der Festtage, in denen die weltliche Stadtverwaltung nicht in Aktion trat, die Sorge um Ruhe und Ordnung oblag, bestand aus den Dopdop-Abordnungen der einzelnen Tratsangs.

Die Soldaten in ihren alten Rüstungen boten in der farbenfreudigen Menge einen besonders malerischen Anblick. Wo immer sie sich in diesen Tagen zeigten, strömten die Schaulustigen zusammen. Die Generale, die Jasos, in prächtigen Brokatmänteln und mit kostbaren Blaufuchspelzmützen, zogen mit ihnen ans Flußufer, wo aus alten Mörsern unter ungeheurer Rauchentwicklung in die Luft geschossen wurde, um böse Geister von der Stadt fernzuhalten. Am Flußufer verbrannte man auch die Butterornamente, die denselben Sinn hatten wie jene beim Torgjafest im Potala.

Am Fünfzehnten des Neujahrsmonats versuchten einzelne Haushalte und Tratsangs, einander mit ihren hohen Buttertürmen zu übertreffen. Für das schönste Ornament verlieh die Regierung einen Preis. Viele waren weit größer als die Buttertürme in Kumbum, aber an Schönheit und Einfallsreichtum konnten sie sich nicht mit ihnen messen.

Als Inkarnation Tagtsers hatte ich bei allen Zusammenkünften einen Ehrenplatz. Ich besuchte auch die sportlichen Veranstaltungen, die innerhalb Lhasas stattfanden und an denen sich jederman beteiligen konnte. Da gab es Wettkämpfe im Laufen, Ringen und Gewichtheben und als Abschluß ein großes Pferderennen. Obwohl nur Katas als Preise zu gewinnen waren, erfreuten sich die Wettbewerbe eines großen Zulaufs, und oft säumten wohl fünfzigtausend Zuschauer die Kampfplätze.

Als die drei Wochen des Großen Neujahrsfestes um waren, leerte sich die Stadt sehr schnell. In riesigen Gruppen zogen die Mönche in die umliegenden Klöster durch die Ausfallstraßen, der Lärm verstummte, die Händler schlugen wieder ihre Stände auf. Stille legte sich über die Stadt, und es war, als wollte man nach den anstrengenden Festlichkeiten Kraft sammeln bis zum Tsogtschö Mönlam, dem Kleinen Gebetsfest, das bereits zwölf Tage später begangen wurde.

Abermals drängte sich zwölf Tage lang eine unübersehbare Menschenmenge durch die Stadt. Die bemerkenswertesten Veranstaltungen des zweiten Festes zu Beginn des neuen Jahres waren die theologischen Disputationen zur Erlangung der verschiedenen Ränge des Tsogrimpa, eines Titels, der nicht so hoch gewertet wurde wie der Lharimpa, wenn auch beide die Würde eines Geschi, eines anerkannten Gelehrten der Religionswissenschaften, bedeuteten. Die Krönung der gesamten Neujahrszeit aber bildete die große Prozession, die mit der Zurschaustellung der riesigen Fahne Göku ihren Abschluß fand. Ein schier endloser Zug bewegte sich über die Türkisenbrücke

zum Potala. Die farbenprächtige Menge führte riesige Figuren aus Pappmaché mit sich, bizarre Darstellungen von Dämonen und Tieren. Kräftige Mönche trugen Tempel- und Klosterfahnen, Schirme aus kostbarer Seide und Brokat und andere Glückssymbole. Vor dem Potala angelangt, führte man wilde Tänze zum Klang der Trommeln auf. Schließlich wurde die sechzig Meter breite Göku, die für diesen einen Vormittag im Jahr aus ihrem eigenen Haus geholt wurde und von den Fenstern des Potala herabhing, der Menge gezeigt. Behutsam zogen Diener den Schutzvorhang ein, der die kostbaren Stickereien und die aufgenähten Ornamente aus Goldbrokat beim Aufrollen schützte. Als die Göku in ihrer unerhörten Farbenpracht sichtbar wurde, ertönten laute Rufe der Bewunderung, in die sich jedoch bald die ersten Äußerungen des Bedauerns darüber mischten, daß die schöne Zeit des Festefeierns nun ihr Ende fand. Schon nach wenigen Stunden holte man die prächtige Fahne wieder ein, der Alltag eines neuen Jahres konnte beginnen.

Selma Hörnle

In den Himalayas

In Nordindien ist die Hitze von Mai bis Oktober so drükkend, daß man sich in Europa kaum einen Begriff davon macht. Körper und Geist erschlaffen, Fieber und andere bösartige Krankheiten zehren an den Kräften: da winkt als heitres Asyl dem Europäer der Aufenthalt in den Bergen während der Sommermonate entgegen. Frauen, Kinder, Kranke, beschäftigungslose Reiche bilden ein Heer von Zugvögeln, die jedes Jahr mit dem Beginn der heißen Zeit den Himalayas zufliegen.

Dort hoch im Norden, wo dereinst – der Legende gemäß – Yudhishtir, einer der Herren des Volks, im Nimbus der Heiligkeit in den »swarga« (Himmel) hinein verschwand, stehen sie aufgetürmt, diese Mauern der Ewigkeit, und zwischen ihnen und einem niederen Vorgebirge, den Sawaliks, denkt euch ein völlig abgeschlossenes Tal mit einem Pfarrhäuschen darin. In diesem wohnte und hauste eure Erzählerin während der Wintermonate der letzten zwei Jahre. Dunkel und nächtig ist dieses Tal, wenn die gewaltigen Orkane des Gebirgs über die Tristen hinsausen, der Himmel aussieht wie die prächtigste, dichteste Nacht, grelle Blitze am Horizont zucken und der Donner in den fernen Bergen wie die Stimme eines erzürnten Löwen klingt, der, aus seiner Ruhe aufgestört, mit dumpf anschwellendem Grollen sich erhebt und zuletzt mit gräßlichem Gebrüll auf seine Beute stürzt. Die Schauer der Einsamkeit, die sich in der Einbildung so entzückend ausnehmen, kann da das Gemüt bis zu ihrer ganzen fürchterlichen Gewalt auskosten und man lernt die Wahrheit des Wortes erkennen, daß es dem Menschen nicht gut ist allein zu sein. In dieser Umgegend findet man auch noch wilde Tiere, Elefanten, Tiger und Leoparden. Die Teepflanzer der Umgegend geben sich viel mit dem Vergnügen der Jagd ab. An Weihnachten besonders vereinigen sie sich zu größeren Partien, nehmen Zelte mit sich und gehen auf die Tigerjagd. Hier in der Nähe, wo die rauschenden Gewässer des heiligen Djamna der fernen Ebene zueilen, haben diese Nimrode schon manchem Tiger aufgelauert, mit sichrer Kugel ihn getötet und hernach mit großem Behagen die

Jagdabenteuer uns Frauen erzählt und die Trophäe des Sieges, das prachtvolle, gestreifte Fell uns gezeigt. An Weihnachten fällt auch auf den niederen Bergen des Himalayas Schnee und die weißen Berghäupter nehmen sich herrlich aus gegen die Streiflichter und Schatten auf den braunen Bergabhängen. Schön wiederum ist es hier, wenn des Abends der wandernde Fuß durch die langen Baumalleen dem nahen Ziele des Spaziergangs zueilt, auf der einen Seite die Abendröte sanft hinter den Bäumen verglimmen und auf der anderen den Vollmond in all seiner Pracht hinter den hohen Wipfeln aufsteigen zu sehen. Kein Laut ertönt ringsum durch die laue Luft als das vergnügliche Zirpen der Insekten, kein Mensch zeigt sich auf den schmalen Pfaden zwischen dem langausgedehnten Meer von Teegärten; kein Blatt regt sich – vollkommen und unbeschreiblich schön ruht auf der ganzen einsamen Natur Stille und Friede. Doch nicht ganz allein hauste eure Erzählerin in der Einsamkeit; das kleine Pfarrhäuschen war bewohnt von den betagten Eltern, und eine ganze Schar wißbegieriger brauner Kleinkinderschüler war ihrer besonderen Obhut anvertraut. Ihr hättet sie einherziehen sehen sollen, diese jungen Schulrekruten, die Knaben in roter, die Mädchen in blauer Uniform, in langer Kette, im eingeschulten Trab und mit lauter, kräftiger Stimme ihre Lieder singend. »Die Armee des Generalgouverneurs kommt«, so begrüßten die Eltern und Lehrer diesen Zug am letzten Weihnachtstag, den ich in ihrer Mitte verlebte, als die Kinder zur Bescherung in die Kirche zogen. Dort brannte ein schöner großer Tannenbaum, denn Tannen gibt es ja in den Himalayas so gut wie im Schwarzwalde. Jedes der Schulkinder fand eine reichliche Bescherung, reichlich für die Begriffe dieses einfachen Landvolkes. Rings um den Baum waren Bänke gestellt, und auf denselben befand sich für jedes

Kind ein Körbchen, gefüllt mit indischem Zuckerwerk, Orangen und Paradiesfeigen.

Feiern in Singapur

Die frühesten, historisch belegten Beschreibungen des chinesischen Neujahrsfestes stammen aus der Han-Zeit (206 v. Chr. – 220 n. Chr.). Bis heute richtet sich der Beginn des Festes nach dem »bei alten Zivilisationen üblichen Mondkalender, der auch als Bauernkalender bekannt ist.«

Seinen Ursprung hat das Fest im nördlichen China, wo in der überwiegend agrarischen Gesellschaft Arbeit und Ruhe dem Wechsel der Jahreszeiten entsprachen. Naturgemäß bot die kalte Jahreszeit die einzige Gelegenheit für soziale Aktivitäten. Wurden auch für die gesamte Dauer dieser Jahreszeit soziale Kontakte gepflegt, so stellte das Neujahrsfest am Ende der Frostperiode den Höhepunkt dar. Das alte Jahr wurde verabschiedet und das neue ausgiebig begrüßt, wobei das religiöse Element stark überwog. Das Fest war in erster Linie eine Zeremonie für die Götter, die durch Opfergaben dazu bewegt werden sollten, gute Ernten für das kommende Jahr zu garantieren; Ahnen und Hausgöttern wurden dabei besondere Referenzen erwiesen ...

Die Festriten des chinesischen Neujahrs wurden im urbanen, tropischen Singapur im 19. Jahrhundert durch die chinesischen Immigranten fortgeführt, trotz der völlig anders gearteten Lebensbedingungen.

Nach dem gregorianischen Kalender, der in Singapur offiziell allein verbindlichen Charakter hat, liegt der Beginn des chinesischen Jahres immer zwischen dem 21. Januar und dem 19. Februar eines Jahres; die Dauer der Festivitäten beträgt 15 Tage, wovon nur die ersten beiden öffentliche Feiertage sind. Bis heute markiert das Fest den wichtigsten Erlebnishöhepunkt des Jahres für die chinesische Bevölkerung Singapurs, aber Struktur und Funktion haben sich seit der 60er Jahre gewandelt.

Das Fest erfuhr eine deutliche Öffnung nach außen, wodurch der religiöse Charakter in den Hintergrund getreten ist.

Zwar wird das »Frühlingsfest« (wie Chinesisch Neujahr auch bezeichnet wird) heute noch mit einer religiösen Handlung eingeleitet, doch ist es wichtig, die dabei agierenden Handlungsträger näher zu bestimmen. Das »Wegschicken und Willkommenheißen der Götter« (song shen und ying shen) wird fast immer von den Alten praktiziert, und dies nicht nur, weil sie autorisierte Kulturträger sind, sondern weil sie allein noch in der Lage sind, die Rituale in korrekter Form auszuführen. Selbst wenn die mittlere Generation bemüht ist, Traditionen zu pflegen, so fehlen im religiösen Bereich nicht selten die erforderlichen Kenntnisse.

Dies ist eine Beschreibung der song shen-Zeremonie (Wegschicken der Götter) aus dem Jahre 1976:

Der Haushaltsvorstand war die Hauptbeteiligte; gegen acht Uhr morgens des 24. des 12. Monats des Mondjahres ging sie nach draußen und vollzog das bai zum »Großvater Himmel« mit sechs Räucherstäbchen. Die meisten chinesischen Religionsangehörigen vollziehen wichtige Rituale frühmorgens, weil, wie sie sagen, der Morgen reiner ist. Drei der sechs Räucherstäbchen wurden in die Urne des »Großvater Himmel« vor dem Haus gesteckt; die restlichen drei wurden benutzt, um zu »Guan Yin« und zum »Großvater Herd« zu beten, die sich einen Altar teilen ... In diesem Haushalt waren dies die einzigen Götter, die zum Himmel aufstiegen. Dieses

Ritual glich entfernt dem eines jeden gewöhnlichen Morgens.

Nachdem das bai zu »Guan Yin« und zum »Großvater Herd« mit den Räucherstäbchen vollzogen war, nahm der weibliche Haushaltsvorstand einen Stapel Bannpapiere und vollzog mit diesen das bai ...

Die Götter, die zum Himmel aufsteigen, nehmen für die chinesischen Religionsangehörigen eine Art Postdienst wahr, sie liefern Petitionen und Gesuche ab; sie gehen auch dort hin, um über die Taten des Haushalts im vergangenen Jahr zu berichten. Zu den Opfergaben gehörte auch ein süßer Kuchen, der den Mund des »Großvater Herd« verkleben sollte, um zu verhindern, daß er schlecht über den Haushalt berichte ... Danach wurden die Papierparaphernalien auf einem Haufen verbrannt: eine Lage Goldpapier zuunterst, die Zauberpapiere in die Mitte, und ein gelbes Papier, das songshen ma hieß (das Pferd, das die Götter transportiert) oben darauf. Das »Pferd« war das Transportmittel für die Götter, die Zauberpapiere ihr Gepäck, das Goldpapier ihre Reisekosten.

Die Speiseopfer auf dem Altar, die aus Fleisch, Nudeln, Kuchen und Organen bestanden, wurden weggestellt. Das Huhn (als ganzes geopfert) und die beiden großen Stücke Schweinefleisch wurden für den Verzehr kleingeschnitten. Mein Informant achtete darauf, nicht den Kopf oder die Füße des Huhns abzuschneiden, denn »die Dinge müssen einen Anfang und ein Ende haben«.

Das ying shen-Ritual (Willkommenheißen der Götter) verläuft ähnlich. Sie finden beide entweder zu Hause oder in einem Tempel statt, sind aber immer Familienangelegenheiten, die von Familie zu Familie verschieden gestaltet werden können.

Die Abwesenheit der Götter wird für eine äußerst gründliche Reinigung der Wohnstätte genutzt, was ausschließlich die Frauen eines Haushalts erledigen. Nach der Vorstellung chinesischer Religionsangehöriger ist das Verrücken der Möbel z. B. nur während dieser Zeit erlaubt, sonst könnte es Unglück bringen. Bevor die Götter wiederkommen (ying shen) muß dieses Ritual – auch heute noch – beendet sein. Das Ziel religiöser Praktiken besteht hauptsächlich darin, die Götter gnädig zu stimmen, was sehr häufig als Voraussetzung für die Sicherung des Lebensglücks betrachtet wird.

Analog zum Ritual des »Großen Reinemachen« hat das Tragen neuer Kleidungsstücke zu Beginn des neuen Jahres die Funktion, eine Zäsur zu markieren.

Am Beispiel des Löwentanzes, der seinen Ursprung in China hat, läßt sich die Öffnung des Festes nach außen hin verdeutlichen. Der Löwentanz beruht auf einer Legende, deren Inhalt immer ungefähr gleich ist:

Zur Zeit der Song-Dynastie (960–1278 n. Chr.) existierte nahe bei einem südchinesischen Dorf ein Monster, das einen Tag vor Chinesisch Neujahr die gesamte Ernte und damit auch die Mittel für das Fest zerstörte. Das

Monster wütete das ganze Jahr über, die Dorfbewohner konnten ihm auch durch Fallenstellen nicht beikommen. Doch dann kam ein junger Mann auf die Idee, sich zu verkleiden, und zwar so, daß er noch furchterregender aussah als das Monster. Als das Monster wiederkam, stellte er sich ihm gegenüber, und die Dorfbewohner schlugen gleichzeitig großen Lärm; daraufhin erschrak es so sehr, daß es fortrannte und niemals mehr gesehen wurde. Der junge Mann aber wurde von den Dorfbewohnern »glückbringender Löwe« genannt, weil er ihnen ein glückliches neues Jahr beschert hatte.

Daraus entwickelte sich ein Zeremoniell, das auch als »cai qing« (das Grün pflücken) bekannt ist und als Startsignal für das chinesische Neujahrsfest gilt.

In früheren Jahren wurden die Löwentänzer zu Chinesisch Neujahr fast ausschließlich von Privatpersonen engagiert. Die Jugendlichen führten vor dem Haus des Auftraggebers einen ca. 30minütigen Tanz vor, bei dem zwei Tänzer, versteckt unter einer stilisierten Löwenkopfattrappe mit angenähtem Tuch, akrobatische Übungen zeigten. Die anderen begleiteten diesen Tanz mit lauter Musik. Meist nahm die gesamte Nachbarschaft an dieser Aufführung regen Anteil; aber glückbringenden Charakter hatte dieser Tanz nur für die auftraggebende Familie.

Auch heute werden diese Tänze in unveränderter Form gezeigt, jedoch sind es heute überwiegend Hotel- und Kaufhausketten, die Löwentänzer engagieren. Damit werden diese Darbietungen einem großen Publikum zugänglich, das sich aber – im Gegensatz zu vorher – untereinander fremd ist. Jeder, der zufällig an einem Hotel vorbeikommt, kann sich die Vorführung anschauen. Dadurch erhalten die Tänze allerdings eher den Charakter eines Straßentheaters. Die Löwentänze werden immer mehr eine Show, und verlieren damit ihren ursprünglichen Sinn, nämlich einem privaten Haushalt Glück zu bringen.

Zu den bedeutsamsten Festelementen gehört das Wiedervereinigungsessen (tuan yuan). Dieses Essen, das am Vorabend des neuen Jahres stattfindet, dient u.a. dazu, die gesamte Familie wenigstens einmal im Jahr um einen Tisch zu versammeln – weder Freunde noch Bekannte werden zusätzlich eingeladen. Es ist eine reine Familienangelegenheit, wodurch jedem einzelnen Mitglied die Stärke familiärer Bande vorgeführt wird. Die Teilnahme an diesem Essen ist obligatorisch; selbst für Familienangehörige, die nicht in Singapur leben.

Bei den meisten Familien beginnt das Familienessen um 20 Uhr am Vorabend des chinesischen Neujahrs und endet nach Mitternacht. Die Gerichte bestehen immer aus Fleisch, Fisch, Geflügel, Meeresfrüchten und speziellen Gemüsen. Ein Meerespilz, bekannt als »haariges Gemüse«, steht ganz oben auf der Liste, weil er gleichlautend ist mit »fa cai« oder reich werden. Der Eßtisch muß rund sein. Fischbällchen oder süße Reisbällchen symbolisieren alle »Wiedervereinigung« (duanyuan).

Am Neujahrsmorgen erhalten die Kinder zuerst von ihren Eltern ein »rotes Päckchen«, das mit einer geraden Anzahl von Banknoten gefüllt ist. Das Verschenken von »roten Päckchen« ist bis zu einem gewissen Verwandtschaftsgrad obligatorisch. Im engeren Freundeskreis wird es erwartet. Sind die in dem Päckchen enthaltenen Banknoten Neudrucke, so wird der glückbringende Charakter dadurch noch erhöht, denn unbenutzte Geldscheine erlauben dem Rezipienten als erstem den Gebrauch, was den Neubeginn des Jahres unterstreicht.

Das »rote Päckchen« ist auch eine »milde Gabe« des Staates an verarmte alte Leute, ein relativ neues Phänomen in Singapur; denn was heutzutage staatlich organisiert wird, gehörte früher zum rein privaten Engagement seitens der Reichen.

Der erste und der zweite Tag des chinesischen Neujahrsfestes ist gegenseitigen Besuchen von Verwandten und Freunden gewidmet.

Die obligatorischen Mitbringsel sind allerdings, ebenso wie Gegenleistungen der Gastgeber, auch heute noch traditionellen Regeln unterworfen: der Besucher muß dem Gastgeber Orangen in gerader Anzahl überreichen, während diesem die Aufgabe zukommt, die Besucher jeweils mit einer süßen Suppe zu bewirten; außerdem werden Melonenkerne, süße Kuchen und andere Gebäcksorten gereicht.

Bis heute markiert das Fest den wichtigsten Erlebnishöhepunkt des Jahres für chinesische Singapurer und Singapurerinnen.

Das Weihnachtsfest wurde wahrscheinlich mit der Kolonialisierung Singapurs durch die Briten 1819 eingeführt.

Der Handel, als Initiator der weihnachtlichen Dekoration, treibt mittlerweile einen so großen Aufwand, daß die Aufmachung den Perfektionsgrad erreicht hat, der einem Vergleich mit us-amerikanischen Großstädten durchaus standhält.

Riesige »Tannenbäume« aus Plastik werden innerhalb und außerhalb von Hotels und Einkaufszentren aufgebaut, ein »Santa Claus« auf einem Rentierschlitten (alles aus Pappmache), umgeben von weißem Styropor, ist in fast allen Kaufhäusern und Hotels zu finden. Plastikengel schweben von den Decken herab, und Banderolen mit dem us-amerikanischen Weihnachtsgruß »Merry X'mas« werden über die Eingänge der Kaufhäuser drapiert. Die augenfälligste Dekoration wird erst nach Einbruch der

Dunkelheit sichtbar; dann verwandelt sich dieser Teil der Innenstadt in ein großes Lichtermeer.

Der Versuch, bei ganzjährigen Außentemperaturen von durchschnittlich +26,6 Grad Celsius eine »weiße Weihnacht« und damit winterliche Assoziationen zu produzieren, ist sicherlich einer der deutlichsten Tribute an das westliche Vorbild.

Chinesisch Neujahr und Weihnachten sind innerhalb des singapurischen Festzyklus' die beiden am aufwendigsten gefeierten Feste, sowohl in Bezug auf ihre äußere Präsentation als auch hinsichtlich der Gestaltungsformen auf individueller Ebene.

Weihnachten auf Sri Lanka

Ceylon ist eine Insel im Indischen Ozean. Sie liegt nahe bei Indien und ist etwa so groß wie die Schweiz. In den vergangenen Jahrhunderten wurde die Insel von Fremden beherrscht und hat oft ihren Namen gewechselt. Die Eingeborenen hatten immer nur einen Namen für sie: Sri Lanka – die strahlende Insel – und so heißt sie heute wieder.

Fast das ganze Jahr scheint die Sonne auf tropische Wälder, Reisfelder, Kokosnuß- und Teeplantagen, gebirgiges Hochland, Flüsse und Seen, auf kleine Buchten und weite Strände. In den Urwäldern leben noch wilde Elefanten, aber es gibt auch gezähmte, die den Menschen bei der Arbeit helfen. Besonders ausgewählte Elefanten werden an hohen Feiertagen festlich geschmückt durch die Straßen geführt.

Obwohl viele tropische Früchte wie Bananen, Ananas, Orangen und Zitronen auf der Insel wachsen, gibt es Menschen, die Hunger leiden. Für die meisten Kinder von Sri Lanka ist es etwas ganz Besonderes, wenn sie neue Kleidung oder Spielzeug gekauft bekommen. Zu diesen Kinder gehört Amal. Er wohnt in einem Dorf am Fluß. Es ist ein Tag vor Heiligabend. Für Amal und seine Familie ist Weihnachten das größte Fest im Jahr, denn sie gehören zu den Christen, die auf der Insel leben. Heute schon soll mit einem Fackelzug die Feier beginnen.

Amal freut sich darauf. Er ist mit Vaters Boot unterwegs. Allein hat er Lebensmittel an den Marktständen am großen Fluß gekauft, denn heute müssen seine Eltern für die kommenden Feiertage bis spät abends vorarbeiten. Vor Einbruch der Dunkelheit muß er zu Hause sein. Er rudert schneller. Kurz bevor der große Fluß das Meer erreicht, biegt Amal in den kleinen Fluß ab und rudert ein Stückchen flußaufwärts. Dicht wuchert der Urwald bis ans Ufer. Amal schaut auf den großen Baum, der die anderen Bäume überragt. Wie schwarze Trauben hängen daran noch schlafend die »fliegenden Hunde«. Bald würden die Nachttiere erwachen.

An einem dicken Ast, der schräg im Wasser liegt, befestigt Amal das Boot. Amali, seine Schwester, erwartet ihn. »Komm, schnell, die anderen sind schon weg«, sagt sie. Zusammen tragen sie die eingekauften Sachen in die Hütte und verstauen sie gut.

Dann nehmen sie ihre Laternen, laufen den kleinen Weg bis zur großen Straße und weiter bis zur Kirche.

Gerade stellen sich die Kinder zum Fackelzug auf. Alle haben sie selbstgebastelte Laternen in Form eines kleinen Eimers. Amal hört seinen Freund Mengale rufen und läuft zu ihm. Vorsichtig zündet Amal seine Kerze an und stellt sie behutsam in die Laterne. Langsam setzt sich der Zug in Bewegung. Kinder und Erwachsene singen und die Laternen leuchten in der Dunkelheit ...

Am nächsten Tag, am Heiligen Abend, gehen Amal,

seine Eltern und Geschwister in die Kirche. Neben dem Altar steht ein großer, festlich geschmückter Baum. Es ist eine Zypresse, die im Gebirge der Insel gewachsen ist. Beim Singen der Weihnachtslieder wendet Amal keinen Blick von dem schönen Baum.

Nach der kirchlichen Feier freuen sich alle auf das Festessen vor der Kirche. Auf lange Tische haben die Frauen Tischdecken gelegt, die kunstvoll aus Palmenblättern geflochten sind. Darauf stehen viele Tontöpfe. Amal und Mengale, die mit den anderen in einer Reihe um den Tisch gehen und sich die Teller füllen, läuft beim Sehen und Riechen das Wasser im Mund zusammen. Es gibt kleingeschnittenes, gut gewürztes Fleisch, Fisch, verschiedene Gemüsesorten und Reis. Zum Festmahl vor der Kirche sind nicht nur Christen eingeladen, es kann jeder kommen, gleich welcher Religion er angehört. Auch die Kranken werden nicht vergessen, ihnen wird das Weihnachtsmahl gebracht.

Alle Leute sind in fröhlicher Stimmung. Sie plaudern miteinander, singen und tanzen zum Flöten- und Gitarrenspiel ...

Am Weihnachtsmorgen hängen für die Kinder Geschenke am Bambusbaum vor der Hütte. Amal bekommt einen Kugelschreiber, die Schwestern Zopfspangen und Bänder und der jüngste Bruder einen kleinen, roten Ball.

Zum Weihnachtskirchgang zieht die Familie ihre ältesten Sachen an, so wie es hier Brauch ist. Viele Menschen kommen ohne Kleider, fast nackt zum Gottesdienst. Demütig und arm, so wollen sie Jesus die Ehre erweisen. In diesem Jahr treffen sich die Verwandten bei Amals Eltern zum Weihnachtsmahl. Jeder hat dazu beigetragen und etwas Eßbares mitgebracht. Die Kinder freuen sich am meisten auf den Karamel-Pudding und auf Milchreis mit Honig, weil es so etwas Gutes nur an Festtagen gibt.

Als es dunkel wird, endet das Weihnachtsfest mit einem Feuerwerk der Gemeinde. Keine Rakete aber gefällt Amal so gut wie sein Laternen-Mond, der leuchtend über dem Eingang des Häuschens hängt.

Ein sonderbares Weihnachtsfest am Äquator

Soeben wie ich dies schreibe, 5 Uhr abends, passieren wir den Äquator. Es geht eine ganz angenehme Brise. Nur in der Kabine ist es etwas beängstigend. Im Speisesaal richtet man soeben den Christbaum her. Um Mitternacht hält P. Anselm in der 3. Klasse die Mette. Aber die Passagiere des Mitteldecks wollen scheinbar nicht hinuntersteigen zum gewöhnlichen Volke. Es ist schade, daß wir keine Weihnachtslieder singen dürfen, um die schlafenden Matrosen und die Besatzung nicht zu wecken. Und auf anderen Schiffen tanzt man jeden Tag bis 2 Uhr in der Früh!

25. Dezember. Hochheiliges Weihnachtsfest. 4 Grad südlich Äquator. Eigentlich ein sonderbares Weihnachtsfest, fast unmittelbar unter dem Äquator! Die Weihnachtsbescherung der Kinder war gestern abend recht herzig. Auf die Frage des Weihnachtsmannes (norddeutsch und protestantischer Brauch), wer von den Kindern schlimm war, meldete sich ein treuherziger Knabe, und dies war nach meinem Erachten das Reizendste vom Ganzen. Die Jüngeren strahlten übers ganze Gesicht. Auch ein paar große Kinder wurden beteilt, aber mit Nichtigkeiten, wie Radieschen in großen Schachteln. Nachher wurde eine Blitzlichtaufnahme gemacht. P. Anselm und ich feierten auch Weihnachten in unserer Kabine, indem wir unsern Liliput-Christbaum entzündeten und unsere schönen deutschen Weihnachtslieder sangen. Währenddessen begann auf Deck, im Speisesaal und in den Kabinen eine Zecherei mit viel Champagner. Ich legte mich etwas ins Bett. Um 12 Uhr hielt P. Anselm im Speisesaal 3. Klasse die Mette. Es waren ziemlich viele Leute, doch nicht annähernd so viel wie Sonntags 10 Uhr! Hinter dem Altarkoffer brannte der große Weihnachtsbaum und auf dem Koffer auch eine Reihe Lichter. Singen und Spielen war uns nicht erlaubt worden wegen Ruhestörung der Mannschaft; wir selbst aber wurden bei der Messe von der pfeifenden und brüllenden Mannschaft öfter als einmal gestört!

Die drei Weihnachtsevangelien wurden verlesen. Um ½ 9 las dann ich im Damensalon für die »feinere katholische Welt« die Messe.

Weihnachtslied aus Afrika

Der du geboren wurdest
zu Bethlehem im Lande Juda
und dann zu uns kamst
nach Afrika
ins Land Ägypten –

Der du deinen Samen ausgestreut hast
über hartes und über fruchtbares Land
und dann deine Körner warfst
bis in unsere Hütten
und in unser Herz –

Der du alle Menschen liebst
und doch vor vielen anderen
einen mit schwarzem Gesicht
zu dir riefst
durch deinen Stern –

Der du von allen verstoßen warst
und dann auf dem letzten Weg
noch den Dienst
eines Afrikaners annahmst
des Mannes aus Zyrene –

Der du auf diesem Weg
alles Elend durchmessen
alle Krankheiten getragen
und auch das Sterben Afrikas
durchlitten und überwunden hast –

Und der du nun rufst:
»Kommt her zu mir!
Ich mache euch neu!«
Sieh uns!
Da sind wir!

Christus im Haus des Räubers

Nachdem Christus in Bethlehem geboren war, erschien dem heiligen Josef des Nachts im Traum ein Engel. Der Engel befahl Josef, sofort mit Maria und dem Neugeborenen aufzubrechen und nach Ägypten zu reisen. Denn König Herodes hatte beschlossen, alles zu unternehmen, um das Kind aufzuspüren, das ihm nach seiner Meinung sein Königreich nehmen wollte.

Josef tat, was ihm der Engel befohlen hatte, und machte sich mit der Muttergottes und ihrem Kind auf den Weg nach Ägypten.

Unterwegs jedoch wurden die Reisenden von der Dunkelheit überrascht. Sie hatten versäumt, sich rechtzeitig nach einem Quartier umzusehen. Nun standen sie in einer einsamen Gegend, in der es nur ein einziges Haus gab. Josef klopfte an die Tür und bat um Herberge für eine Nacht. Das Haus aber gehörte einem berüchtigten Räuber.

Die Frau des Räubers jedoch war sehr freundlich, und sie nahm die Fremden in ihrem Hause auf.

Der Räuber und seine Frau hatten aber ein Töchterlein, das aussätzig war und Tag und Nacht laut weinte.

»Warum weint denn dein Kind?« fragte die Jungfrau Maria die Mutter.

»Es ist krank, kann nicht schlafen und weint immerzu«, erwiderte die Frau.

»Bring mir eine Wanne mit heißem Wasser«, bat darauf Maria, »damit ich mein Kind darin baden kann.«

Maria badete das Jesuskind, wickelte es und brachte es zu Bett. Dann sprach sie zu der Frau: »Bade du nun auch dein Kind. Bade es in diesem Wasser.«

Die Frau des Räubers tat, was Maria ihr geraten hatte. Nach dem Bad aber weinte ihr Kind nicht ein bißchen und schlief sofort ein.

Bald darauf kam auch der Vater des Kindes, der Räuber, nach Hause. Seine Frau hatte schon Schlimmes befürchtet, weil sie ohne sein Wissen die Fremden bei sich aufgenommen hatte. Doch der Räuber war so verwundert darüber, sein Töchterlein nicht weinen zu hören, daß er an nichts anderes dachte.

»Was ist mit unserem Kind? Warum weint es heute nicht?« fragte er seine Frau. »Ist es nicht mehr am Leben?«

Seine Frau erzählte ihm, daß sie zwei Fremde mit ihrem Kind bei sich aufgenommen und daß die Frau ihren Säugling gebadet habe. Daß sie anschließend ihr eigenes Kind im selben Wasser gebadet habe und daß seit diesem Bad ihr Töchterchen friedlich schlummere.

Der Räuber war über alle Maßen erstaunt und beglückt. Und er dachte nicht daran, den Fremden etwas Böses zuzufügen. Ganz im Gegenteil: Er begleitete sie am anderen Morgen ein Stück des Wegs und sandte eine Botschaft an alle Räuber und Wegelagerer im Lande, damit sie der Heiligen Familie unterwegs nichts zuleide taten.

Im Basutoland

Die Schilderung dieses Festes gibt uns ein Missionar im Basutoland (Südafrika):

Das Weihnachtsfest ist das Hauptfest des Winters. So ist es wenigstens in Deutschland und im übrigen Europa. Hier im Süden Afrikas ist es anders; hier ist Weihnachten ein Sommerfest. Die Bäume sind grün und senken ihre Zweige unter der Last köstlicher Früchte. Das Getreide ist reif und harrt nur noch des Schnitters. Die Sonne am Firmament hat ihren höchsten Stand erreicht. Es ist Heiliger Abend. Ich stehe am Fenster und blicke hinaus auf die herrliche Umgebung der Hauptmissionsstation des Basutolandes: Roma. Die Wege und Stege, welche von allen Seiten her aus dem Gebirge nach der Mission führen, sind heute von Hunderten schwarzer Fußgänger und Reiter belebt, Männer, Frauen und Kinder in den buntfarbigen Trachten; Christen und Heiden eilen nach

Roma, um dort an der Krippe des Heilandes ihrer Andacht oder ihrer Neugierde genugzutun. Viele sind sogar mehrere Tagreisen weit hergekommen, und das nicht ohne Beschwerden. Mütter mit ihren kleinen Kindern auf den Rücken und einer schweren Last von Lebensmitteln auf dem Kopfe sehe ich in die Mission einziehen.

Es war 11 Uhr nachts geworden. Unsere drei majestätisch klingenden Glocken im Kirchturme verkündeten die Nähe der geweihten Stunde. Draußen war noch alles so lebendig wie am Abend. Dank des hellen Mondscheines hier in Südafrika konnte ich genau unterscheiden, was draußen in der Menge vor sich ging. So weit meine Augen die hellerleuchtete Nacht durchdrangen, sah ich die schwarzen Gestalten sich putzen und schmücken. Lieblicher Kindergesang drang an mein Ohr. Es waren etwa hundert Kaffernmädchen, welche die Schule der Schwestern besuchten. Sie schickten sich gerade an, in Prozession zur Kirche zu ziehen. »Gloria in excelsis Deo«, so drang es durch die stille geheimnisvolle Nacht ...

James Krüss

Wüstenweihnachten

Es war am Rand der Sahara am 24. Dezember. Ich wohnte bei einer spanischen Familie, die einen kleinen Mittagstisch für Senegalesen, Spanier und Franzosen betrieb. Der Tag war heiß gewesen; aber am Abend wurde es kühl, und ein Wind kam auf. Die Mauren, die vor den Nachbarhäusern im Sand saßen, hatten ihre baumwollenen blauen Haiks mit den weißen aus Schafwolle vertauscht. Der lange kahle Nubier – ebenfalls im wehenden weißen Haik – holte am Strick geduldig Eimer um Eimer aus der Tiefe des Wasserlochs herauf und füllte die tönernen Krüge, die ihm die maurischen Kinder hinhielten.

In Europa, dachte ich, wo jetzt die Tage kurz und die Nächte lang sind, und wo man in geheizten Häusern wohnt, feiern sie heute Weihnachten. Das ist ein schönes Fest für kalte Länder mit langen Nächten. Hier, wo das Licht über dem Sand in der Hitze flimmert und wo es abends den Horizont rosa und lila färbt, hier wo es keinen Winter gibt, braucht man kein Weihnachtsfest. Auch die Spanier, dachte ich, werden das Fest nicht feiern, da ja ihr Gabentag das Fest der Heiligen Drei Könige ist. Und die beiden senegalesischen Kellner, überlegte ich weiter, sind keine Christen, also werden sie auch den Geburtstag des Christkinds nicht feiern.

Das war mir recht; denn lichterbesteckte Tannenbäume passen so wenig in die Wüste wie ein Kamel in den Bayerischen Wald.

Aber dann, als ich im kühlen Haus mit dem Fliesenmacher Armando Domino spielte, fiel mir ein Flüstern und ein Kichern hinter vorgehaltenen Händen auf, teils in der Tür zur Küche, teils hinter der Theke. Ich sah, wie der Sohn des Hauses einen Plattenspieler brachte. Um Himmels willen, dachte ich, man wird doch nicht meinetwegen mitten in der Wüste dieses Lied von der stillen und heiligen Nacht spielen, das mir immer wie dicker Sirup die Gedanken verklebt? Aber das Tuscheln ließ nicht nach. Geheimnisvolle Päckchen wurden in die Küche getragen, und dann erschien Brahim, der maurische Elektriker, mit einem Karren voller bunter Glühlämpchen.

Mir wurde immer mulmiger zumute. Ich brach das Dominospiel mit Armando einfach ab und sagte, ich müsse rasch nach Mauretanien hinüberfahren, um noch etwas zu besorgen.

Tatsächlich fuhr ich mit dem alten Antonio, der schon seine sechs oder sieben Glas weißen Rums getrunken hatte, über die Grenze.

»Was wollen sie in Mauretanien, Señor?« fragte Antonio unterwegs mit schwerer Zunge.

»Geschenke kaufen, Antonio. Anscheinend will man Weihnachten feiern.«

»Geschenke, Señor? Zu Weihnachten? Was ist das für eine neue Sitte?«

»Eine Sitte aus Nordeuropa, Antonio. Man feiert an diesem Tag auch das wiederkehrende Licht.«

»Dann ist es wohl ein Fest der Heiden?«

»So halb und halb, Antonio.«

»Die Welt wird immer verrückter«, brummte der Alte. Dann schwieg er, bis wir zum Supermarkt in Noadibov kamen, vor dem die senegalesischen Händler in ihren langen Gewändern wie üblich Holzplastiken von der Elfenbeinküste anboten.

»Ich bin an der Bar, Señor«, sagte Antonio, als ich ausgestiegen war.

»Ist gut, Antonio.«

Bevor ich den übersauberen Supermarkt betrat, der sich so sehr von dem fliegenwimmelnden offenen Markt im anderen Teil des Ortes unterscheidet, suchte ich mit den Augen den lustigen Jean aus Dakar, mit dem ich seit Tagen um eine Holzplastik feilschte.

Jean war da, lachend wie immer. Die Zähne im dunklen Gesicht waren wie eine Kokosnußscheibe. Aber die Plastik war weg.

»Wo ist meine Holzplastik, Jean?«

Er grinste so breit, daß die Augen über der Oberlippe zu stehen schienen: »Verkauft, Monsieur.«

Das war ein Schlag: Ich hatte die Plastik bereits für mein Eigentum gehalten. Die Stelle im Haus, an der sie stehen sollte, hatte ich schon ausgesucht. Es war eine Frau auf einem Schemel gewesen, die an kräftigen Brüsten ihr Kind säugt, eine Art afrikanische Maria mit Kind. Auf dem Kopf hatte sie ein Gefäß getragen. Und auf dem Deckel des Gefäßes hatte ein Affe gehockt, der eine Banane knabberte. Nun war die Plastik verkauft.

Ich war so traurig und zornig, daß ich die Geschenke nur mit halber Aufmerksamkeit kaufte: eine Dose Gänseleberpastete, eine schwarze Gummipuppe mit Schleife, französische Bonbons, Schweizer Schokolade, ein Kamel aus Kupfer – als Feuerzeug zu benutzen –, Zigarren, Zigaretten, Wein und eine teure Flasche Champagner.

Als ich vollbeladen wieder ins Auto stieg, holte Jean unaufgefordert den alten Antonio aus der Bar und wünschte mir, fröhlich grinsend, auf französisch frohe Weihnachten. Ich knurrte nur: »Merci.« Dann fuhr ich verstimmt zurück zu der kleinen Häuserzeile mitten im Sand, vor der der lange Nubier noch immer oder schon wieder Wasser aus dem Boden holte. Als ich Antonio anstatt des üblichen Trinkgelds ein Kästchen Zigarren gab, sagte er: »Diese Heidenfeste aus dem Norden scheinen auch ihr Gutes zu haben. Fröhliche Weihnachten, Señor.«

Gegen Mitternacht versuchte man dann tatsächlich, eigens für mich ein bißchen Weihnachten zu spielen. Ein kleiner künstlicher Tannenbaum mit bunten Glühlämpchen war da. Man hatte ein Huhn geschlachtet und gebraten, und ich mußte die anscheinend unvermeidliche stille und heilige Nacht über mich ergehen lassen. Dann beschenkte man sich gegenseitig. Man hatte den Gabentag einfach vorverlegt. Jeder bekam seinen Teil, auch von mir. Ich selber aber wurde immer wieder mit freundlichem Grinsen umgangen, bis schließlich die Gaben vergeben waren außer einem unförmigen Paket, das auf der Bartheke lag.

»Das ist für dich, von uns allen zusammen«, sagte der jüngste Sohn des Hauses zu mir. »Dreh dich um, ich pack es für dich aus.«

Ich stand auf, drehte mich brav um und konnte kein Wort mehr verstehen, weil das Papier, das der Kleine einfach zerriß, so knisternd lärmte. Ich muß wohl auch überhört haben, daß man mich anrief; denn Muhammed, der Nachbar, der in der Tür stand, machte mir plötzlich ein Zeichen, das zu bedeuten schien: »Umdrehen, Señor.«

Ich drehte mich wieder um, und nun wußte ich, warum mich alle so merkwürdig wohlwollend angegrinst hatten, erst Jean in Noadibov und dann die Leute in der kleinen Wüstenkneipe: Auf der Theke stand die Holzplastik von der Elfenbeinküste. Da saß auf ihrem Schemelchen die ebenholzschwarze Mutter, auf ihren Knien das Kind, auf den aufgetürmten Haaren das Gefäß, das rings mit Tieren beschnitzt war, und auf dem Deckel des Gefäßes der hockende Affe, der eine Banane knabberte.

Das wurde eine laute und gar nicht heilige, wunderschöne Nacht.

Legende vom heiligen Nikolaus aus Myra

In jener Zeit, in der St. Nikolaus Bischof von Myra war, lebte in der gleichen Stadt ein armer Mann, der drei Töchter hatte. Dieser Mann lebte so recht und schlecht durch die Jahre, er erwarb sich kümmerlich für sich und seine Töchter sein Brot. Doch als diese Töchter heranwuchsen, hatte er kein Geld, um, wie es Sitte des Landes war, eine Aussteuer zu kaufen und die Mädchen zu verheiraten. Als die Älteste in die Jahre kam, in denen sonst die Töchter der Stadt vermählt wurden, ging der Vater zu einem Schenkwirt in der Stadt. Jener Schenkwirt hatte eine Kneipe, in der viele reiche unverheiratete Männer ein sündhaftes Schlemmerleben führten. Dorthin wollte dieser Vater seine Tochter verkaufen, daß sie dies junge, ausschweifende Männervolk bediene und gegen Geld auch ihren Leib verkaufe, um mit diesem Ver-

dienst sich selbst und den Vater zu ernähren. Als der Bischof Nikolaus davon Kunde erhielt, schlich er sich in der Nacht, ehe das Mädchen aus dem Hause gebracht werden sollte, vor das Haus jenes Mannes und warf durch das Fenster einen goldenen Apfel. Der Mann fand diesen goldenen Apfel, brachte ihn voller Freude zu einem Goldschmied in der Stadt, verkaufte ihn und konnte mit dem Geld, das er erlöst hatte, seine Tochter verehelichen, so daß sie dem sündhaften Schicksal entging, für das ihr Vater sie bestimmt hatte. Nach einiger Zeit aber kam die zweite Tochter in die Jahre der Verehelichung, und da sich der Vater keinen besseren Rat wußte, wollte er diese ebenfalls in jene Kneipe schicken. Und wiederum in jener Nacht, ehe dies geschah, wurde von unsichtbarer Hand dem Manne zum zweitenmale ein goldener Apfel in die Stube geworfen. Und wieder verkaufte er diesen

Apfel und verehelichte vom Erlös seine zweite Tochter. Vergeblich hatte der Mann geforscht, von wem ihm und seinen Töchtern dies Glück zukomme. Als nun die dritte Tochter in die gleichen Jahre kam, erzählte der Mann in der ganzen Stadt, daß er nun seine dritte Tochter in die Schenke bringe, denn er war sich gewiß, daß dies sein Erzählen auch seinem unbekannten Wohltäter wieder zu Ohren komme und daß dieser Wohltäter ihm nun zum dritten Male einen goldenen Apfel ins Fenster würfe. Er versteckte sich deshalb in dieser Nacht hinter einem Holzstoß im Hofe und in der Tat kam auch in dieser Nacht eine vermummte Gestalt vor das Haus geschlichen und warf einen goldenen Apfel durch das Fenster. Ehe aber der Vermummte hinwegschleichen konnte, sprang der Bürger aus seinem Versteck und hielt diesen Fremden an und zog ihm die Kapuze vom Kopfe, da sah er, daß es der Bischof Nikolaus war. Der Bischof Nikolaus, der sich nun erkannt wußte, flehte den Mann, dem er nur Gutes getan hatte, an, doch über all dies zu schweigen und von all dem doch nichts zu erzählen. Er ließ den Mann beim Heile seiner Seele schwören, daß er keinem Menschen verrate, was er, Bischof Nikolaus, getan habe. Und so tat denn dieser Mann diesen Schwur. Da aber Gott beschlossen hatte, diese edle Tat des Bischofs St. Nikolaus allem Volke kundzutun, war mit Gottes Zulassung ein neugieriges Weib in der Nähe, das aus seinem Versteck dies alles mit angesehen und angehört hatte und welches die Kunde von diesem Vorfall noch in der gleichen Nacht durch alle Gassen trug.

Anatol de Meibohm

Die Glocken von Athos

Seit Stunden kämpft sich die kleine Motorbarkasse in Wind und Regen vorwärts. Schier endlos scheint uns die Fahrt um die Klippen des Heiligen Berges zu dauern. Das Ägäische Meer ist im Winter recht stürmisch. Hier war einst die ganze persische Flotte, die Xerxes zur Eroberung von Griechenland befehligte, untergegangen, an eben diesem Felsen zerschellt. Der Mönch mit dem zerzausten Bart, der gegen die Wogen ankämpft, ist unempfindlich gegen den Regen, der die Sicht nimmt, gegen die Kälte, die durch unsere feuchte Kleidung dringt.

Da hinten, in Westeuropa, feiern sie den Dreikönigstag. Hier aber ist man der byzantinischen Tradition des alten Julianischen Kalenders treu geblieben, und die jetzt beginnende Nacht ist die Weihnachtsnacht.

Endlich läuft die Barkasse in den kleinen Hafen von einem der siebenundzwanzig Klöster ein. Wie eine geheimnisvolle Vision erhebt sich hoch über uns im Schein der Abenddämmerung das riesige Gebäude – mehrere auf einer aus dem Felsen springenden Steinwand errichtete Stockwerke – und ähnelt so von weitem dem heiligen Kloster von Lhasa.

Eine gute halbe Stunde lang steige ich auf einem mit dicken Steinen gepflasterten Pfade zum Kloster Symonopetra hinauf, wo ich mit den Mönchen das Weihnachtsfest verleben will. Ich bin nicht allein. In einer ununterbrochenen, schweigenden Kette steigen auch Mönche mit hinauf – alle schwarz gekleidet, alle bärtig, fast alles Greise. Denn heute ist nicht nur das Fest von Christi Geburt, sondern auch das Fest des Klosters Symonopetra, und die Tradition verlangt, daß die Mönche aus allen

Klöstern vom Berge Athos sich hier zu dieser Feier versammeln. Selbst die Einsiedler verlassen nur diese eine Nacht und für die Osternacht ihre in den wüstesten Winkeln des Berges verstreuten Hütten und Grotten.

Im Gegensatz zur römischen Kirche feiert die griechische Kirche die Auferstehung mit größerer Pracht als das Weihnachtsfest und behält ihr die Mitternachtsmesse vor. In dieser Nacht wohnen die Mönche also nur einer ›Agryphia‹ bei, einer Abendandacht, die gleich beginnt und nicht vor Morgengrauen enden wird.

Endlich trete ich unter das gedrückte Gewölbe eines mittelalterlichen Tores und gelange durch unterirdische, in den Felsen gehöhlte Gänge in den engen Hof des Klosters. Durch eine Dachluke sehe ich in weiter Ferne, etwa sechshundert Meter unter mir, das Meer, das von hier aus spiegelglatt erscheint. Ich trete in die Kirche ein. Ihre Mauern sind mit Fresken bedeckt und so hoch, daß sie sich im Schatten der Gewölbe verlieren. Zwischen den Szenen, welche die großen Feste darstellen, schauen die strengen Gesichter der byzantinischen Heiligen im gelben, zitternden Licht der Kerzen und Öllampen auf uns herab. Unbeweglich wie sie haben sich die Mönche schon versammelt. Nur ihre langen, weißen Bärte heben sich in dem Halbdunkel ab.

Weihrauchfässer schwingende Diakonen schreiten

dem in Goldbrokat gekleideten Domkapitel voran, das jetzt durch die Pforte der ›Ikonostasion‹ eintritt, durch diese ganz aus Ikonen zusammengesetzte Wand, die den Altar vom Kirchenschiffe trennt. Als letzter nähert sich der majestätische Abt. Er trägt die goldene Tiara; sie schimmert rötlich-gelb von kostbaren Edelsteinen und ist eine genaue Nachbildung jener Krone, die die byzantinischen Kaiser getragen haben. Mitten in der Kirche steht ein sehr altes Bild von Christi Geburt auf einem kleinen Tisch und ersetzt die Krippe, die es bei den Griechen nicht gibt.

Die Diakonen schreiten rings um die Kirche und zur Kuppel hin, wo ein riesiger Christus-Majestas in Freskomalerei die Gläubigen segnet und zu der Weihrauchwolken emporsteigen.

In der andächtigen Stille hört man nur die Silberglöckchen der Weihrauchfässer. Dann sondert sich ein junger Sänger von dem Chor ab, der wie im antiken Theater zweigeteilt ist. Tief verneigt er sich vor dem Abt, und als die Hand des Greises das Zeichen des Kreuzes über ihn gemacht hat, wendet er sich dem Chore zu und schmettert mit sehr hoher Stimme die ersten Worte des Lobgesanges von Christi Geburt: »Die Jungfrau Maria hat heute ein Kind geboren ...«

Und jetzt bricht aus dem Dunkel, das ich leer glaubte, der Gesang von zweitausend unsichtbaren Männerstimmen hervor. Es ist die Musik, und es sind die Worte des Heiligen Romanos, des großen byzantinischen Dichters und Hymnikers der griechischen Kirche, die sie heute abend singen und die sie die ganze Nacht über singen werden, dieselbe Musik, dieselben Worte seit mehr als sechzehn Jahrhunderten. Hier ist Byzanz nicht tot, hier ist die Zeit stehengeblieben – denn für die Menschen, die hierher kommen, um die Ewigkeit in der geistigen Abgeschiedenheit des Berges Athos zu suchen, existiert die Zeit nicht mehr.

Lautlos verlasse ich die Kirche. Die Winternacht ist eisig. In dem geräumigen Gästezimmer, das mir zugewiesen wurde, flammt ein großes Feuer. Einige Mönche sind hiergeblieben, um mir in dieser durchwachenden Nacht ›freundlich Gesellschaft‹ zu leisten. Schnell sind die Gläser mit dem guten, schweren Athos-Wein, den die Mönche selber keltern, gefüllt. Einer nach dem anderen erheben die Mönche ihr Glas: ›Kala christougneme!‹ Und ich wiederhole: ›Frohe Weihnacht!‹ Dort in der Kirche – das ist Byzanz, und die Krone des Abtes schimmert im Kerzenschein wie einst die wirkliche Krone der verschwundenen Kaiser.

Einer der Mönche singt halblaut Weihnachtslieder seiner Heimat, einer in der Weite des ägäischen Meeres verlorenen Insel. Ein anderer erzählt Geschichten aus den dunklen, aber schon vergessenen Tagen des Krieges und der Besetzung. ›Gloria in excelsis Deo et in terra pax ...‹ Der Krieg erscheint als etwas so Unmögliches in dieser Nacht des Friedens, in diesem Lande des Gebetes ...

Die Morgendämmerung naht. Und plötzlich beginnen alle Glocken des Klosters zu läuten. Die Weihnachtsnacht ist zu Ende. Durch das offene Fenster dringt das leichte Gebimmel, strömen die schweren Klänge der Glocken von siebenundzwanzig Klöstern herein, in denen zweitausend Männer leben und beten, in diesem Erdenwinkel, in den seit mehr als tausend Jahren keine Frau ihren Fuß gesetzt hat, denn sie haben ihn der Jungfrau Maria vorbehalten.

Ich will in die Kirche zurückkehren. Aber die Mönche heben noch immer ihre Gläser: ›Kali patrida‹, gute Heimkehr in dein Vaterland ...

Und die Glocken von Athos läuten die Weihnacht ein.

Hans Bergel

Als ich den Weihnachtsmann zum erstenmal sah

Als ich den Weihnachtsmann zum erstenmal sah, war ich drei Jahre alt. Das war in den Südkarpaten, woher ich stamme, das heißt in ihren nördlichen, ins siebenbürgische Hochland abfallenden Vorbergen. Mein Vater war Jäger. Ich habe ihn später niemals gefragt, warum er mich schon im Alter von drei Jahren auf seine Pirschgänge mitnahm. Vielleicht wollte er mich so früh ans Waidwerk gewöhnen, das er mit Leidenschaft betrieb. Vielleicht aber brauchte er ganz einfach nur Unterhaltung auf den Waldläufen und sah schon damals in mir seinen guten Gesprächspartner.

Kurz, weil es Anfang Dezember und schon längst Schnee gefallen war, wurde ich von Mutter, Großmutter und zwei furchtbar aufgeregten Tanten bis über die Ohren in Woll- und Pelzzeug gesteckt, bis es außer der Nasenspitze und den Augen von mir nichts mehr zu sehen gab. Dann hob mich jemand hoch und schob mich in einen Rucksack, in den rechts und links je ein Loch für meine Beine geschnitten war. Der so mit mir gefüllte Rucksack wurde oben, in der Höhe meines Halses, zugebunden und danach auf den Tisch gestellt. Und unter den aufmerksamen, ja mißtrauischen Blicken und Zurufen der erweiterten Familie – es waren noch zwei Tanten, mein Großvater, zwei Vettern und das Küchenmädchen dazugekommen – mußte mich mein Vater mit allen Zeichen liebender Behutsamkeit, deren er fähig war, huckepack nehmen.

Mich fragte natürlich kein Mensch, wie ich mich bei alldem fühlte. Alle Versammelten aber schienen der Ansicht zu sein, es könnte mir nicht besser gehen als in dem Rucksack. Und nicht genug, daß dieser mich, fest zugeschnürt, unbeweglich machte, der Wollschal, den mir Großmutter zusätzlich schnell noch einige Male um Hals und Schultern wickelte, rutschte sofort nach oben und verdeckte mir schließlich die Augen. Da sah ich nun auch nichts mehr. Doch das war, wie gesagt, Nebensache. Die Hauptsache blieb wohl, daß der vorläufig einzige Stammhalter der Familie nach Auffassung aller Anwesenden so vorsorglich verpackt worden war, daß man hoffen durfte, ihn heil und gesund wieder zurückzukriegen – wenn ich auch von der Welt, in die mein Vater mich zu entführen die Absicht hatte, nicht das Geringste wahrnahm.

Doch so einer war mein Vater nicht.

Kaum auf der Straße draußen, blieb er nach den ersten Schritten auf dem klirrenden Schnee stehen, brummte etwas, das nicht sehr freundlich klang – »Tantengetue« verstand ich –, und holte mich mit einem Schwung vom Rücken, der meine sämtlichen Anverwandten zu Schrekkensschreien veranlaßt haben würde. Er setzte mich vorsichtig auf den Gehsteig und wickelte mich aus dem Schalungetüm; und auch sonst sorgte er mit einigen Griffen dafür, daß meine Verbindung zur Welt wiederhergestellt wurde. »So, mein Sohn«, sagte er dann zufrieden, »das wär's, wir zwei wollen uns die Sicht durch niemanden nehmen lassen.« Er hängte sich die Doppelaufflinte wieder vor die Brust, schwang mich auf den Rükken, und im Wiegen seiner ausgreifenden Schritte konnte ich nun meine winterliche Umgebung nach Herzenslust betrachten, während mir die eisige Dezemberluft frei um Nase und Wangen strich.

Auf der Brücke vor den letzten Häusern, wo im Sommer der kleine Wasserfall war, sich jetzt aber blaue Eiswülste und -knoten übereinandertürmten, blieb Vater noch einmal stehen und unterhielt sich kurz mit Bade Licu, dem rumänischen Wildheger, der uns von der anderen Straßenseite entgegengekommen war. Sooft Bade Licu zu uns nach Hause kam, lief ich wegen seines riesigen Schnauzbartes und der feuerroten Narbe auf seiner Stirn erschrocken weg. Bade Licu zeigte einige Male zu den Bergen hinauf, in die Richtung, in die wir gingen, dann schüttelten sich die beiden Männer die Hände. Vor der letzten Hütte am Dorfrand sah ich noch drei Zigeunerkinder hinter einem kläffenden Köter barfuß durch den Schnee laufen, aus einer Toreinfahrt schrie eine Frau hinter ihnen her, dann bog Vater auf den Pfad rechts ein und begann, in die steilen weißen Hänge hinaufzusteigen. Es war ein grauer Wintertag mit tiefhängenden Wolken; die nahen Berge waren nur zu ahnen, und je höher wir kamen, umso stiller und einsamer wurde es. Die Luft war klar, sie schmeckte nicht mehr nach Rauch. Ich hörte nichts außer Vaters Schritten und Atem, dessen Wölkchen ich vor dem näherrückenden dunklen Waldrand über uns deutlich erkannte.

Ich denke, an jenem Tag wollte mein Vater gar nicht jagen. Er wollte bloß in Gesellschaft seines Sohnes einige Stunden durch den Schnee laufen. Die Landschaft ist dort, in den dichtbewaldeten Karpatenvorbergen, von tiefen Taleinschnitten duchzogen, zerklüftet und unwegsam, ja, wild. Vorzügliches Gelände – wie ich später belehrt werden sollte – für Bären, die es da heute noch gibt und damals erst recht gab. Der große braune Karpatenbär ist hier zu Hause; sein Gehege begann fast schon hinter unserem Obstgarten, wo in den harten Wintern nachts die Wölfe in Rudeln heulten und an den Morgen durch den glitzernden Schnee des Hinterhofs die Fuchsspuren bis zu den Hühnerställen führten.

Ich erinnere mich noch des Augenblicks, als wir den Wald erreichten, weil Vater nach dem langen und beschwerlichen Aufstieg laut aufpustend unter den ersten Tannen stehenblieb. Die kräftige Luft, dazu die wohlige Wärme, die aus Vaters breitem Rücken in mich strömte, hatten mich schon vor einer geraumen Weile eingelullt und eingeschläfert. Ich wurde nun aber auch dadurch wieder wach, daß das Schaukeln und Wiegen, in dem ich mich fortbewegt hatte, und das wie aus weiter Ferne kommende gleichmäßige Singen der Schritte tief unter mir auf einmal nicht mehr zu hören waren. Es dauerte eine Zeitlang, ehe ich die Welt rings um mich begriff.

Zuerst sah ich die im lautlosen Halbdunkel dicht neben uns stehenden Tannen, danach nahm ich das schimmernde Weiß zwischen ihnen wahr, das aussah, als hebe und senke es sich. Der Nachmittag hatte in den Abend hinüberzugleiten begonnen, das ließ alle Dinge seltsam fließend erscheinen. Ohne sich zu bewegen, stand Vater bis zu den Knien im tiefen Schnee.

Und plötzlich spürte ich die tiefe Erregung, die in der Luft lag, es war mir, als könnte ich sie mit Händen greifen. Ich wurde hellwach. Und nun hörte ich auch, daß Vater den Atem angehalten hatte. Ohne die geringste Bewegung zu machen, blickte er geradeaus zwischen die Tannen in den Wald hinein. Warum bewegt er sich nicht? dachte ich und schielte ihm neugierig über die Schulter. Dabei sah ich, wie sich seine Hand sehr langsam zur Waffe hob. Und da blickte auch ich geradeaus in den dunklen Wald hinein.

Aber natürlich, durchfuhr es mich in der nächsten Sekunde, natürlich, dachte ich, dort steht er! Halb gebückt zwischen zwei Tannen, wie mir schien, einen Arm gegen die eine Tanne gestemmt. Riesig und düster ragte seine Gestalt im ungewissen Dämmerlicht auf. Jetzt schob sich mein Vater immer noch regungslos verharrend, mit der gleichen langsamen Bewegung des rechten Arms den Gewehrriemen über den Kopf, er griff dabei mit der freien Hand von unten nach dem Lauf der Waffe. Die mächtige Gestalt vor uns machte eine knappe Bewegung zur Seite und war nun besser zu erkennen. Natürlich dachte ich wieder, das ist er doch, der Weihnachtsmann! ... Wie er dort steht, in seinem unförmigen, zottigen Pelzmantel, mit breiten Schultern und gewaltigen Armen – ungeheuer groß ist er, und auf dem Kopf trägt er eine Mütze. Genauso hatte Großmutter ihn mir geschildert. Und das Gefühl dem Weihnachtsmann so unerwartet begegnet zu sein, ihn so zum Greifen nahe vor mir zu sehen, nicht weiter als ein paar Schritte, dies Gefühl war überwältigend. Die Erregung, die mir soeben noch wie ein Knoten in der Kehle gesessen hatte, löste sich mit einem Mal – und in einem Jubelschrei machte ich mir Luft. »Vater«, schrie ich, »sieh nur, der Weihnachtsmann!«

Vater zuckte zusammen und riß die Waffe so heftig nach oben, daß ich erschrocken schwieg. Doch da bückte sich der Weihnachtsmann mit einer schnellen Bewegung, als wollte er aus dem Schnee etwas aufheben. Er ließ dabei einen tiefen Brummton hören, der mir wie »Guten Tag, mein Lieber«, klang, machte eine Drehung und verschwand, immer noch gebückt, zwischen den schwarzen Tannenstämmen. Von einem Ast, den er berührte, rieselte Schnee, und das klang jetzt sehr laut.

Erst lange nachher ließ Vater die Waffe sinken; er atmete einmal tief ein und aus und sagte dann ruhig: »Ja, mein Sohn, das war er ...« Und nach einer Weile: »O ja – und was für einer das war!«

Er trat die wenigen Schritte durch den Schnee, schwang mich von seinem Rücken und lehnte mich an den Tannenstamm neben die Spuren. Er ließ sich in die

Knie sinken und betrachtete lange und von allen Seiten die tiefen Löcher, die der Weihnachtsmann getreten hatte. Es waren die breiten, klobigen Spuren eines ausgewachsenen Karpatenbären. »Mhm«, sagte mein Vater, beäugte noch immer umständlich die Spuren und lächelte mich dazwischen kurz an, »doch, doch, das war er, unser Weihnachtsmann ...«

Er strich mir über die Wangen, küßte mich auf die Stirn und sagte: »Und das, mein Sohn, wollen wir zwei Männer als ein Geheimnis für uns behalten; niemandem sagen wir ein Wort davon. Ja?« Ich nickte. »Und ›Guten Tag‹ hat er uns auch gesagt, hast du's gehört, Vater?« – »Ja, freilich«, sagte mein Vater.

Das Glücksgefühl dieser Begegnung tief drinnen im verschneiten Südkarpatenwald beherrschte mich auf dem Heimweg durch den stockdunklen Abend, das überwältigende Gefühl einer großen Begegnung, wie der Mensch sie nicht oft hat im Leben. Und seither überkommt mich dieses Gefühl jedes Jahr von neuem, sobald der erste Schnee den Winter ankündigt. Bis heute hat sich daran nichts geändert.

So war es, als ich zum erstenmal in meinem Leben den Weihnachtsmann sah ...

Der Weihnachtsklotz

Wie bei einer deutschen Weihnacht der Christbaum nicht fehlen darf, so gehörte in den vergangenen Jahrhunderten zur Balkanweihnacht der Weihnachtsklotz, der Badnjak. Vielerorts hat sich der Badnjakbrauch bis in unsere Tage erhalten.

»Guten Morgen, heiliger Badnjak!
Einen glücklichen Tag!
Ich bin zu dir gekommen,
damit ich dich in mein Haus trage,
auf daß du mir dort ein treuer Helfer seist:
im Haus, im Stall, auf dem Feld
und an jeglichem Ort.«

Mit feierlicher Stimme nähert sich der junge Mann mit der Axt der jungen Eiche. Es ist bitterkalt. Ein heller Streifen am Horizont kündigt den neuen Tag an: den 24. Dezember.

Vor Sonnenaufgang, »in der glücklichen Stunde«, muß der Badnjak – der »Weihnachtsklotz«, der eigentlich kein Klotz, sondern ein richtiger und oft recht stattlicher Baum ist – gefällt werden. Das ist in Serbien und Kroatien so, bei den Slowenen und bei den Bulgaren. »Das selige Stück Holz«, der »Erfreuer«, muß nicht immer eine Eiche sein. An der Küste Dalmatiens ist es ein Ölbaum, andernorts eine Buche, ein Maulbeerbaum oder in Gegenden, in denen Wein wächst, sind es zwei Weinreben. Wichtig ist auf jeden Fall, daß der Baum mit drei Axthieben und nach Osten fällt ...

Die Kinder, die beim Einholen des Badnjaks dabei sind, eilen herbei und fangen den Baum auf. Er soll sich nicht in den umstehenden Bäumen verfangen, und er darf auch nicht auf den Boden fallen. Unglück und Krankheit würden sonst im kommenden Jahr über die Familie hereinbrechen.

Mit Freudengeschrei und Schüssen wird das Gelingen des Baumfällens begrüßt. Auf den Baumstumpf wird ein Stück Kuchen gelegt, oder man streut Getreidekörner darüber und gießt Wein darauf – Gaben, die die beleidigte Seele des Baumes wieder versöhnen sollen.

Ein besonders großes Stück Kuchen erwartet den Vater zu Hause. Der Baum aber bleibt noch vor der Tür; seine Schnittfläche zeigt nach oben.

Am Abend, sobald sich am Himmel die ersten Sterne zeigen, trägt der Vater den Weihnachtsklotz ins Haus. Er trägt ihn mit Handschuhen und hat ihn auf seine rechte Schulter gehoben. Mit dem rechten Fuß tritt er über die Türschwelle. Brennende Kerzen stehen überall im Raum. Dann begrüßt der Vater seine Familie. Und die Mutter streut Getreide und Nüsse über ihn aus. Dreimal läuft der Mann um den Herd und legt dann den Badnjak vorsichtig ins offene Feuer:

»Wieviel Funken,
so viel Schafe,
Geld, Zicklein, Hühnchen,
Weizen mit großen Ähren,
männliche Kinder,
graue Schweine,
schwarze Ziegen
und am meisten Leben und Gesundheit!«

Dreimal wird der Baum im Feuer vorgerückt. Sein dikkeres Ende muß dabei immer nach Osten gerichtet sein. Er wird mit Weihwasser besprengt, mit Weihrauch beräuchert, mit Wein übergossen. Die Schnittfläche soll mit

Honig bestrichen werden, ehe man die Opfergaben darauflegt: Geld und von jeder Speise, die an diesem Heiligen Abend gegessen wird, je ein Löffelchen voll. Dann endlich, nachdem man mit einem Schuß auch den Nachbarn hat wissen lassen, daß die eigentliche häusliche Weihnachtsfeier nun beginnen kann, wird der Badnjak dem Feuer überlassen.

Während des Abendessens – es gibt alles, was Haus, Feld und Garten das ganze Jahr über zu bieten hatten an Obst, Gemüsen und Nüssen, und Brote in Form von magischen Symbolen: Ähren, Haustieren, Pflügen; dazu in vielen Gegenden hauptsächlich Fisch, denn an diesem Abend gilt noch das Gebot des Fastens – brennt der Badnjak lustig im Feuer. Der große Moment, das Durchbrennen des Holzes, wird von den Kindern mit Spannung erwartet. Wer es zuerst bemerkt, bekommt zur Belohnung ein Geldstück. Das dicke Endstück, der »Kopf«, darf nicht zu Boden fallen; sorgfältig wird er aufbewahrt.

Der Asche des Weihnachtsfeuers und den nicht verbrannten Stücken des Badnjaks schreibt man eine heilende und Übel abwendende Wirkung zu. So werden aus den Resten des Holzes häufig Kreuze angefertigt, die man in den Garten, aufs Feld oder auf das Dach des Hauses steckt. Asche wirft man – zum Vertreiben des Hageldämons – in die Luft. In manchen Gegenden wird das übriggebliebene Holz sorgfältig aufbewahrt bis zum nächsten Heiligen Abend.

Der Badnjak-Brauch, den man in weiten Teilen Jugoslawiens, aber auch in Bulgarien, in Albanien und zum Teil in Griechenland kennt, ist schon aus einer Urkunde vom Jahr 1272 bekannt …

Je mehr der Weihnachtsbaum Mitteleuropas, der Christbaum, in den Osten und Südosten vorgedrungen ist, desto mehr hat er den Weihnachtsklotz verdrängt.

Aber auch Ofenheizung und Zentralheizung stehen dem Badnjak-Brauch entgegen, der offenes Herdfeuer voraussetzt.

SALCIA LANDMANN

Erinnerungen an Galizien

In unserem eigenen Haus wurden übrigens nicht nur die jüdischen Feste mit ihren herrlichen Küchenspezialitäten und ihren reizvollen Bräuchen gefeiert, sondern auch Weihnachten. Oder genauer: die ruthenische Kindermagd meines jüngsten Onkels feierte mit ihm zusammen das Fest, indem sie nach uralter – vermutlich vorchristlicher – Sitte die zwölf üblichen Festgerichte auf den Tisch stellte und sich dann mit ihrem Zögling zusammen unter den Tisch auf Stroh setzte. Auf diese Weise symbolisierten die Bauern unserer Gegend entweder den Stall von Bethlehem oder die Krippe in jenem Stall. Stundenlang saß sie mit dem kleinen Knaben unter dem Tisch und sang ruthenische Weihnachtslieder. Gegen Mitternacht brach sie auf und ging mit dem Kind zusammen zur Weihnachtsmesse. Niemand im Haus nahm Anstoß daran ...

Weiter nördlich und östlich, im Zarenreich, sah es anders aus. Jedes Fest, das an Christi Leben und Leiden erinnerte, wurde dort zum Anlaß, auf die Juden, die »Gottesmörder«, loszugehen. Manchmal war es ein spontanes Volksvergnügen, manchmal – besonders am Fronleichnamstag – geschah es auch auf Anregung durch den Popen. An solchen Tagen gingen die Juden den Christen sorgfältig aus dem Weg. Doch auch zur Weihnachtszeit kam es zu Übergriffen: Nach der Weihnachtsmesse tranken die Bauern gern ein paar Gläschen Schnaps, und dann fielen sie über jüdische Passanten her ...

Da kam denn im Laufe der Zeit bei den Juden die Sitte auf, vorsichtshalber in der Weihnachtszeit nicht auszugehen. Nun muß man wissen, was das für sie bedeutete. Die frommen Ostjuden trieben in ihrer Freizeit keinen Sport und machten auch keine Ausflüge. Die Frauen saßen brav zu Hause bei ihren Kindern. Die Männer aber, die fast durch die Bank schon als Knaben eine solide religionswissenschaftliche Ausbildung genossen hatten, gingen ins Beth-ha-Midrasch, das Bet- und Lernhaus, das außer den für das Gebet notwendigen Thora-Rollen immer auch eine Bibliothek mit rabbinischen Schriften und Talmudfolianten besaß. Dort vertieften sich ehrbare jüdische Familienväter nach ihrer Tagesarbeit zu ihrer Erholung und ihrem Vergnügen in scharfsinnige Talmuddebatten. Nur die wenigsten von ihnen waren reich genug, all diese teuren Bücher selbst kaufen zu können. Sie waren also auf den Buchbestand des Bet- und Lernhauses angewiesen. Davon abgesehen klärten sie strittige Fragen gern gemeinsam, durch Debatte. Das war ein zusätzlicher Grund, nicht zu Hause, sondern gemeinsam im Lernhaus zu lesen.

In der Weihnachtsnacht aber blieb man, da man ja nach Sonnenuntergang nicht mehr die Straßen betrat, von den Büchern abgeschnitten. Und da bildete sich die feste Sitte heraus, in dieser einzigen Nacht des Jahres bis zum Morgengrauen Karten zu spielen. Ursprünglich geschah es wohl nur, damit man sicher war, daß keiner sich schlafen legte: Bei Krawallen war es ratsamer, hellwach und angekleidet und folglich bereit zur Flucht oder zur Abwehr zu sein.

Später aber vergaß man den Grund des Brauches vor allem in jenen Gegenden, in welchen die Gefahr eines

Überfalls nicht allzu akut war. Man zerbrach sich nun den Kopf darüber, was die Sitte wohl zu bedeuten hatte, und man legte sich zurecht: Um besonders geliebte und verehrte Tote zu ehren, pflegten fromme Juden an deren Todestag ein Stück aus dem Talmud zu studieren. Nun fügten die Christen den Juden im Namen Jesu immer wieder bitterstes Leid zu. Dafür konnte der historische Jesus natürlich nichts, er war ja selber ein jüdischer Märtyrer gewesen. Das aber vergaß man nun. Und man dachte auch nicht daran, daß Weihnachten ja gar nicht sein Todes-, sondern sein Geburtstag war. Man war sich aber darin einig, daß sein Andenken nicht durch Talmudstudium geehrt werden dürfe. Und also spiele man deswegen die ganze Nacht hindurch Karten.

Allmählich gesellte sich zu dieser Erklärung noch eine zweite, weshalb man in dieser Nacht auf keinen Fall das Haus verlassen dürfe. Diese hängt aber nicht mit der jüdischen Exilsituation zusammen, sondern mit dem altheidnischen Aberglauben, der sich an den kürzesten und dunkelsten Tag des Jahres, den der Wintersonnenwende, heftet: In dieser Nacht gehen auch nach slawischem Volksglauben böse Geister und Dämonen um. Nur daß nach Meinung der Bauern gerade die Weihnachtsnacht, die ursprünglich ohne Zweifel mit der der Wintersonnenwende identisch war, vor solchen Schrecknissen freiblieb. Für die Juden war sie, auch ganz ohne Aberglauben, die gefährlichste aller Nächte.

Christabend bei den Hienzen*

Am Christabend, ehe die junge Bauernmaid zur Mette geht, läuft sie hinaus in den Hof oder in die Hütte, wo das Holz, auch das gehackte aufgehäuft ist, und nimmt so viel Holz in ihrem Arm zusammen, als sie nur tragen kann und geht damit in die Küche hinein, wo sie es in die Ecke wirft. Dann rüstet sie sich fromm zum Kirchgang, aber während der ganzen Mette ist ihr wahrscheinlich nur die Frage im Sinn, was ihr wohl das Holztragen weissagen wird. Und gleich, wenn sie nach Hause kommt, noch ehe sie das Tuch und den Janker abgelegt hat, nimmt sie geschwind das Holz her und zählt es ab, ob es paar ist oder unpaar; – wenn es paar ist, dann ist meistens große Freude, denn da wird es gewiß in dem folgenden Jahr, nämlich: »Hochzeit wird gehalten; ist's unpaar, nun da heißt es halt warten bis auf das andere Jahr.«

Unter den grünen Weihnachtsbaum legen die Mädchen drei Äpfel; und am Neujahrstag, wenn es 12 Uhr zu Mittag läutet, stellt sich die Neugierige hinaus ins Tor und schmaust ihre Äpfel und guckt dabei nach allen Seiten hin, ob ein Mann einherkommt, denn das hat seine große Bedeutung. Kommt ein Bauer, so wird ihr Mann oder Liebster ein Bauer, kommt ein Bub, ein Kind, so wird ihr Zukünftiger ein Bursch, der weder »eine Wirtschaft hat, noch etwas gelernt hat«, kommt ein Fleischhacker, »so muß es halt ein Fleischhacker sein«, – wenn aber gar Jener erscheint, der ihr wert ist, »ja, das ist dann eine Freude«.

* Lt. Brockhaus, 1902: Auswanderer aus Süddeutschland, die seit dem Mittelalter im Westen Ungarns ansiedelten.

Dino Buzzati

Zuviel Weihnachten

»Entsinnst du dich noch«, fragte im Paradies der Tiere die Seele des Eselchens die Seele des Ochsen, »entsinnst du dich noch zufällig jener Nacht vor vielen Jahren, als wir in einer Art Hütte standen, und gerade dort in der Krippe ...?«

»Laß mich nachdenken! Ja richtig«, bestätigte der Ochse, »in der Krippe lag ein neugeborenes Kind. Wie hätte ich das vergessen können? Es war ein so schönes Kind.«

»Seit damals, wenn ich nicht irre«, sagte nun das Eselchen, »weißt du, wie viele Jahre seit damals vergangen sind?«

»Wo denkst du hin, ich mit meinem Ochsengedächtnis.« »Eintausendneunhundertetliche.«

»Was du nicht sagst!«

»Und im übrigen, weißt du übrigens, wer das Kind gewesen ist?«

»Wie soll ich das wissen. Es waren doch Leute auf der Durchreise. Gewiß ein wunderschönes Kindlein. Merkwürdig, daß es mir nie aus dem Sinn gekommen ist, und dabei schienen seine Eltern doch ganz gewöhnliche Menschen. Sag mir, wer war es?«

Das Eselchen flüsterte etwas ins Ohr des Ochsen.

»Aber nein«, sagte dieser verblüfft; »wirklich? Du scherzt doch wohl nur?«

»Nein, es ist die reine Wahrheit. Ich schwöre ... übrigens hatte ich es schon damals sofort verstanden.«

»Ich nicht, ich gebe es zu«, sagte der Ochse, »aber du bist eben intelligenter als ich. Ich habe es nicht einmal geahnt. Obwohl es wirklich ein wunderschönes Kind war.«

»Nun gut, seit damals feiern die Menschen jedes Jahr ein großes Fest zu seinem Geburtstag. Es gibt keinen schöneren Tag für sie. Wenn du sie nur sehen könntest. Es ist eine Zeit allgemeiner Heiterkeit, der Seelenruhe, der Sanftmut, des Friedens, der Familienfreuden, des Sichgernehabens. Selbst Mörder werden zahm wie Lämmer. Weihnachten nennen es die Menschen. Übrigens, mir kommt ein guter Gedanke. Da wir schon davon sprechen, soll ich sie dir zeigen?«

»Wen?«

»Die Menschen, die Weihnachten feiern.«

»Wo?«

»Unten auf der Erde.«

»Warst du schon einmal dort?«

»Jedes Jahr mache ich einen Sprung hinunter. Ich habe einen besonderen Passierschein. Aber ich denke, du wirst auch einen bekommen, denn nach allem könnten wir zwei wohl auch auf etwas Anerkennung Anspruch erheben.«

»Weil wir das Kindlein damals mit unserem Atem wärmten?«

»Komm, beeile dich, wenn du nicht das Beste versäumen willst. Heute ist Heiliger Abend.«

»Und mein Passierschein?«

»Sofort gemacht, ich habe einen Vetter im Paßamt.«

Der Passierschein wurde bewilligt. Sie setzten sich in Bewegung, und unendlich leicht, wie es körperlosen Säugetieren eigen ist, schwebten sie vom Himmel auf die Erde. Bald entdeckten sie ein Licht und hielten darauf zu. Aus einem wurden tausende, es war eine riesenhafte Stadt.

Und da durchwanderten nun Eselchen und Ochse, unsichtbar, die Straßen des Zentrums. Da es sich um Geister handelte, fuhren die Autobusse, Automobile, Straßenbahnwagen durch sie hindurch, ohne Schaden anzurichten, und selbst durch Mauern war es ihnen gegeben zu gehen, als ob sie Luft wären. So vermochten sie alles nach Herzenslust zu betrachten.

Es war wirklich ein eindrucksvolles Schauspiel: Tausende von Lichtern in den Schaufenstern, Blumengewinde, Girlanden, unzählige Tannenbäume; die ungeheure Stauung der Wagen, die sich abmühten, durch enge Straßen zu fahren, und das wirbelige Gewimmel und Hin und Her der Menschen, die sich in den Läden drängten, hinein- und wieder herausströmten, sich mit Paketen und Paketchen beluden und alle angespannte Gesichter hatten, als würden sie gejagt. Das Eselchen schien bei diesem Anblick wie verzückt, während der Ochse sich voller Entsetzen umsah.

»Höre, Freund Eselchen, du hast mir gesagt, daß du mir Weihnachten zeigen wolltest! Du hast dich wohl geirrt. Ich sage dir, hier ist doch Krieg!«

»Siehst du denn nicht, wie zufrieden alle sind?«

»Zufrieden? Mir kommen sie wie Wahnsinnige vor. Sieh doch auf ihre besessenen Gesichter, ihre fiebrigen Augen.«

»Du bist eben ein Provinzler, mein lieber Ochse, und

du bist nie aus dem Paradies herausgekommen. Du verstehst die modernen Menschen nicht. Um sich zu unterhalten, um sich zu freuen, um sich glücklich zu fühlen, haben sie es nötig, ihre Nerven zu ruinieren.« Laufburschen auf Fahrrädern, die gefährlich große Paketbündel balancierten, zogen vorbei; Lieferwagen wurden be- und entladen; riesige Mengen von Süßigkeiten und Berge von Blumen lösten sich unter dem Ansturm keuchender Menschen auf; Lampen blitzten und verloschen; seltsame Lieder, die Schreien ähnelten, dröhnten von allen Seiten. Dank seiner körperlosen Natur flog der Ochse neugierig zu einem Fenster im siebten Stock hinauf. Das Eselchen folgte gutmütig.

Sie sahen ein reichmöbliertes Zimmer, wo eine sorgenvolle Dame vor einem Tisch saß. Linker Hand lag ein Haufen von fast einem halben Meter farbiger Karten und Kärtchen aufgebaut und rechts von ihr ein Stoß weißer Billetts. Die Dame, sichtlich bemüht, keine Minute zu verlieren, nahm hastig ein farbiges Kärtchen, betrachtete es einen Augenblick lang, sah in einem dicken Buch nach und schrieb sodann etwas auf eines der weißen Billetts, steckte es in einen Umschlag, schloß den Umschlag, dann nahm sie vom linken Stoß ein neues buntes Kärtchen und wiederholte die ganze Prozedur. Ihre Hände bewegten sich so schnell, daß man ihnen kaum folgen konnte. Aber der Haufen bunter Kärtchen hatte einen eindrucksvollen Umfang. Wie lange würde sie wohl brauchen, um alles zu erledigen? Man sah es der Unglücklichen an, daß sie fast nicht mehr konnte, und dabei war sie erst am Anfang.

»Hoffentlich bezahlen sie wenigstens gut für solche Schufterei«, sagte der Ochse.

»Bist du naiv, lieber Freund! Das ist eine außerordentlich reiche Dame aus der besten Gesellschaft.«

»Und warum arbeitet sie sich dann zu Tode?«

»Sie arbeitet sich gar nicht zu Tode, sie antwortet nur auf Glückwunschkarten.«

»Glückwunschkarten? Was nützen die?«

»Nichts, absolut nichts. Aber wer weiß warum, die Leute haben jetzt eine besondere Vorliebe dafür.«

Sie sahen in ein anderes Zimmer hinein. Auch da saßen die Leute mit Schweißperlen auf der Stirn und in Aufregung und schrieben Glückwünsche auf Glückwunschkarten. Überall, wo die beiden Tiere hineinschauten, richteten Männer und Frauen Päckchen, schrieben Adressen, liefen ans Telefon, eilten blitzschnell von einem Zimmer ins andere, Schnüre, Bänder, Kärtchen, Gehänge tragend, während junge Dienstboten, mit von Müdigkeit gezeichneten Gesichtern, weitere Päckchen, weitere Schachteln, weitere Blumen und neue Stöße von Briefen, Rollen, Kärtchen und Bogen herbeischleppten. Und alles war Hast, Aufregung, Verwirrung, Mühe und eine schreckliche Anstrengung.

Überall wo sie hinkamen, zeigte sich ihnen dasselbe Schauspiel. Kommen und Gehen, Kaufen oder Verpakken, Absenden oder Empfangen, Einwickeln, Auswikkeln, Rufen und Antworten. Und alle blickten immer nach der Uhr, alle hasteten, alle keuchten, von Furcht besessen, nicht zur Zeit fertig zu werden, jemand brach zusammen, schnappte nach Luft unter der immer größer werdenden Flut der Pakete, Päckchen, Kärtchen, Kalender, Geschenk, Telegramme, Briefe, Karten, Billetts und so weiter.

»Du hast mir doch gesagt«, bemerkt der Ochse, »daß es ein Fest der Heiterkeit, des Friedens und der Seelenruhe sei.«

»Tja«, antwortete das Eselchen – »einmal war es auch so. Aber was soll ich dir sagen, seit einigen Jahren scheinen die Menschen beim Nahen des Weihnachtsfestes wie von einer geheimnisvollen Tarantel gestochen und verstehen gar nichts mehr. Hör ihnen doch zu.«

Verwundert hörte der Ochse hin. In den Straßen, den Geschäften, den Büros, den Fabriken sprachen die Menschen schnell miteinander und wechselten wie Automaten, monotone Redensarten »Fröhliche Weihnachten« – »Gesegnete Weihnachten« – »Dank auch ihnen« – »Fröhliche Weihnachten« – »Gesegnete Weihnachten« – »Danke« – »Fröhliche Weihnachten« – »Fröhliche Weihnachten« ... Es war ein Geflüster, das die ganze Stadt füllte. »Glauben sie denn daran?« fragte der Ochse, »meinen sie es wirklich so? Lieben sie ihren Nächsten?«

Das Eselchen schwieg.

»Wollen wir nicht etwas abseits gehen?« schlug der Ochse vor, »der Kopf brummt mir und ich habe Sehnsucht nach dem, was du Weihnachtsstimmung nennst.«

»Im Grunde auch ich«, gab das Eselchen zu.

So schlüpften sie durch die wirbelnden Schleusen der Wagen, entfernten sich ein wenig vom Zentrum, von den Lichtern, dem Lärm, der Raserei.

»Du, der doch mehr davon versteht als ich«, begann der Ochse, immer noch wenig überzeugt, »sag mir doch, bist du wirklich sicher, daß das dort keine Verrückten sind?«

»Nein, nein, es ist eben einfach Weihnachten.«

»Dann ist dort zuviel Weihnachten. Erinnerst du dich noch damals in Betlehem an die Hütte, die Hirten und das schöne Kind? Auch dort war es kalt, aber welcher Frieden, welche Zufriedenheit. Wie anders war es damals.«

»Ja und die fernen Klänge des Dudelsacks, den man nur ganz leise hörte.«

»Und das sanfte Flügelschlagen auf dem Dach. Was für Vögel das wohl waren?«

»Vögel? Aber nein doch, Engel waren es.«

»Und die drei reichen Herren, die Geschenke brachten, entsinnst du dich noch ihrer? Wie wohlerzogen sie waren, wie leise sie zusammen sprachen, welch vornehme Leute. Könntest du dir sie heute in diesem Rummel vorstellen?«

»Und der Stern? Denkst du noch an den hellen Stern, der damals gerade über der Hütte stand? Ob es ihn wohl heute noch gibt? Sterne haben doch meist ein langes Leben.«

»Ich fürchte nein«, sagte der Ochse skeptisch, »es sieht so wenig nach Sternen hier aus.«

Sie hoben ihre Köpfe und wirklich, man sah nichts. Über der Stadt lag eine Decke dichten Nebels.

Der Neujahrstag im alten Rom

Wie andere Völker des Altertums feierten auch die alten Römer das Fest der Wintersonnenwende in fröhlicher und heiterer Weise ...

Wenn wir uns in das Leben eines römischen Neujahrstages hineinversetzen wollen, müssen wir sehr früh das Lager verlassen. Die Hauptstadt der alten Welt erwachte überhaupt beim ersten Hahnenruf, weil sie bald nach Sonnenuntergang zur Ruhe ging, und schon an gewöhnlichen Tagen waren die Straßen vor Sonnenaufgang stark belebt. Nach dem Verlassen des Lagers beeilten sich die Hausgenossen, einander zu beglückwünschen, und bemühten sich, dabei nur Worte von guter Vorbedeutung zu brauchen, weil eine einzige Unvorsichtigkeit den Segen des ganzen Jahres zu bedrohen schien. Aus derselben Rücksicht enthielt man sich jedes Gezänkes und Streites und aller Flüche. Ja, weil eben alles, was man an diesem Tage tat, bedeutungsvoll für die bevorstehende Zeit war, feierte man das Neujahr nicht, wie andere Festtage, durch Enthaltung von jeder Arbeit, sondern es herrschte der allgemeine Brauch, daß jedermann etwas von seinen gewöhnlichen Geschäften vornahm, um Trägheit und Erfolglosigkeit in der Zukunft von sich fern zu halten. Deshalb versuchte sich der ackerbautreibende Teil der Bevölkerung in mancherlei ländlichen Arbeiten, die Handwerker machten sich mit ihrem Werkzeuge etwas zu schaffen, die Literaten erprobten die Gunst der Musen an kleinen schriftstellerischen Produkten, die Sachwalter ließen vor den Tribunalen des Forums ihre Stimme ertönen.

Bei Privatleuten füllte den übrigen Teil des Tages ein allgemeiner Austausch von Geschenken, die ebenfalls eine gute Vorausbedeutung haben sollten. Sie hießen Strenae und bestanden ursprünglich aus sehr einfachen Dingen. Einen Zweig vom Lorbeerbaume, dem Symbol der unzerstörbaren Lebensfrische, soll man schon unter dem König Tatius aus auf dem Esquilin gelegenen Haine der Göttin Strenia (einer Personifikation der Rüstigkeit, Gesundheit) geholt und einander als glückverheißender Zeichen geschenkt haben. Hierzu kamen später als Gaben, die so gewöhnlich waren, wie unsere vergoldeten Nüsse, Äpfel und Lebkuchen zu Weihnachten: Datteln, an ihrem Zweige hängend und mit Goldschaum überzogen; karische, getrocknete Feigen oder Damascenerpflaumen, die in gewundenen, spitzen Tüten aus gebranntem Tone verkauft und übersandt wurden, und Honigscheiben. All dies sollte nach Ovid bedeuten, daß das neue Jahr seinem süßen Anfange gemäß verlaufen möchte. Auch ein Geldstück gehörte zu diesen Süßigkeiten, und zwar ursprünglich der As, eine Kupfermünze, die den Januskopf auf ihrem Gepräge führte. Allein schon Ovid sagt von seiner Zeit: »Eine bessere Vorbedeutung liegt jetzt im Golde, und besiegt ist die alte Münze der neuen gewichen«; und später suchte nur der Arme und der Geizhals zu seinen vergoldeten Datteln einen alten As zu bekommen, da die Kaiser auch den Kupfermünzen ihre eigenen Köpfe oktroyierten. Da nun aber auch sehr bald jene konventionellen Leckereien, wie bei unserem Weihnachtsfeste, Nebensache wurden und der Anstand wertvollere Geschenke verlangte, wurde durch das Neujahrsfest der ohnehin durch die kurz vorhergegangenen Saturnaliengeschenke geschwächte Geldbeutel wieder bedeutend in Anspruch genommen. Das Schlimmste dabei war, daß jedes Geschenk der Sitte gemäß mit einer Gegengabe erwidert werden mußte. In der älteren Zeit hatten wohl die Saturnalien und wahrscheinlich auch am Neujahrstage die Patrone von ihren Klienten, als ihren Schutzgenossen, allerhand ansehnliche Gaben an Geld oder Naturalien erpreßt und dieser Mißbrauch hatte sogar ein Gesetz veranlaßt, das die Saturnaliengeschenke der Klienten auf Wachskerzen beschränkte; allein in der Kaiserzeit, wo die Klienten ganz und gar von den Patronen unterhalten wurden, trat gerade das umgekehrte Verhältnis ein: die Neujahrsbettelei wurde bereits eine Qual für die Wohlhabenden; die Wurst wurde nach der Speckseite geworfen, oder wie Martial sagt:

Geschenke gleichen Angeln; denn wer weiß es nicht,
daß schnappend nach der Fliege sich das Fischlein fängt?

Eben deshalb schreibt derselbe an seinen Freund Stella:

Daß weder Silber noch Gold wir sendeten Dir zum Geschenke,
Deinetwillen geschah's, Stella, beredter Poet!
Jeder der Großes verschenkt, wünscht Großes dafür zu empfangen;
Unsere irdene Gab' wird Dich entheben der Last.

Das Hauptgeschenk an den Saturnalien, die Sigilla, kleine Figuren aus Terrakotta, aber auch aus Silber und Gold, Wachs und Glas, spielte auch am Neujahrstage eine Hauptrolle. Mit diesen Spielereien beschenkten die Eltern ihre Kinder, und diese erhielten Geld, um sich wieder einander zu überraschen. Auch die Erwachsenen neckten sich durch solche Attrappen, welche die Kunstfertigkeit der römischen Plastiker in großer Vollkommenheit lieferte. Elagabal ließ zuweilen seinen Gästen alle Gerichte, die er aß, in Wachs oder Glas nachgebildet, vorsetzen, und nach Plinius Zeugnis gab es Äpfel und Trauben aus Wachs, die von den natürlichen nicht zu unterscheiden waren. Auch die Kuchenbäcker und Konditoren lieferten ihre Beiträge aus Honigteig in tausenderlei zierlichen Formen und bildeten wahrscheinlich auch die irdenen Menschenfigürchen in Marzipan nach (Marci panis bekanntlich aus der in Venedig üblichen Darstellung des Evangelisten in Honigteig entstanden).

Alle diese Gegenstände kaufte man nach den eigentlichen Saturnalien auf der Sigillamesse ein, welche vielleicht eine ganze Woche dauerte und teils in der Nähe des Pantheon auf dem Marsfelde, teils bei den Thermen

Trajan's auf dem Esquilin abgehalten wurde. Dort fand man aber in den weißen Leinwandbuden außerdem die verschiedensten Gegenstände: alle Arten von Eßwaren und Leckerbissen in Gemüsen, Fleisch und Fischen, kostbare Gefäße und Bijouteriewaren, Zeuge und fertige Kleider, Toilettengegenstände, elegante Möbel, kurze Waren jeder Art, Waffen, Gemälde und sogar Bücher. Wir besitzen noch ein reiches Verzeichnis solcher Sächelchen im dreizehnten und vierzehnten Buche der Epigramme Martial's unter dem Titel Xenia und Apophoreta. Jener Name bezeichnet ursprünglich Geschenke an Lebensmitteln, die man dem Gastfreunde, welchem bei den Alten eigentlich zur Wohnung gewährt wurde, zuschickte; diese Viktualien oder Luxusartikel, die bei den Gastmahlen in Rom den Gästen in der mitgebrachten Serviette mit nach Hause gegeben wurden. Beider Bezeichnungen bediente sich der Dichter für seine Distichen (zweizeilige Gedichtchen), die er als passende Devisen oder Überschriften für alle nur erdenklichen Geschenke verfertigte.

Es kam auch vor, daß man seine Karte mit einer solchen Devise und dem Namen eines verschenkbaren Gegenstandes beschrieben, allein übersandte; doch wird dies bloß unter guten Freunden als eine an unsere Neujahrskarten erinnernde Fopperei stattgefunden haben, oder aus dem Grunde, welchen Martial selbst angibt:

Senden auch kannst du dem Freund die Disticha statt des Geschenkes,
Wenn Dir so dünn, wie mir, ist in der Börse das Geld.

Bei der Allgemeinheit der Sitte scheuten sich auch die Kaiser nicht, vom römischen Volke am Neujahrstage Geldgeschenke anzunehmen ...

Der Neujahrstag endete in Rom mit einem Schmause, den die Konsuln zur Feier ihres Amtsantritts den Behörden und Senatoren auf dem Kapitole gaben. Dabei ging es hoch her und Plinius hat uns sogar die Namen der Weinsorten aufbewahrt, die Cäsar seinen Gästen bei dieser Gelegenheit vorgesetzt hat, nämlich Falerner (aus Kampanien), Chier, Lesbier, Mamertiner (Sicilien). Unter den späteren Kaisern scheint dieses Mahl auf kaiserliche Kosten gegeben worden zu sein. Die prächtigen Spiele, welche die Konsuln zu veranstalten verpflichtet waren, begannen erst am dritten Januar, wo auch feierliche Gebete und Gelübde für des Kaisers Wohl stattfanden, und dauerten oft bis in den Februar hinein.

Die alte christliche Kirche, die sonst so gern den heidnischen Festzeiten eine neue religiöse Weihe gab, eiferte heftig gegen Geschenke, Tänze und Mahlzeiten am Neujahrstage, zumal da sie den Anfang des Kirchenjahres weiter zurückverlegt hatte. Dennoch dauerten die lustigen Schmäuse bis ins siebente Jahrhundert fort und der Gebrauch der Strenä hat sich bekanntlich bis heute in Frankreich erhalten (étrennes) und auch in Italien werden dieselben noch unter dem Namen Befana (aus Epiphanias korrumpiert) am Dreikönigsfeste den Kindern gegeben, die im Glauben an eine Santa Befana am Abende zuvor ihre Kleider in die Hausflure hängen, um sich von ihr die Taschen füllen zu lassen. Die Saturnalien dagegen sind wegen des Geburtsfestes Christi weiter hinausgerückt worden und finden im heutigen Karneval einen Nachklang.

Frédéric Mistral

Provenzalische Weihnacht

Mein Vater hatte in seinem ganzen Leben bloß drei Bücher gelesen, nämlich das Neue Testament. Die Nachfolge Christi von Thomas a Kempis und den Don Quijote, der ihn an seinen Feldzug in Spanien erinnerte und ihm während der Regenzeit Zerstreuung bot.

»Zu meiner Zeit gab es nur wenige Schulen«, erzählte er uns. »Mir hat ein armer Mann, der einmal in der Woche auf die Höfe kam, das Alphabet beigebracht.«

Nach Brauch und Sitte der Familienväter schrieb er sonntags nach der Vesper seine geschäftlichen Angelegenheiten, Rechnungen und Ausgaben, mitsamt seinen Anmerkungen in eine große Agenda, die Cartabèou genannt wurde.

Immer war er zufrieden, wie das Wetter auch sein mochte, und wenn er die Leute manchmal über den stürmischen Wind oder den sintflutartigen Regen klagen hörte, sagte er: »Ihr guten Leutchen, der da oben weiß recht gut, was er tut und was uns frommt. Wie wäre es denn, wenn der große Wind nicht käme, der die Provence aus der Erstarrung weckt ... wer würde dann den Nebel und Dunst über unseren Mooren zerstreuen? Und hätten wir die heftigen Regengüsse nicht, wie würden dann die Zisternen, Brunnen und Bäche gespeist? Ein jedes Ding ist notwendig, meine lieben Kinder.«

Mochte er auch am Wegrand ein Stück Holz auflesen, um es zum Herde zu tragen, mochte er sich auch im bescheidenen Alltag mit Gemüse und Schwarzbrot begnügen und sogar beim Festmahl stets mäßig bleiben und seinen Wein mit Wasser mischen, immer war sein Tisch gedeckt, seine Hand und sein Beutel offen für jeden Armen, der des Weges kam. Wenn von einem Menschen gesprochen wurde, lautete seine erste Frage, ob er ein guter Arbeiter sei, und wurde sie bejaht, so sagte er: »Dann ist er ein braver Mann, und ich bin sein Freund.«

Für meinen Vater, der an den alten Bräuchen festhielt, war der Weihnachtsabend das große Fest. An diesem Tage spannten die Knechte die Ackergäule früher aus als sonst; meine Mutter gab jedem einen in Öl gebackenen, in eine Serviette eingeschlagenen schönen Fladen, eine Scheibe Mandelnougat, eine Handvoll Feigen, selbstgemachten Schafskäse, Sellerie für Salat und eine Flasche Wein, die im Herbst gekeltert worden war. Die Dienstleute begaben sich dahin und dorthin, ein jeder zu seinem Wohnort, um im eigenen Haus das Weihnachtsscheit anzuzünden. Auf unserem Hof blieben nur die armen Teufel zurück, die keine Familie hatten. Mitunter kamen gegen Abend noch Verwandte, etwa ein alter Junggeselle. »Fröhliche Weihnachten, Gevatter!« riefen sie. »Wir sind gekommen, um das Weihnachtsscheit mit euch zusammen anzuzünden.«

Dann zogen wir gemeinsam frohgemut aus, das Weihnachtsscheit zu holen; es mußte – so wollte es der Brauch – der Stamm eines Obstbaumes sein. Wir trugen es in einer Reihe zum Hof, der Älteste am einen Ende, ich, der Jüngste, am anderen. Dreimal machten wir in der Küche mit dem Baumstamm die Runde. Hierauf goß mein Vater vor dem Kamin feierlich ein Glas Wein über das Weihnachtsscheit und sprach:

»Freuet euch, freuet euch,
meine Kinder!
Möge Gott uns Freude schenken!
Mit der Weihnacht wird alles gut:
Gott sei uns gnädig,

Auf daß wir das nächste Jahr erleben,
Und daß wir, wenn auch nicht mehr an Zahl,
So doch nicht weniger sein werden.«

Während wir alle riefen: »Freude, Freude, Freude ...« wurde der Baumstamm auf die großen Feuerblöcke gelegt, und sobald die erste Flamme emporzüngelte, bekreuzigte sich mein Vater und sagte: »Heiliges Scheit, nähre das Feuer!«

Danach setzten wir uns alle zu Tisch.

Oh, dieses Mahl, wahrhaftig heilig, da die ganze Familie friedlich und glücklich um den Tisch saß. Statt der römischen Lampe, die an einem dicken Schilfrohr hing und uns das ganze Jahr hindurch mit ihrem Öl Helligkeit gab, strahlten an diesem Abend drei Kerzen auf dem Tisch; wenn ihr Docht sich zum einen oder anderen hinneigte, galt es als ein schlimmes Vorzeichen. An beiden Tischenden grünten in einem Teller die Weizenkörner, die wir am Tag der heiligen Barbara, am 4. Dezember, zum Keimen in Wasser gelegt hatten. Feierlich erschienen auf dem weißen Tischtuch nacheinander die Weihnachtsgerichte: Schnecken, die jeder mit einer langen Gabel aus dem Gehäuse hervorholte; gebackener Dorsch und Meeräsche mit Oliven; Artischocken und Sellerie mit Pfeffer; und danach alle die Süßigkeiten, die es nur an diesem Tage gab: in Öl gebackene, flache Kuchen, getrocknete Weinbeeren, Mandelnougat, Bratäpfel und vor allem das große Weihnachtsbrot, von dem nach frommem Brauch nicht gegessen wurde, bevor der erste Arme, der vorbeikam, ein Viertel davon erhalten hatte.

Bis zur Mitternachtsmesse war der Abend lang, und man erzählte sich am Feuer viel von den Vorfahren und pries ihre Taten. Allmählich, doch wie gern, kam mein

Vater dann auf seine Erlebnisse in Spanien zu sprechen und auf die Belagerung von Figueras.

Am Neujahrstag kamen viele Kinder, alte Leute, Frauen und Mädchen, die uns schon früh am Morgen begrüßten:

»Wir wünschen euch allen ein gutes Jahr,
Meister und Meisterin,
mit soviel Gutem, wie Gott es will.«

»Auch wir wünschen euch ein gutes Jahr«, antworteten meine Eltern und überreichten jedem als Neujahrsgeschenk zwei lange Brote und dicke, runde Laibe.

Bei uns war es wie auch in manchen andern Häusern Brauch, am Neujahrstag zwei Backöfen voll Brot an die Armen des Dorfes zu verteilen:

»Und sollte ich hundert Jahre leben,
so will ich hundert Jahre backen,
will hundert Jahre Brot an die Armen verteilen.«

Diese Worte kehrten jeden Abend in dem Gebet wieder, das mein Vater vor dem Schlafengehen sprach. Und bei seiner Beerdigung konnten die Trauergäste sagen:

»So viele Brote er uns gab,
so viele Engel mögen ihn begleiten.
Amen.«

Fougasso

ist die wohlklingende Bezeichnung für den provenzalischen Weihnachtskuchen. In gasso steckt wohl das französische Wort gâteau, und wenn das fou davor von foudre (Blitz) kommt, dann hätten wir in diesem herzhaften Backwerk somit einen südfranzösischen Blitzkuchen vor uns. Die Zutaten sind einfach, in der Provence hatten die Bauern nie viel zu beißen: 200 Gramm Mehl, 500 Gramm Zucker, 200 Gramm Olivenöl, 150 Gramm Orangenblütenwasser oder Anis für den Geschmack, dazu ein wenig Orangen- oder Zitronenschale, etwas Salz und Hefe. Der geknetete Teig muß eine Nacht ruhen und dann im heißen Ofen zwanzig Minuten gebakken werden. Serviert wird der Fougasso umgeben von zwölf anderen Desserts (Nougat, getrocknetes Obst, Korinthen usw.). Das passende Getränk ist Glühwein, der gekocht haben muß, wobei er soviel Alkohol verliert, daß auch die Kinder mithalten können.

Der Weihnachtsabend in Sevilla

Am Morgen vor Weihnachten hatte das schlechte Wetter der vorhergehenden Wochen aufgehört; der Himmel zeigte sich zum erstenmal wieder wolkenlos, und die Sonne schien frühlingswarm auf das üppig grüne Land, so daß ich einen Ausflug in die Gegend machte. Als ich zu Mittag nach Sevilla zurückkehrte, herrschte lautes Volksgewühl an allen öffentlichen Plätzen. Alles schrie und jubelte wild durcheinander. Überall hörte man das Quicken der Kindertrompeten, das Gezirp des Tambourins und das Brummen der Zambanba, das Rascheln von Klappern und Kastagnetten. Auf der Allameda hielten

Landsleute mit Hunderten von Eseln und Maultieren neben Haufen von Orangen, Zitronen und Gemüse. Den Flußkai entlang lagen große Stöße von Bataten, frischen Weintrauben, Bananen, Ananas und zerschnittenem Zuckerrohr aufgeschichtet, die von Malaga und anderen Orten der südandalusischen Küste gekommen waren; selbst Kokosnüsse fehlten nicht; »zu einer Peseta das Stück wurden sie von dunkelfarbigen Mulatten verkauft, da eben einige amerikanische Schiffe geankert waren. Geputzte Stadtmädchen, das kleine, schwarzseidene Saluppentuch lose um den bräunlichen Nacken geschlungen und frische Rosen in dem glänzend schwarzen Haar, feilschten mit phlegmatischen Matrosen, die neben großen Körben voll Seefischen lagerten. Die Romanzenverkäufer priesen mit lauthin schallendem Schrei ihre Gesänge und ihre mit seltsamen Holzschnitten verzierten Flugblätter mit Mord- und Wundergeschichten. Allenthalben ertönte das gellende Geschrei zerlumpter Zigeunerweiber, die über prasselnden Kohlenbecken Kastanien und Pinienzapfen rösteten oder Waffelkuchen buken. Das eigentliche Volksleben begann erst nach Sonnenuntergang. Banden von buntgeputzten jungen Leuten beiderlei Geschlechts durchzogen singend und jauchzend unter Gitarrespiel und Kastagnettengeräusch, begleitet von den schrillen Tönen des Tambourins und der Zambanba, alle Gassen, hielten hier und da auf den Plätzen und führten Nationaltänze auf, zu denen sie eigentümliche Lieder sangen. Gegen elf Uhr hörte der Lärm auf, und die Gassen wurden menschenleer. Da unterbricht auf einmal die Stille der Heiligen Nacht das feierliche Geläute aller Glocken der Giralda, welches die feierliche Geburt des Welterlösers verkündet und die gläubige Christenheit zum Hochamte in der Kathedrale ruft. Bald sieht man schwarzverschleierte Frauen und in dunkle Mäntel gehüllte Männer schweigend und langsam nach dem Dome pilgern. Auch ich schloß mich ihnen an. Es war eine wunderbar schöne Nacht. Die Luft war still und warm, und die hellsilbernen Strahlen des Vollmondes umkränzten mit magischen Lichtblumen die gotischen Verzierungen der Kathedrale. Im Innern des Domes lag alles in stummer Andacht auf den Knieen, und nur die betenden Worte des Priesters, sowie die pausenweise von Meisterhand gespielten Akkorde der herrlichen Orgel unterbrachen die Stille der nächtlichen Feier. Trotz der tausend Kerzen, die in den Kapellen und namentlich an dem von Weihrauchwolken umwirbelten Hochaltare flammten, war das Innere der Kirche nur matt erhellt und das Auge suchte vergeblich das Gewölbe in der düstern Höhe. Gespenstisch streckten die riesigen Pfeiler, teilweise vom Kerzenlichte grell beleuchtet, ihre Arme in die finstere Nacht der oberen Regionen aus und hier und da fiel ein Streif des Mondlichtes durch die bunten Glasgemälde der hohen Bogenfenster und übergoß die verschleierten, knieenden Frauen mit seltsamen Lichtern. Um zwei Uhr endete die Messe, die Kerzen erloschen und geräuschlos entleerte sich der Dom.

JOHANN WOLFGANG VON GOETHE

Weihnachten

Bäume leuchtend, Bäume blendend,
Überall das Süße spendend,
In dem Glanze sich bewegend,
Alt- und junges Herz erregend –
Solch ein Fest ist uns bescheret,
Mancher Gaben Schmuck verehret;
Staunend schaun wir auf und nieder,
Hin und her und immer wieder.

Annette von Droste-Hülshoff

»... und wieder Zuckerwerk«

Meersburg, den 26sten Januar (1842)

Wir haben jetzt seit drei Wochen feste Schneebahn hier, liebste Mama, und diese weiße Decke, die nicht wanken und weichen will, erinnert mich doch etwas an die Schweiz, obwohl es nicht sehr kalt dabei ist, ich glaube in den härtesten Tagen nicht zehn Grad; zuweilen kommen sogar ganz laue Winde, die bei uns Tauwetter bringen würden, hier aber immer eine neue Lage Schnee. Mit meiner Gesundheit geht es noch immer verhältnismäßig sehr gut, obwohl mich dieses Winterwetter etwas zurücksetzt ... Meine Spaziergänge habe ich bis vor acht Tagen regelmäßig fortgesetzt, seitdem ist es aber so glatt geworden, daß ich in einem Tage wohl 7–8mal gefallen bin; nun habe ich mir die Terrasse vom Fasser reinfegen lassen und spaziere dort täglich einige Stunden, was mir, faut de mieux, auch recht gut tut. Wir leben hier so still fort, sind gottlob alle gesund und jeder in seiner Art sehr fleißig. Laßberg (der diesen Winter fast gar nicht hustet und immer guter Laune ist) schreibt seine Manuskripte ab und bringt wirklich dicke Bücher zustande. Jenny plagt sich mit ihren Blumen und mit den Kindern, denen sie Lesen und Schreiben beibringt. Ich habe schon einen ganzen Wust geschrieben, August würde sich aber ärgern, wenn er hörte, daß es meistens Gedichte sind, von denen ich gegen Ostern wohl einen neuen dicken Band fertig haben werde, während das »Westfalen« nur langsam voranrückt.

Die Kinder sind auch fleißig beim Klavier, Lesen und Schreiben, ich glaube, wär im ersten der Unterricht wie früher bei uns, so könnten sie schon mehrere Stückchen spielen ...

Sie haben mir die schönsten Grüße gegeben an Dich, Westfalen, Marie, meine Alte und alle Hülshoffer, besonders Friedrich, und lassen fragen, ob die Köchin noch immer so böse Dinge sagt, daß sie den Hühnern den Hals abschneiden will!

Weihnachten war große Freude hier. Die Kinder wurden schon am Abend sehr reichlich und in den folgenden Tagen von allen Seiten so übermäßig beschenkt, daß es mich fast gereute, ihnen auch ein paar sehr hübsche Kleidchen von rotem Kattun gekauft zu haben, die sich ganz in dem Schwarm verlieren. Ein Ehepaar Burkhard, Millionäre aus Basel, die Laßberg diesen Sommer in Überlingen kennenlernte, schickten für Laßberg eine prächtige Kappe von schwarzem Samt, schwer mit Gold gestickt, für Jenny ditto Pantoffeln mit Gold gestickt, für die Kinder ebenfalls Pantoffeln, auf rotem und blauem Samt mit Silber; ferner für jedes einen Atlasbeutel, blau mit Gold und rot mit Silber, voll der allerschönsten und teuersten Bonbons und endlich noch zwei Goldmünzen und einen Sedevakanz-Taler von Zürich, auch für die Kinder. Stanz brachte ihnen allerliebste chinesische Tassen und wieder Zuckerwerk. Bruder Karl schickte Bilderbücher und sehr hübsche perlemutterne Stecknadel-Polster, wie Fische geformt. Hugh endlich seidene Schürzchen, sehr niedliche, gefältete Krägelchen und einen ganzen Brast Spielsachen, Kühe, Hirsche, Schafe, alle möglichen Küchengeräte et cet. Am Weihnachtsabend hatten sie nun schon neue Mäntel bekommen. Merinoskleider, Foulardtücher, Bänder, Puppen, ein Karussell, einen Papagei, Püppchen von Zuckerpappe, Schokolade et cet., die Laßberg hatte kommen lassen.

Wir andern wurden auch alle reichlich beschenkt. Laßberg bekam von Jenny gestrickte Unterjäckchen und ein rotes Käppchen, von mir ein Paar gestickte Pantoffeln und einen Sedevakanz-Taler, von Schücking ein Exemplar seines Buches über den Kölner Dombau und von Liebenau sehr seltene griechische und römische Münzen und ein wertvolles Manuskript. Jenny von Laßberg ein schönes Merinoskleid und ein Foulardtuch, von mir einen seidenen Sonnenschirm und ein Paar seidene Handschuh, von Schücking Freiligraths Gedichte. Ich von Laßberg ein schönes Mousseline de Laine-Kleid (braunrot), von Jenny ein Umschlagtuch in der Art wie ihr eigenes, schwarz mit Blumen, und ein Paar warme Pantoffeln, von Schücking ein Pappkästchen. Schücking von Laßberg ein schönes englisches Perspektiv und viel Tabak, von Jenny zwei seidene Tücher und eine schwarze Atlasweste und von mir eine Zigarrenspitze. Du siehst, es ist brillant gegangen. Ich mußte immer an Hülshoff denken und wie dem armen Werner und Line wohl bei der Bescherung zumute sein würde. Es ist gewiß für die beiden ein trauriges Weihnachten gewesen. Mir stand das gute selige Kind auch immer vor Augen, und Jenny und ich haben fast von nichts anderem geredet, wie wir den Christbaum machten ...

Nachmittags. Das Wetter ist heute so köstlich, daß ich mich wieder heraus gemacht habe, und komme soeben von Deisendorf, halb blind von dem Widerschein der Sonne im Schnee, und todmüde, denn ich bin immer nur in einem Rutschen geblieben, aber doch ist mir frischer zumute, als wenn ich auf der Terrasse perpendikelt habe. Heute mittag war ein gelehrter Herr aus Koburg hier, ein Herr Fromann, der aussieht wie ein wunderliches altes Porträt mit über den Teller geschnittenen Haaren und daumdicken Augenbrauen, sonst, wie mich dünkt, eine gutmütige harmlose gelehrte Seele. Wir haben uns mit den Nibelungen zu Tische gesetzt und sind damit aufgestanden ...

Adieu, liebste Mama. 1000 Grüße an alle, die Hüshoffer, meine Alte, Marie, Hermann, Liesbethchen. Ich küsse Deine lieben Hände.

Deine gehorsame Tochter Nette.

Friedrich Bischoff

Das Glaskugelwunder

In der Nähe eines der alten Markthäuser, das »Zur ewigen Lampe« heißt und mit schiefer Giebelnase in ein Seitengäßchen zeigt, wo eine Herberge ihr rostiges Wirtshauszeichen im Winterwind schüttelte, hatte ein alter Mann seinen Verkaufsstand errichtet, der als Unbekannter von den andern Händlern zunächst mißtrauisch beobachtet worden war. Gleichmütig, ohne auf Zuruf oder bissige Anrede besonders zu achten, hatte er seinen Verschlag aufgebaut und unter ihm – was zugleich die Neugier der Kinder angezogen hatte – eine Art Glasbläserei aufgestellt. Das feuerfeste Gefäß, erhitzt von feuerfunkelnder Glut, daraus es fauchte und schnob, wenn der Alte den Blasebalg in Gang setzte, war auf einem Weihnachtsmarkte und auch sonst noch nie so nahe zu bestaunen gewesen, und selbst die Erwachsenen blieben hie und da lächelnd stehen, um den Vorbereitungen zu einem Werke zierlicher Glasmacherkunst an Ort und Stelle zuzuschauen.

Schon am ersten Tage des Marktes gegen den Nachmittag zu, als der Duft von Lebkuchen, Marzipan und Bratwürsten eigentlich einen jeden unwiderstehlich zu den Ständen dieser bekömmlichen Gaben hätte ziehen müssen, fing es an: vor der »Ewigen Lampe« staute sich das Gewühl. Der Glasbläser, überblitzt vom surrenden Sausen des Azetylenlichtes, das wie ein Schlangenkopf aus dem Hals der Lampe züngelte, war aus der Herberge zu seiner Bude getreten, hatte den Blasebalg in Gang gesetzt, den Glassud im Ofen zur rechten Hitze gebracht, und fing nun unbekümmert an, sein Handwerk zu betreiben, und zwar so, als ob er sich nicht ein Geschäft daraus mache, sondern seiner Sache zu höherem Nutzen diene.

Das Glasbläserrohr an den bärtigen Mund gesetzt, die schlohweiß überbuschten Augen blinzelnd geschlossen, stand er da. Jetzt öffnete er die Lider und schaute in die Dämmerung, aus der die ersten Sterne winterklar herniederglitzerten. Als wolle er sie mit seinem Rohr herunterlangen, hob er es immer wieder aus dem Glasofen leise drehend zum Himmel. Ein purpurnes Licht funkelte an der Spitze des Gebläses, glühte und ballte sich feurig zusammen, worauf es nach einigen blitzschnellen Hantierungen silbern zu strahlen begann und zuletzt im Erkalten als Weihnachtskugel zu den andern gehängt wurde, die schwirrend und flirrend den Zelthimmel zierten.

Die Kinder starrten. Ihre frostroten Gesichter, von der Glut des Glasofens zärtlich angehaucht, spiegelten sich tausendfältig in den Silberkugeln, die ebenso den Weihnachtsmarkt aufschimmern ließen wie die alten Häuser der Stadt.

Wenn jemand kaufte, nickte er nur. Die Münzen häuften sich auf dem kleinen Tisch neben dem Ofen, so wie sich die Weltkugeln um ihn häuften, große und kleine, silberne, goldene und in allen Regenbogenfarben schimmernde Sonnenbälle, die an den Weihnachtsbäumen lockend aufstrahlen sollten.

Als er am zweiten und dritten Tag damit begann, aus hauchdünnem Glas allerlei Tiere, Eiszapfen und anderen funkelnden Zierat zu blasen, wußten bereits die Gassenjungen in der Altstadt, die seine ausdauerndsten Zuschauer waren, daß er seinen Glasofen über Nacht niemals ausgehen ließ und das Blasrohr, in nichts als einen Leinenüberzug gehüllt, in seinem Stand verwahrte. Sie wußten ferner auch und hatten es beobachtet, daß der Alte, vor dem sie uneingestandene Scheu empfanden, noch lange nach Verkaufsschluß in seiner Herberge hockte und die Feuerglut, die er tagsüber eingeatmet, nun mit Glühwein traktierte, bis er in eine Art sonderliches Reden geriet.

Wahrhaftig, es mußte eine Lust sein, einem solchen Narren und Griesgram einmal einen Schabernack zu spielen und obendrein bei solchem Vergnügen die Glasmacherkunst selbst zu erproben.

Als sie sich jedoch am nächsten Abend gegen Ende des Weihnachtsmarktes zu ihrem spitzbübischen Vorhaben zusammenfanden und vorsichtig in Trupps zu zweien oder dreien zu dem Glasbläserstande schlenderten, mußten sie erkennen, daß der Alte anscheinend heute gerade die Glasglut dem abendlichen Glühwein vorzog. Er schloß wohl, wie alle andern, mit dem Glockenschlag neun seinen Stand, aber eine ansonsten nie bei ihm wahrgenommene Geschäftigkeit ließ erkennen, daß hinter den fichtenen Brettern der Verkaufsbude zweifelsohne etwas Besonderes vor sich gehen sollte. Die Jungen drückten sich in den Hausschatten der »Ewigen Lampe« und lauschten und harrten der Dinge, die da kommen sollten. Sie kicherten und knufften sich zum Spaß, derweil die frechsten unter ihnen sich hin und wieder mutig zu der Bretterbude hinüberschlichen, um zu erspähen, was in ihr eigentlich vor sich gehe. Aber sie konnten den andern immer nur berichten, wie der Alte unverständliches Zeug vor sich hinmurmelte, klirrend mit Glas hantiere und dabei auch nicht vergesse, sich einen anfeuernden Glühwein zu kochen. Der anheimelnde Geruch zog allmählich auch einige Nachtwandler herbei, die aus den benachbarten Wirthäusern heimwärts tappten. Schwankend blieben sie stehen und gafften töricht mit den Jungen, als ob sie dadurch ihren letzten, nie zu stillenden Durst löschen könnten. Endlich, als die kleine Schar

Neugieriger nicht mehr zu übersehen war, fand sich auch ein Polizist hinzu, der zunächst im barschen Ton die Gaffer aufforderte, schleunigst ins Bett zu kriechen. Ein paar Frauenspersonen, armselige Weiblein aus dem Gassendunkel der großen Stadt, lachten ihn aus, und so glaubte der Polizist, sich erst einmal genötigt zu sehen, den Unruhestifter in der Bretterbude zur Ruhe zu rufen, bevor er mit den Habenichtsen das letzte Wort sprach. Rasselnd schritt er hinüber, und die Gassenjungen drängten dem Polizeigewaltigen nach. »Heda!« rief der Polizist. »Aufmachen!« Da fuhr er zurück, ja, das letzte Wort blieb ihm sogar im Schnauzbart stecken. Die Tür war aufgetan worden, der Alte stand auf der Schwelle, nickte den Gaffern zu und wies schweigend hinter sich.

Es war die Sekunde, in deren jäh aufflammendem Blitz die Gegenwart versinkt und die Seele selbst des unseligsten Menschen wieder das Wundern lernt und das Wunder erblickt. Es war der Augenblick, der einmal und unvergeßlich aus der Ewigkeit nieder in das Herz des Menschen zuckt, Bosheit in Demut wandelt und Dumpfheit und Verstocktheit zum Händefalten zwingt. Was sie erblickten – nun gut, sie hatten einen betrunkenen Narren sehen wollen, aber nun schauten sie plötzlich in ein bärtiges Gottvatergesicht, das, wenn es auch nur einem armen Glasbläser zugehörte, durchglänzt war von jenem Licht, das alle Menschen wieder erkennen, die einmal, und sei es auch noch so lange her, den Himmel der Kindheit geträumt haben. Umspielt und umschwirrt von seinen silberen und goldenen Glassonnenbällen, umschwebt von einer durchsichtigen Welt aus Kristall, lächelte der Alte, als ob er alle, die da plötzlich vor ihm standen, längst erwartet habe. Einzeln ließ er sie in den kleinen Raum eintreten, indem er ihnen bedeutete, daß es ihm heute endlich, am heutigen Abend, nach jahrelan-

ger Arbeit, gelungen sei, sein Lebenswerk zu vollenden. Er schluchzte beinahe, als er sich derart verständlich zu machen suchte. Er nickte nur immer wieder, und sein Daumen zeigte hinter sich.

Da vergaß der Polizist das Räuspern, die Gassenjungen zogen die Mützen ab, und das nächtige Volk hinter ihnen senkte den Blick.

In eine große Glaskugel geballt, gewölbt wie aus reinstem Ätherlicht, makellos rund und geformt wie eine Monstranz – in dieser Kugel, welche die ganze Welt bedeutete, denn sie war von einem gläsernen Regenbogen der Versöhnung umschlossen, war die Krippe zu Bethlehem zu erblicken, Maria und Joseph, Öchslein und Esel im Stall. Sternengeglitzer zitterte darüber, durch welches der Engel der Verkündigung schwang, und dahinter, ebenfalls aus reinstem, farbigem Glas, wie ein Hauch im Hauch, türmte sich die ewige Stadt und verging in demselben Licht, das sich in diesem Augenblick in den Augen der Beschauer spiegelte.

Niemand sprach ein Wort. Einzeln gingen sie unter dem Milchstraßengewirr der silbernen Weihnachtskugeln an dem gläsernen Wunder vorüber, das eines alten Narren Hand zur Anbetung gefügt hatte. Jahrzehnte mochte er über seinem Werk verbracht haben, aber was wogen sie vor dem, was sich nun hier eine Nacht vor Heiligabend begab. Kindervolk zog still durch die dunklen Gassen heimwärts in den verlorenen Kinderhimmel zurück. Frauen schluchzten, und die Zechbrüder gingen gemeinsam mit dem Polizisten festen, hallenden Schrittes davon und lobten den bärtigen Alten und sein weihnachtliches Werk. Am Morgen des Weihnachtstages erinnerte nur noch ein Aschenfleck an die Stelle, wo der Glasofen stand.

In der Herberge neben der »Ewigen Lampe«, in welcher die Jungen nach dem Alten fragten, hieß es, er sei frühzeitig schon davongezogen. Doch da sie unterdessen über Wahrheit und Wunder hinaus aus Gassenbuben wieder Kinder geworden waren, glaubten sie nichts anderes, als daß ihnen in der Gestalt des alten Glasbläsers der heilige Nikolaus selbsteigen begegnet sei, der sich nun aufgemacht habe, seine fromme Glasmacherkunst demütig vor dem Christkind zu erweisen.

Adalbert Stifter

Das Fest des Kindes

Soweit Aufzeichnungen und Erinnerungen zurückreichen, haben Menschen und Völker ihre heiligen Feste gehabt, an denen sie ihre Seelen in nähere Beziehung zu den Wesen setzten, die sie über sich glaubten, als Herren ihres Schicksals, mit großer, oft unbegrenzter Macht ausgerüstet, mit Gaben versehen, die unbegreiflich sind, und den Willen hegend, auf die Menschen mannigfach einzuwirken, sie mochten nun diese Wesen Götter oder Selige oder Himmlische oder wie immer heißen. Und ein Schein und ein Schimmer war gewiß zu allen Zeiten für sinnige Gemüter durch Herz und Natur bei diesen Festen ausgegossen, wenn auch nicht alle, ja vielleicht die wenigsten Ursprung, Zweck, Bedeutung und Inhalt der Feste erkannten und wenn sie vielmehr ihre eigenen frommen oder dichterischen oder einbildungsvollen Gedanken mit dem Feste verbanden ...

Weihnacht (ist) das herzinnige. Es ist das Fest des Kindes, des ewigen, des heiligsten, des allmächtigen, des liebreichsten Kindes, des Königes der Kinder.

In einer Nacht ist dieses Kind auf einer ärmlichen Stelle geboren worden und hat die Gestalt des Menschen angenommen, und diese Nacht wird jetzt von einer ganzen Welt gefeiert und heißt die Weihnacht, die Nacht der Weihe, die von nun ab über die Völker ausgebreitet worden ist ...

Unsere Großmutter hat uns Kindern oft davon gesagt. Sie hatte viele Sprüche, die unser Gemüt erfüllten und mit einer Art Gewalt überschütteten. »Sehet, Kinder«, sagte sie einmal, »so groß ist die Seligkeit im Himmel, daß, wenn von dem himmlischen Garten nur ein Laubblättlein auf die Erde herabfiele, die ganze Welt vor Süßigkeit vergehen müßte.« Und ein anderes Mal sagte sie zu mir: »Knäblein, so lange ist die Ewigkeit, daß, wenn die Weltkugel von lauter Stahl und Eisen wäre und alle tausend Jahre ein Mücklein käme und einmal ein Füßlein auf der Kugel wetzte, die Zeit, in welcher das Mücklein die ganze Kugel zu nichts zerwetzt hätte, ein Augenblick gegen die Ewigkeit wäre.« ...

Und wenn die Millionen Kinder, welche in dieser Nacht beteilt worden waren, schon in ihren Bettchen schlummern und ihr Glück sich noch in manchem Traume nachspiegelt und wenn von dem hohen Turme des Domes in der großen Stadt die Schläge der zwölften Stunde der Nacht herabgetönt haben, so erschallt das Geläute der Glocken ...

Aber auch, wie um Mitternacht in der Weihnacht die Glocken der großen Stadt zum Gottesdienste rufen, so rufen in derselben Stunde alle Kirchenglocken der kleineren Stadt, der kleinsten Stadt, des Marktfleckens, des Dorfes, es rufen die Glocken aller Kirchen zu dem heiligen Feste, in welchen Kirchen das Fest gefeiert wird. Und es sind Millionen Tempel, in denen man das Geburtfest des Kindes begeht. Und wie die Mitternacht von Osten gegen den Westen herüberrückt, so rückt das Geläute von Osten gegen den Westen, bis es an das Meer kommt. Dort macht es eine Pause und beginnt nach einigen Stunden jenseits des Ozeans.

Quellenverzeichnis

Leonid Andrejew, In finsterer Weite. Aus: Meisterbuch der Erzählungen. Eine Auslese bester Erzählungen aller Zeiten und Völker von L. Orbing. Berlin 1908. S. 37.

Auf dem Dach der Welt. Aus: Thubten Dschigme Norbu, Tibet verlorene Heimat, erzählt von Heinrich Harrer. Ullstein Verlag. Wien, Berlin, Frankfurt/M 1960. S. 166.

Hans Bergel, Als ich den Weihnachtsmann zum erstenmal sah. Aus: Hans Bergel, ... und Weihnacht ist überall. Ungewöhnliche Weihnachtsgeschichten. F. A. Herbig Verlagsbuchhandlung, München 1988. S. 205.

Friedrich Bischoff, Das Glaskugelwunder. Aus: Schlesisches Jugendbuch. Ein Schatzkästlein angefüllt mit Kostbarkeiten aus der alten Heimat von Alfons Teuber. München, o. J. © Dr. Klaus van der Velden, Rastatt. S. 242.

Rudolf Georg Binding, Das Peitschchen. Aus: Weihnacht der Welt. Eine Sammlung weihnachtlicher Erzählungen und Gedichte der Weltliteratur. Ein Buch der Arche in der Nymphenburger Verlagsbuchhandlung 1950. Herausgegeben von Konrad Federer. Copyright 1950 by Peter Schifferli, Verlags-AG. Die Arche. Zürich. S. 13.

Dino Buzzati, Zuviel Weihnachten. Aus: Weihnachten für alle. Aus dem Italienischen von Percy Eckstein und Wanda Lipsius. © Ludwig Auer Verlag. Donauwörth 1980. S. 218.

Truman Capote, Buddys Weihnacht. Aus: T. C., Eine Weihnacht. Aus dem Amerikanischen von Hans Wollschläger. Deutsche Ausgabe Droemer Knaur Verlag, München. 1984. S. 127.

Blaise Cendrars, Die Hahnenmesse. Aus: B. C. Weihnacht an allen Enden der Welt, Zürich 1957. Aus dem Französischen von Trude Fein. Copyright by Peter Schifferli, Verlags AG, Die Arche. Zürich 1975. S. 156.

Blaise Cendrars, Neuseeländische Idylle. Aus: Ebda. S. 158.

Blaise Cendrars, Träume unterm Regenbogen. Aus: Ebda. S. 152.

Christabend bei den Hienzen. Aus: Ethnologische Mitteilungen aus Ungarn. IV. Band. Budapest 1895. S. 217.

Christmas Pantomime. Aus: Hermann Schreiber, Es ist ein Ros' entsprungen. Ein Weihnachts-Brevier. Wien 1985. Paul Neff Verlag, Wien. Drei Ulmen Verlag und Autor und AVA-Autoren- und Verlags-Agentur GmbH, München-Breitbrunn. S. 92.

Christus im Haus der Räuber. Nach einer alten griechischen Legende. Aus: Weihnachten auf dem Balkan, Brigitte Krug-Mann. Sitten – Bräuche, naive Maler. Würzburg 1980, Echter Verlag. S. 190.

Alistair Cooke, Der Weihnachtsmann als Autofahrer. Aus: Weihnacht in Übersee. Weihnachtserzählungen aus Amerika und Kanada. Hrsg. von Elisabeth Schnack. Die Arche, Zürich 1979. Auswahl und Übersetzung von Elisabeth Schnack besorgt. © Jochen Schnack, Bad Dürkheim. S. 120.

Charles Dickens, »Das war der Pudding!« Aus: Ch. D., The Christmas Books. Volume One. A Christmas Carol. London 1971. Aus dem Englischen von Gudrun Bull. S. 89.

Annette von Droste-Hülshoff, »... und wieder Zuckerwerk«. Aus: A. Droste-Hülshoffs Werke. Salzburg, o. J. S. 238.

Ein sonderbares Weihnachtsfest am Äquator. Aus: Aus dem Reisetagebuch des Indianer-Missionars P. Alfred Höller O. F. M., herausgegeben von P. Justin Knoflach O. F. M. Hall in Tirol 1932.S. 187.

Die Elbenkönigin Hild, Märchen aus Island. Aus: Die schönsten Märchen der Welt für 365 und 1 Tag. Hrsg. von Lisa Tetzner. Zweiter Band. Textabbildungen von Maria Braun. Jena 1927. S. 80.

Feiern in Singapur. Aus: Feiern in Singapur. Industrialisierung und kultureller Wandel: Veränderungen bei Chinesisch Neujahr und Weihnachten in den Jahren 1965 bis 1985, betrachtet im Lichte der Volksforschung. Stefanie Nolte. Quorum-Verlag. Berlin 1989. S. 177.

Fougasso. Aus: Hermann Schreiber, Es ist ein Ros' entsprungen. Siehe oben. S. 234.

Die Geschichte von der Babuschka. Aus: Weit und breit Weihnachtszeit von Barbara Bartos-Höppner. C. Bertelsmann o. J. S. 21.

Johann Wolfgang von Goethe, Weihnachten (1. Strophe). Aus: J. W. v. G., Werke, Hamburger Ausgabe in 14 Bänden, Band 1, München 1998. S. 237.

Die Grütze. Aus: Hermann Schreiber, Es ist ein Ros´ entsprungen. S. 72.

Thomas Hardy, Die Ochsen. Aus: British and American Classical Poems. Braunschweig 1966. Aus dem Englischen von Gudrun Bull. S. 88.

Heilige Nacht in Guatemala. Aus: Und sie fanden das Kind. Krippendarstellungen aus aller Welt, Würzburg 1988, Echter-Verlag. S. 142.

Selma Hörnle, In den Himalayas. Aus: Der Jugendgarten. Neunter Band. Stuttgart 1884. S. 174.

In den »Backwoods«. Aus: The Canadian Settler´s Guide. Toronto 1855. Memories of Christmas Day in the Backwoods by Catherine Parr Traill. Aus dem Englischen von Gudrun Bull. S. 93.

In Hülle und Fülle, Märchen aus Dänemark. Aus: Volksmärchen der Dänen, erzählt von Sven Grundtvig, übersetzt von Ad. Strodtmann, Stuttgart 1911. S. 73.

Sarah Orne Jewett, Der Neujahrsbesuch. Aus: Weihnacht in Übersee, siehe oben. ©Jochen Schnack, Bad Dürkheim. S. 109.

Anna Jürgen (Müller-Tannewitz), Im Langen Monat. Aus: Blauvogel, Wahlsohn der Irokesen. Stuttgart 1950. © 1999 Middelhauve Verlags GmbH, München für Der Kinderbuch Verlag Berlin. S. 96.

Zofia Kossak, In Erwartung der Gody (Dezemberstimmung). Aus: Polnische Weihnacht. Weihnachtserzählungen aus Polen. Ausgewählt und ins Deutsche übertragen von Karin Wolff. Zürich 1977. Mit freundlicher Genehmigung der Evangelischen Verlagsanstalt, Leipzig 1976. S. 23.

James Krüss, Wüstenweihnachten. Aus: Weihnachten auf den Hummerklippen. © James Krüss Erben. S. 194.

Kurisumasu. Nach Weihnachten in Japan von P. Gerhard Huber O.F.M. Fulda 1938 und nach freundlicherweise von Frau Fumiko Ganzenmüller bereitgestellten persönlichen Hinweisen. S. 162.

Salcia Landmann, Erinnerungen an Galizien. Aus: S. L., Erinnerungen an Galizien. München 1975; Limes Verlag Niedermeyer und Schlüter GmbH. Wiesbaden und München 1983 in der F. A. Herbig Verlagsbuchhandlung GmbH, München. S. 214.

Legende vom heiligen Nikolaus aus Myra. Aus: Unter dem Adventkranz von Leo Weismantel. Wien – Klosterneuburg / Leipzig 1939. S. 198.

Nikolaj Semenovic Leskov (Ps. M. Stebnickij), Der Springrubel. Aus: Der Glockenturm, Russische Verse und Prosa. Übertragen von Sigismund v. Radecki, München 1953, Kösel-Verlag. © Ruth Weilandt-Matthaeus, Gladbeck. S. 34.

Anatol de Meibohm, Die Glocken von Athos. Aus: Christ ist erschienen. Deutsch von Gerda Onken-Joswich, Oldenburg i. O. (Inhaberin der deutschen Rechte). Agentur des Rauhen Hauses, Hamburg 1966. S. 201.

Ejnar Mikkelsen, Weihnachten unter dem Polarkreis. Aus: Der leuchtende Baum, Weihnachtsgeschichten aus aller Welt. Aus dem Norwegischen von Luise Wolf. Herausgegeben von Hans Marquardt. Der Kinderbuchverlag. Berlin DDR 1982. © Reclam Verlag Leipzig. S. 45 .

Frédéric Mistral, Provenzalische Weihnacht. Aus: Französische Weihnacht. Erzählungen. Gedichte. Lieder. Herausgegeben von Armand Clair. Aus dem Französischen von Ursula von der Wiese. Copyright der deutschen Übersetzung © 1974, 1986 by Verlags-AG Die Arche, Zürich. S. 230.

Fridtjof Nansen, In der Arktis. Aus: In Nacht und Eis. Die norwegische Polarexpedition 1893 bis 1896 von Fridtjof Nansen. Ausgewählt von Fritz Gansberg. Braunschweig, Hamburg, Berlin 1927. S. 53.

Der Neujahrstag im alten Rom. Aus: Kulturbilder aus Hellas und Rom von Hermann Göll. Erster Band. Leipzig und Berlin 1880. S. 224.

Das Orakelwesen der Sorben. Aus: Sorbische Weihnacht von Martin Walde. Domowina-Verlag. Bautzen 1994. S. 33.

Joseph Roth, Weihnachten in Cochinchina. Aus: J. R., Werke in 4 Bänden, Band 3. Köln 1975/76. Copyright 1975/76 und 1991 by Verlag Kiepenheuer & Witsch, Köln und Verlag Allert de Lange, Amsterdam. S. 8.

Saturnalien in Jamaica. Aus: The Black Saturnalia. Conflict and its ritual expression on British West Indian slave plantation by Robert Dirks. University Press of Florida. Copyright 1987 by Board of Regents of the State of Florida. Aus dem Englischen von Gudrun Bull. S. 143.

Adalbert Stifter, Das Fest des Kindes. Aus: Gesammelte Werke, Band 14, Basel, Stuttgart 1972. S. 248.

Vom Brotlaib, der nie kleiner wurde, Legende aus Rumänien. Aus: Weihnachten auf dem Balkan, Brigitte Krug-Mann. Sitten – Bräuche, naive Maler. Würzburg 1980 Echter-Verlag. S. 31.

Vom kleinen Vigg. Ein Weihnachtsmärchen aus dem Schwedischen. Aus: Die Geschichte vom kleinen Vigg. Ein Weihnachtsmärchen aus dem Schwedischen von Victor Rydberg. Original-Zeichnungen von Eugen Klimsch. In: Julius Lohmeyer's Deutscher Jugendschatz für Knaben und Mädchen. Volksausgabe der »Deutschen Jugend«. Leipzig 1882. S. 56.

Weihnacht bei den Friesen. Text von Gudrun Bull und aus: Kleine Anthologie zum Fest, Bild und Gesamtgestaltung Karl Andreas Edlinger. Wien 1985. S. 79.

Weihnachten auf Sri Lanka. Aus: Ruth Dirx und Rena Sack, Weihnachten in aller Welt. Lahr 1989. Ernst Kaufmann Verlag. Jutta Radel (Hg.) Ein Fest wie Weihnacht. Das Unicef-Weihnachtsbuch. Würzburg Arena 1992. S. 184.

Weihnachten im Basutoland. Aus: Beispielsammlung aus der Heidenmission, herausgegeben von Hermann Fischer S.V.D. 1. Band. Rhl. 1918. S. 192.

Weihnachten in Lateinamerika. Aus: Das Weihnachtsfest, Ingeborg Weber-Kellermann. Eine Kultur- und Sozialgeschichte der Weihnachtszeit by Verlag C. J. Bucher. Luzern und Frankfurt am Main 1978. © Heiner Weber, Marburg. S. 154.

Der Weihnachtsabend in Sevilla. Aus: Franz Hoffmann's neuer deutscher Jugendfreund. 39. Band. Mit vielen Abbildungen. Jahrgang 1884, Stuttgart & Leipzig. S. 234.

Der Weihnachtsklotz. Aus: Weihnachten auf dem Balkan. Würzburg 1980, Echter-Verlag. S. 211.

Weihnachtslied aus Afrika. Aus: Krippendarstellungen aus aller Welt. Würzburg 1988. Echter-Verlag. S. 189.

Weihnachtslied aus Lateinamerika. Ebda. S. 7.

Wie der Fuchs den Bären um das Weihnachtsessen prellte. Aus: Asbjörnsen P. und Moe J., Norwegische Volksmärchen. Deutsch von Friedrich Bresemann, Berlin 1847. S. 43.

Bildverzeichnis

Ochs und Esel. Holzschnitt. Aus: Jacobus de Voragine, Golden Legend, gedruckt bei William Caxton 1483. S. 88.

Plum Pudding. Aus: The Canadian Christmas Book by Caroline Carver. Montreal 1975. S. 91.

Christmas Day. Illustration aus »The Canadian Settler's Guide«. Toronto 1855. S. 93.

Falschgesicht. Aus: Anna Jürgen, Blauvogel, Stuttgart 1950. Illustration von Kurt Zimmermann. S. 106.

Frau im Stuhl. Illustration von Benjamin Vautier. Aus: Hausbuch Deutscher Dichtung. Würzburg, o. J. S. 111.

Vignette von Bernhard Wenig. Aus: Jugendblätter 60. Band. S. 119.

Weihnachtsmann im Wagen. Aus: The Globe. Toronto, December 25, 1860. S. 120.

Weihnachtsmann im Rentierschlitten. Aus: The Halifax Herald, December 23, 1899. S. 129.

Kinderfries. Radierung von Eugen Neureuther. Aus: Das fröhliche Buch von F. Avenarius. München 1929. S. 142.

John Canoe. Aus: Belisario I. Sketches of Character. Kingston 1837. S. 146.

Jack-in-the-Green. Aus: Ebda. S. 149.

Mexikaner. Buchschmuck von Diplom Graphiker A. Mattlauch. Aus: Mexikanische Legende von C. Campbell, copyright Wien 1950. S. 158.

Hahn. Aus: Geschichte und Lieder mit Bildern von Franz Pocci. Eine Auswahl. Jugendblätter. München 1906. S. 153.

Neuseeland. Druckbild von Haun. Aus: Länder und Völker, Reisebilder und Skizzen (...) Berlin 1860. S. 159.

Stall. Illustration von Therese Koseki. Aus: Weihnachten in Japan. Fulda 1938. S. 163.

Familie. Aus: Ebda. S. 164.

Potala. Leiste von Hubert Wilm. In: Aus dem Lande der Lebenden Buddhas. Hamburg 1909. S. 167.

Maske. Textillustration von Erich Gruner/Leipzig. Aus: Von Pol zu Pol von Sven Hedin. Leipzig 1911. S. 169.

Trommel. Illustration aus: Das Kloster Kumbum in Tibet. Berlin 1906. 173.

Himalaya. Leiste von Hubert Wilm, s. o. S. 175.

Pferd (Leibroß des Kaisers Tái Tsung, Tang-Dynastie 618–906 n.Chr.). Aus: Chinesische Steinabreibungen von Erwin Burckhardt. München 1961. S. 179.

Schiff. Schattenbild von Franz Pocci. Aus: Geschichten und Lieder mit Bildern von F. P. Weihnachten 1906. S. 187.

Flucht nach Ägypten. Scherenschnitt aus Jugendblätter, 72. Band, München 1903. S. 190.

Elefant und Löwe: Holzschnitt von Adolf Menzel (Die Großmächte). Aus: Das fröhliche Buch, s. o. S. 193.

Wüste. Zeichnung von Shaofang Kruse. Aus: Max Kruse, Ägypten (..). Bern und Stuttgart 1984. S. 195.

Nikolaus. Holzschnitt von Albrecht Dürer. Hortulus animae. Basel 1518. S. 199.

Kloster Xeropotamu auf dem Athos. Aus: Brockhaus, Dritter Band. Berlin 1901. S. 202.

Bär. Illustration von Rolf Winkler. Aus: Jugendblätter, 60. Band. S. 210.

Ochs und Esel: Illustration von Reinhard Herrmann. In: R. H. Die Weihnachtsgeschichte aus dem Evangelium des Lukas. Gütersloh 1962. S. 218.

Bacchus. Holzschnitt. Konrad Celtis, Quatuor libri amorum. Nürnberg 1502. S. 225.

Spanische Tracht. Illustration von 1884. Aus: Franz Hoffmann's neuer Deutscher Jugendfreund, 39. Band. S. 235.

Der Christabend. Aus: Die Welt in Bildern 1843. S. 238.

Krippe. Holzschnitt in St. Bonadventura, Speculum vitae Christi, gedruckt bei Wynkyn de Worde 1494. S. 246.

Ende, vom Kindchen gehalten. Holzschnitt von Ludwig Richter. Aus: Das Ludwig Richter Hausbuch. München 1977. S. 249.

Für die freundliche Unterstützung möchte die Herausgeberin den Mitarbeitern der Internationalen Jugendbibliothek Schloß Blutenburg, München, ausdrücklich Dank sagen.